詳解
新・中国増値税の実務

デロイト中国 上海事務所 米国公認会計士
板谷圭一 監修

デロイト トーマツ税理士法人 税理士
片岡伴維 著

中央経済社

はじめに

　中国において，増値税は国家の税収のなかで最も大きな割合を占めてきた非常に重要な税目でありましたが，「増値税改革」の施行により2016年5月1日付けで廃止となった営業税の課税対象取引も増値税の課税範囲に編入されるようになったことで，近年，その財政における比重は更に増大し，ますます重要度及び注目度が高まってきています。また，増値税は，納税義務の免除制度はあるものの，判定基準となる売上高の金額が非常に少額であるため，事業者のほとんどが納税義務者となり，1か月ごと（納税期間は一定業種以外は税務機関によって指定されますが，最も一般的なのが1か月ごと）に申告納付しなければならないことからも，中国でビジネス展開している企業にとって頻繁に対応を要する税目であると言えます。

　さらに，増値税は，中国独特の制度である「発票」という，国家が統括的に管理監督するインターネットシステムを通じて発行されるインボイスにより取引を把握されており，仕入税額控除は，当該システムを通じて発行された「増値税専用発票」等を入手し，かつ一定の認証手続を完了していなければ適用することができません。中国で事業を行い，他社と取引を行う場合には，この制度を理解していなければ，自社の税務コンプライアンスにリスクをもたらすだけでなく，取引相手にも迷惑をかけることになりかねません。

　上述のように，増値税制度を理解することは事業者にとって重要度が高い一方で，中国の法規定制度には日本のものとは異なる複雑さがあり，外国企業にとってはなかなか全体像を体系的に把握しにくい仕組みになっています。2016年12月現在において，中国の増値税にはまだ法律としての位置づけの規範がなく，国務院が制定する行政法規である「中華人民共和国増値税暫定条例」（国務院令538号）によって骨組となる基本的な事項が定められています。ただし，当該条例の内容は非常に簡潔なもので，そこで使われている用語の解釈や，そこには定めのない特殊な取引についての具体的な取扱いなどは，「中華人民共和国増値税暫定条例実施細則」をはじめとして，財政部や国家税務総局，税関総署など様々な政府機関が不定期に公布する膨大な数の部門規則によって補足

されています。

　これらに加え，中国では，全国的に通用する規定のほかに，地方政府が制定する，その地方でのみ適用される地方規則というものもあります。また，2012年から開始した増値税改革は地域ごとかつ業種ごとに段階的に展開されたため，実施対象となる地域または業種が増える度に新たな規則の公布と古い規則の廃止が繰り返されてきました。そして2016年3月23日に，従来営業税の対象であった全ての業種を増値税対象に含めるべく，それまでの増値税改革関連の基本事項を集約した内容の「全面的に営業税改め増値税を徴収する試点の展開に関する通知」（財税【2016】36号文）が公布されましたが，その後も個別事項についての取扱いを規定する多数の細則が不定期に出されています。

　筆者は，デロイト中国上海事務所に駐在員として赴任する期間中，多くの日系企業に対して税務調査及び増値税改革に対応するためのコンサルティングサービスを提供してきました。複雑に入り乱れる膨大な量の関連規定を原文で読み解き，クライアントと二人三脚で様々な実務の問題を解決していくうちに，この経験を活かし，日本語で体系的にわかりやすくまとめた増値税に関する書籍を中国でビジネス展開する日系企業の方々に提供したいと思うようになり，本書を執筆するに至りました。

　本書では，増値税に関連する重要な規定を全て確認し，実務上必要性の高いと思われる項目について網羅した上で体系的に整理しております。基本的には条文を忠実に表現するようにしていますが，できるだけわかりやすく解説するために，図表による説明及び用語の定義を多く掲載しています。また，最新の増値税改革の内容を反映しており，2016年度に最後に増値税の課税対象へ移行した業種に関しては，その業種特有の条項をまとめたパート（第8章）を設けています。さらに，税務機関の規定に対する解釈は納税者にとって参考になることから，中国各地の税務機関の公開情報などからQ&Aを収集し，第9章に記載いたしました。

　なお，本書では中国全土で効力を有する規定の内容だけを記載しており，特定の地方においてのみ効力を有する地方規則は割愛しております。
　また，本書は基本的に2016年12月末時点までに公布された増値税関連規定に

基づいて記載していますが，2017年４月10日時点でも本書が参照した条文規定が有効であることを確認しています。

　本書がこれから中国へ進出することを検討されている日系企業や，既に中国で事業を行っている日系企業の皆様の業務改善の一助となれば幸いです。中国におけるビジネスのご成功を心よりお祈り申し上げます。

　最後に，本書の発刊にあたっては，末永芳奈氏をはじめとする中央経済社の関係者に多大なるご支援を賜りました。紙面を借りてお礼申し上げます。

2017年４月

デロイト トーマツ税理士法人
マネジャー　片岡　伴維

目　次

第1章　増値税の概要　1

1　中国の流通税及び増値税の概要　2
2　中国の増値税と日本の消費税の比較　3
3　増値税等の付加税費　5
4　増値税改革　6

第2章　国内取引に係る増値税　9

第1節　増値税の納税義務者 ―――― 10

1　概　　要　10
2　一般納税人と小規模納税人　12
3　免　税　点　16
4　源泉徴収義務者　18
5　代理徴収　19

第2節　増値税の課税対象 ―――― 20

1　課税対象となる取引 ········ 20

1　貨物の販売及び輸入　20
2　加工，修理労務の提供　20
3　サービスの提供，無形資産または不動産の販売　21
4　「国内において行われる」ことについての判断基準　24

2　みなし販売 ········ 25

1　基本規定　25

2　留意点　26
③　不課税取引 ………………………………………………………………… 27

第3節 ▎増値税税額の計算 ────────────────── 30

① 納税額の計算 ……………………………………………………………… 30
　　1　概　　要　30
　　2　一般方式及び税率　30
　　3　簡易方式及びその徴収税率　33
　　4　予定納付の場合　44
　　5　貨物の輸入の場合　44
　　6　源泉徴収の場合　45
② 売上額の確定 ……………………………………………………………… 45
　　1　原　　則　45
　　2　詳細規定　45
　　3　売上額から一定の金額を控除するための要件　58
　　4　付随費用　59
③ 仕入増値税額の算定 ……………………………………………………… 60
　　1　控除可能な仕入増値税額　60
　　2　仕入税額控除のために必要な手続　65
　　3　控除不能な仕入増値税額　66
④ 本支店等の合算納税 ……………………………………………………… 72

第4節 ▎増値税の発生時期 ────────────────── 74

① 貨物の販売または課税労務の提供に係る増値税の発生時期 ………… 74
② 課税サービスの提供，無形資産または不動産の譲渡に係る
　　納税義務の発生時期 ……………………………………………………… 75
③ 増値税の源泉徴収義務の発生時期 ……………………………………… 80

第5節 増値税の申告納付 ──────────────── 81

1 申告納付に係る基本事項 ──────────── 81

   1　基本規定　81
   2　申告の種類　81

2 申告資料 ───────────────────── 86

   1　通常の納税申告に係る提出資料及びその保存　86
   2　予定納税申告に係る提出資料　87

3 申告納付時期 ───────────────── 88

   1　通常の納税申告　88
   2　予定納税申告　88
   3　期限の延長　89

4 延滞金等 ───────────────────── 90

5 納　税　地 ───────────────────── 90

   1　原　　則　90
   2　特別な場合　91

第6節 増値税の減免税 ──────────────── 94

1 各種減免税制度のそれぞれの位置づけ ────── 94
2 各種減免税 ──────────────────── 95

   1　直接免税方式　95
   2　特別税額控除方式　104
   3　即徴収・即還付方式　105
   4　先徴収・後還付方式　114
   5　各種減免税制度の手続等　115

第3章 輸入取引に係る増値税 117

第1節 納税義務の発生時期 ———————————— 118

第2節 納税義務者及び税額計算 ———————————— 119

1 貨物の輸入 ———————————————————— 119
  1 基本規定 119
  2 留意点 120

第3節 申告納付 ———————————————————— 124

1 通常輸入 ——————————————————————— 124
2 越境電子商取引による小売商品の輸入 ————————— 124

第4節 税額の還付及び追徴 —————————————— 126

  1 還　付 126
  2 追　納 126

第5節 輸入免税 ———————————————————— 128

1 直接免税方式 ———————————————————— 128
2 即徴収・即還付方式 ————————————————— 137
3 先徴収・後還付方式 ————————————————— 137

第4章 越境電子商取引 139

  1 概　要 140
  2 適用範囲 141
  3 課税方法 141

第5章 輸出取引に係る増値税　143

第1節 輸出取引に係る増値税の概要 ─── 144

第2節 輸出還付（免除）制度 ─── 145

1 適用対象 ─── 145
1. 輸出還付（免除）制度　145
2. 具体的な適用範囲　145
3. 適用外とされる取引　148
4. 一部商品の輸出還付（免除）の適用取消　148
5. 「免除・控除・還付」方式と「免除・還付」方式　149

2 輸出還付（免除）制度適用企業に対する格付け管理 ─── 151

3 輸出還付（免除）制度適用のための届出 ─── 153

4 輸出還付（免除）制度の適用の放棄 ─── 154

5 計算方法 ─── 154
1. 「免除・控除・還付」方式の場合の計算　154
2. 「免除・還付」税額の計算　161
3. その他計算上の留意点　163

6 計算標準 ─── 164
1. 貨物または労務の輸出　164
2. サービス等の輸出　166

7 還付税率 ─── 167
1. 貨物及び労務の輸出　167
2. サービス等の輸出　168

8 輸出還付（免除）制度適用の申告に係る手続及び期限 ─── 168

第3節 輸出免税適用取引 ─── 172

1 適用対象 ─── 172

1　貨物及び労務の輸出免税　172
　　　2　サービス等の輸出免税　173
　2　免税適用の放棄 ·· 179
　3　免税適用のための手続 ·· 179
　　　1　輸出免税制度適用のための届出　179
　　　2　申告に係る手続及び期限　180
　4　免税適用の場合の仕入増値税額控除できない金額の計算 ················ 181

第4節┃課税となる輸出取引 ───────────────── 182

　1　適用対象 ·· 182
　2　税額の計算方法，申告に係る手続及び期限 ····································· 183

第5節┃ファイナンスリース貨物に係る輸出の税額還付 ─────── 184

　　　1　制度の概要　184
　　　2　適用対象　184
　　　3　還付税額の計算　185
　　　4　還付方法　185
　　　5　リース貨物が返却された場合　186

第6章　特殊区域における増値税の取扱い　187

第1節┃概　　要 ──────────────────────── 188

第2節┃各特殊区域の内容及び増値税の取扱い ───────────── 189

　　　1　共通的な増値税の取扱い　189
　　　2　保税物流園区　189
　　　3　輸出加工区　191
　　　4　保税港区　194

5　保税倉庫　195
　　6　保税物流センター　197
　　7　輸出監督管理倉庫　200
　　8　その他　201

第7章　増値税の発票管理　203

第1節　概　要 — 204

1. 発票の定義 — 204
2. 発票の主な種類 — 204
3. 発票と発票システムの関係 — 205
4. 増値税発票ブランクフォームの受領 — 205
5. 発票の代理発行 — 207
6. 発票管理規定に違反する行為に対する罰則 — 207

第2節　増値税専用発票 — 210

1. 専用発票の発行 — 210
2. 増値税専用発票の構成 — 213
3. 増値税専用発票の記載事項及び発行時期 — 214
4. 認証の手続と結果 — 214
5. 発票の廃棄 — 217
6. 赤字発票の発行 — 218
7. 発票の紛失 — 219

第8章 2016年に増値税改革試点に含められた業種の個別整理　221

第1節 生活サービス業 ―― 222

1 具体的な課税対象及び納税義務者 ―― 222
2 税率及び徴収率 ―― 224
3 税額計算 ―― 224
1 税額計算方法　224
2 売上額の算出　224
3 生活サービスの購入者における仕入税額控除　225
4 優遇税制 ―― 225

第2節 金融業 ―― 227

1 具体的な課税対象及び納税義務者 ―― 227
1 課税対象　227
2 不課税対象　229
2 税率及び徴収率 ―― 229
3 税額計算 ―― 229
1 税額計算方法　229
2 売上額の算出　230
3 金融サービスの購入者における仕入税額控除　231
4 納税義務の発生時期の特例及び納税期間 ―― 231
1 納税義務の発生時期の特例　231
2 納税期間　232
5 優遇税制 ―― 232

第3節 建設業 ―― 235

1	具体的な課税対象及び納税義務者	235
2	税額計算及び納税申告	236
3	納税義務の発生時期の特例	237

第4節 不動産業 —————————————————— 238

1	具体的な課税対象及び納税義務者	238
2	税額計算及び納税申告	239
3	納税義務の発生時期の特例	243
4	優遇税制	243

第9章 実務に役立つQ&A 245

1 2016年増値税改革関係 ————————————————— 251
   1　共通トピック　251
   2　無形資産の譲渡及び現代サービス・生活サービス業関係　259
   3　金融業関係　263
   4　建設業関係　268
   5　不動産業関係　274
   6　交通運輸業関係　283
2 クロスボーダー取引関連 ————————————————— 284

付録 287

   1　《増値税納税申報表（小規模納税人適用)》　288
   2　《増値税納税申報表（小規模納税人適用）附列資料》　289
   3　《増値税納税申報表（一般納税人適用)》　290
   4　《増値税納税申報表附列資料㈠》——当期の売上状況の明細　291
   5　《増値税納税申報表附列資料㈡》——当期の仕入税額の明細　292

6 《増値税納税申報表附列資料㈢》―― サービス，不動産及び無形資産である控除項目の明細　293
7 《増値税納税申報表附列資料㈣》―― 税額の控除状況の表　293
8 《増値税納税申報表附列資料㈤》―― 不動産に係る仕入税額の分割控除計算表　294
9 《固定資産（不動産を除く）仕入税額控除状況表》　294
10 《本期抵扣進項税額結構明細表》―― 当期仕入税額の構成明細表　295
11 《増値税減免税申報明細表》　296
12 《増値税預繳税款表》―― 不動産建設業に係る予定納税の明細表　297
13 《跨境応税行為免税備案表》―― クロスボーダー課税取引に係る免税届出表　298
14 《出口退（免）税備案表》―― 輸出還付（免除）に係る届出表　299

第1章

増値税の概要

1 中国の流通税及び増値税の概要

　流通税とは，資産や権利の移転に対して課される税金のことをいい，中国における流通税は，関税，増値税及び消費税から構成されている。関税は日本にも存在する税目であり，貨物の輸出入について課税する税金である。また，中国における消費税は，一部の高級品や嗜好品にのみ課税されるという，過去には日本にもあった物品税に相当する税目である。そして，本書のテーマである増値税は，現在の日本の消費税に類似する仕組みを持つ，資産や権利の移転及びサービスの提供に伴って発生する付加価値に着目した税金である。

　中国においては，従来より増値税は国家の税収のなかで最も大きな割合を占めてきた非常に重要な税目である。また，のちに説明する「増値税改革」の施行により2016年5月1日付けで廃止となった営業税の課税対象取引（無形資産及び不動産の譲渡ならびにサービスの提供）も増値税の課税範囲に含められるようになったことで，財政における比重は近年更に増大し，ますます重要度及び注目度が高まっている。

　現行の増値税は，中国国内において行われる貨物の譲渡，加工修理労務の提供，サービスの提供，無形資産及び不動産の譲渡ならびに貨物の輸入及び一定の輸出を課税対象としている。納税義務者はこれらの取引を行った事業者であり，その規模に応じて**「一般納税人」**と**「小規模納税人」**の二種類のステータスに区分される。この納税者ステータスの如何によって，適用する税率や税額計算方法，発行できるインボイス（＝発票）などが異なる。

　一般納税人の場合，その納付すべき増値税額は基本的には**「一般方式」**により計算する。「一般方式」とは，売上に係る増値税額から仕入れに係る増値税額を控除して納付税額の計算を行う方法であり，適用する税率は取引の種類に応じて6％，11％，13％または17％である。一方，「小規模納税人」の場合，基本的には**「簡易方式」**と呼ばれる方法により納付すべき増値税額を計算することになる。「簡易方式」には仕入増値税額を控除するというシステムはなく，一定の方法により確定させた売上額に，その売上の種類に応じてより低い徴収率（原則的な徴収率は3％であるが，ほかにも1.5％，2％，5％など，様々な特例的な徴収率が設けられている）を乗じて税額を計算する。

　また，一般納税人は**「増値税専用発票」**という仕入税額控除の適用根拠となるインボイスを自ら発行することができるのに対して，小規模納税人は基本的

には自らでは**「増値税普通発票」**という仕入税額控除の適用根拠とはならないインボイスしか発行できない。この**「発票」**というインボイスによる税収管理体系は中国増値税の大きな特徴の1つである。「発票」とは,「中華人民共和国発票管理弁法」によれば,物の売買やサービスの提供その他の経済活動において発行される代金の支払証憑であると定義づけられている。日本の領収書と異なり,中国の発票は事業者が自由に発行できるものではなく,国家税務総局が監督製造する規定のブランクフォームを税務機関等で受領し,国家が統括的に管理監督するインターネットシステムを通じて発行しなければならないものとされている。「発票」は,会計記帳及び各種税務申告を行うにあたっての重要な証憑であり,税務調査の際には欠かさずチェックされる。殊に増値税専用発票に関しては,仕入税額控除及び輸出税額還付の適用根拠としての機能があり,国家の税収に直接的な影響を与えることから,その偽造や悪用を防止するために,取扱いに関しては非常に厳格な運用ルール及び罰則が設けられている。

上記は増値税制度に関する基本的な概要紹介であり,各分野に関する詳細規定は,第2章以降で説明していく。

2 中国の増値税と日本の消費税の比較

中国の増値税と日本の消費税は似て非なるがゆえに,日系企業にとって混乱しやすいポイントが多く存在する。そのうち,増値税を理解する上で重要と思われる両者の類似点と相違点を,**図表1-1,1-2**のように整理した。

図表 1 - 1 中国の増値税と日本の消費税の類似点

1　課税対象取引

- 国内において行われる有形・無形資産の譲渡及びサービスの提供並びに輸入貨物の引取りは、課税対象となる。
- 個人消費をした場合などは、課税取引があったものとみなされる。

2　税額の計算方法

- 多段階課税である。増値税の実質的な負担者は最終消費者であるが、納税義務者は事業者である。
- 税額計算は、原則として、売上について預かった税金から仕入または費用について支払った税金を控除をした残額を以て納付税額とする。
- 控除できる仕入税額の基本的な考え方として、課税売上及び一定の輸出免税売上に対応する仕入税額は控除可能、それ以外の増値税が課されていない売上に対応する仕入税額は控除不可。

3　輸出取引

- 貨物の輸出については、基本的には課税が免除される。

図表 1 - 2 中国の増値税と日本の消費税の相違点

日本の消費税	中国の増値税
1　納税義務の免除	
基準期間における課税売上高が一定規模以下などの要件を満たす場合は、法人か個人事業者かにかかわらず、納税義務が免除される。	納税期間における課税売上高が一定規模以下の場合の納税義務の免除制度はあるが、判定基準となる売上高の金額が数万元と非常に少額であり、かつ、個人及び小規模納税人しか当該制度を適用できない。
2　インボイス方式による税収管理	
現行の日本の消費税制度には存在しない。 仕入税額控除は記帳と請求書等の証憑の保存がされていれば適用することができる。	国のインターネットシステムにより発行される法定のインボイスである「発票」により増値税課税取引が管理されている。また、仕入税額控除は、当該システムを通じて発行された「増値税専用発票」等を入手し、かつ一定の認証手続を完了していなければ適用することができない。
3　税額の還付	
控除しきれない仕入税額があれば、各納税期間ごとに還付される。	国内取引に関しては控除しきれない仕入税額があっても基本的には還付を受けることはできず、翌納税期間に繰越すことになる。

	ただし、輸出取引に関しては還付制度が設けられている。
4　納税期間	
原則として個人は暦年、法人は事業年度が納税期間となる。ただし、納税期間の短縮制度が設けられており、1か月ごと、3か月ごと、6か月ごとに申告納付することも可能。	納税期間は、1日、3日、5日、10日、15日、1か月もしくは四半期ごとである。小規模納税者及び銀行その他一定の業種については四半期ごととされており、それ以外の納税者は、主管税務機関が納税者の納税金額の大小に応じて納税期間を決定する。
5　本支店がある場合の納税	
本支店があっても本店所在地の所轄税務機関にて一括納税申告する。	本支店がある場合は、原則としてそれぞれの拠点が独立した納税主体であるとみなされ、各自納税申告を行う。ただし、本支店一括納税申告を申請することができ、承認されれば本店所在地の所轄税務機関にて一括納税申告をすることができる（しかし、実務上当該申請が認められるのは極めてまれである）。
6　税率	
2019年9月までは8％の単一税率。ただし、2019年10月以降は10％の基本税率の他に、一部商品について8％の軽減税率が適用される。	一般方式の場合には6％、11％、13％または17％の税率が適用され、簡易方式の場合より低い徴収率が適用される（原則的な徴収率は3％であるが、ほかにも1.5％、2％、5％など、様々な特例的な徴収率が設けられている）。
7　土地の譲渡及び金融取引に関する取扱い	
基本的に消費に負担を求める税としての性格から課税の対象としてなじまないものと考えられ、土地もしくは借地権の譲渡や、貸付利子、保険料などは消費税非課税とされている。	土地使用権(注)の譲渡や、貸付利子、保険料などについても原則課税対象となる。ただし、そのうち免税とされる取引もある。 （注）中国では土地は基本的には国有化されており、譲渡できるのはその使用権である。

3　増値税等の付加税費

　中国には、消費税、増値税及び営業税（2015年5月1日以降廃止）の税額を課税標準とする都市維持建設税及び教育費付加が存在する。それぞれの詳細は以下の通りである。

(1) 都市維持建設税

　都市維持建設税は，都市の増強及びその公共事業や公共施設の維持建設費用の資金源を確保することを目的に，工商税制の全面改革を機に1985年から導入された地方税である。都市維持建設税は，納税義務者が実際に納付した消費税，増値税及び営業税（2015年5月1日以降廃止）の合計額を課税標準として，市区で7％，県城・鎮で5％，市区・県城・鎮以外の場合は1％の税率により課税される。

(2) 教育費付加

　教育費付加は，地方における教育事業を発展させるための教育専用資金の確保を目的に，1986年に導入された行政費用の一種である。金額は，納税義務者が実際に納付した消費税，増値税及び営業税（2015年5月1日以降廃止）の合計額に3％の付加率を乗じて算出する。

4 増値税改革

　中国では2012年から「営業税改め増値税を徴収する試験」という歴史的ともいえる間接税の税制改正が実施され，本書では，それを略して「増値税改革」と呼んでいる。

　中国における従来の間接税制度の下では，物品の販売，加工・修理・組立修理役務の提供及び物品の輸入を課税対象とする増値税と，サービスの提供，無形資産の譲渡及び不動産の販売を課税対象とする営業税とが長らく並存してきた。

　しかしながら，増値税の一般納税者は納付税額の計算において，売上税額から仕入税額を控除することができる一方で，営業税にはこのような仕入税額控除の仕組みがなく，基本的には一定の方法により確定した売上高に3％～20％の税率を乗じて計算される。これにより，一連の取引において実質的な二重課税が発生していた。このような両税の並存によって生じる二重課税の問題を解決し，経済構造の転換を進め，現代的サービス業の発展を図るべく，中国財政部及び国家税務総局は2011年11月17日に，営業税の課税対象を徐々に増値税の

課税対象に組み入れる「増値税改革」の実施方案を正式に公布し，2012年1月からまず上海を試験点第一弾として交通運輸業及び一部の現在サービス業を対象に初めて実施されたのである。それから5年間に渡り，試験点を全国範囲に拡大し，営業税の課税範囲であった残りの業種が次々と改革対象に含められていった。そして2016年5月1日時点で，過去に営業税の課税対象であった全てのサービス，無形資産の販売及び不動産の販売に係る取引が増値税の課税範囲に編入され，これにより，増値税と共に中国における2大流通税の一つであった営業税は完全に廃止されることとなった。

増値税改革の沿革は**図表1-3**の通りである。

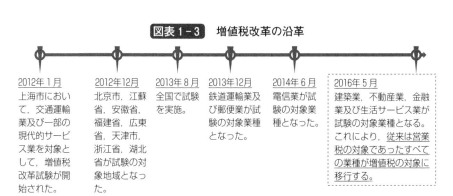

図表1-3 増値税改革の沿革

2012年1月
上海市において，交通運輸業及び一部の現代的サービス業を対象として，増値税改革試験が開始された。

2012年12月
北京市，江蘇省，安徽省，福建省，広東省，天津市，浙江省，湖北省が試験の対象地域となった。

2013年8月
全国で試験を実施。

2013年12月
鉄道運輸業及び郵便業が試験の対象業種となった。

2014年6月
電信業が試験の対象業種となった。

2016年5月
建築業，不動産業，金融業及び生活サービス業が試験の対象業種となる。これにより，従来は営業税の対象であったすべての業種が増値税の対象に移行する。

第2章 国内取引に係る増値税

第1節

増値税の納税義務者

1 概　　要

(1) 原　　則

　増値税の納税義務者は，国内において以下の行為を行った単位及び個人である。

> ① 　貨物の販売及び輸入（一定の越境電子商取引による小売商品の輸入を含む）
> ② 　加工又は修理に係る労務の提供
> ③ 　サービスの提供
> ④ 　無形資産の譲渡
> ⑤ 　不動産の販売

　また，中華人民共和国国外の単位または個人が，国内において②～⑤の課税行為を行った場合において，国内において経営施設を設けていないときは，通常は国内における購入者が当該課税行為に係る増値税を源泉徴取しなければならないこととされている。

用語の説明

《単位》
　直訳するとユニットという意味であるが，いわゆる「法人」を表す固有の名詞である。税務上の定義は，「企業，行政単位，事業単位，軍事単位，社会団体及びその他の単位」とされている。

《個人》
　増値税関連規定における「個人」には，「個体工商戸」と「それ以外の個人」という2つの概念が含まれている。個体工商戸とは，経営能力があり，かつ，「個体工商戸条例」の規定に従って工商行政管理部門にて登記をした上で事業を行う公民のことをいい，それ以外の個人とは，個体工商戸以外の個人のことをいう。

……増値税暫行条例第一，十八条
………増値税暫行条例実施細則第九条

　　　　　　　　　　　　　　　　………財税【2016】36号付属文書1第一，六条
　　　　　　　　　　　　　　　　　　　　　………財関税【2016】18号第一条
　　　　　　　　　　　　　　　　　　　　　　　　　………個体工商戸条例第二条

(2) 特殊取引の場合

① 事業の経営を他の単位または個人に請け負わせている，または賃貸している場合において，委託人または賃貸人の名義において対外的に経営を行っており，かつ，法的責任を負うときは，委託人または賃貸人が増値税の納税義務者となる。それ以外の場合は請負人または賃借人が納税義務者となる。
　　　　　　　　　　　　　　　　　　　　　………増値税暫行条例実施細則第十条
　　　　　　　　　　　　　　　　………財税【2016】36号付属文書1第二条

② 挂靠(クアカオ)方式により事業を行っている場合において，被挂靠人の名義において対外的に経営を行っており，かつ，法的責任を負うときは被挂靠人が増値税の納税義務者となる。それ以外の場合は挂靠人が納税義務者となる。
　　なお，挂靠方式とは，企業等（被挂靠人）が一定期間において自己の名義を他の企業等（挂靠人）に対外的に使用させて事業を行わせる経営方式のことをいう。
　　　　　　　　　　　　　　　　………財税【2016】36号付属文書1第二条

③ 有形動産のリース業者が，リース契約に基づく未収リース債権をファクタリングにより銀行等の金融機関に譲渡した場合において，借入人とのリース契約関係を変更せずに継続するときは，当該リース業者は引き続き当該リース取引に係る増値税の納税義務者として増値税を納付し，かつ，借入人の要請に基づき発票を発行すべきとされている。　………国税公【2015】90号第四条

④ 資産管理商品の運営の過程において発生する増値税課税行為については，資産管理商品の管理人が納税義務者となる。　………財税【2016】140号第四条

⑤ 一定の越境電子商取引による小売商品の輸入の場合，当該商品の購入者が納税義務者であるが，電子商企業，電子商取引プラットフォームの提供企業または物流企業が納税を代理することができるとされている。
　　　　　　　　　　　　　　　　　　　　　………財関税【2016】18号第一条

2 一般納税人と小規模納税人

増値税の納税義務者は,「一般納税人」と「小規模納税人」の二種類のステータスに区分される。いずれに該当するかは,特殊な場合を除き,基本的には年間の増値税課税売上額が一定基準を超えるかどうかによって決まる。

なお,両者の主な違いは**図表2-1**の通りである。

図表2-1　一般納税人と小規模納税人の違い

	一般納税人	小規模納税人
発票の発行	増値税専用発票と増値税普通発票のいずれも自ら発行することができる。	増値税普通発票は自ら発行することができるが,基本的には増値税専用発票は自ら発行することができない(ただし,税務機関に代理発行してもらうことはできる)。
税額の計算	原則として一般方式を適用する。ただし,特定の取引については簡易方式を適用することもできる。	簡易方式のみ適用される。
適用税率	税額の計算上,一般方式を適用する場合は,取引の種類に応じて6%,11%,13%または17%の税率を適用する。 簡易方式を適用する場合は,取引の種類に応じてより低い徴収税率を適用する。	簡易方式のみ適用され,取引の種類に応じてより低い徴収税率を適用する(原則的な徴収率は3%であるが,取引の種類によって様々な特例的な徴収率が設けられている)。

(1) 納税者ステータスの確定ロジック

年間の課税売上額が一定基準以下,または新規開業した増値税納税義務者は,何もしなければ小規模納税人に該当することとなる。ただし,国家の会計基準に則って帳簿を設置し,合法かつ有効な証憑を根拠に計算を行っており,正確な税務資料を提出できる場合は,任意により主管税務機関にて一般納税人の資格登録を申請することができる。

一方で,年間の課税売上額が一定基準を超えている単位または個人工商戸は,原則として一般納税人の資格登録を申請しなければならないこととされているが,増値税課税取引の発生が頻繁でない場合は,主管税務機関に対して一定の説明文書を提出して小規模納税人を選択することもできる。ただし,個体工商

戸以外の個人は，そもそも一般納税人になる資格がないとされているため，年間の課税売上額が一定基準を超過していても小規模納税人にしかなれず，主管税務機関に対する文書による説明の提出も不要である。

なお，ここにいう「一定基準」とは，売上の種類ごとにそれぞれ以下の金額とされている。また，一定基準を超えているか否かの判定は，下記①〜③の売上の種類ごとに行わなければならないとされており，①〜③のうちいずれかが一定基準を超えていれば，当該納税者は基本的に一般納税人として登録しなければならない（上述の増値税課税取引の発生が頻繁でないため小規模納税人ステータスを選択する場合を除く）。

> ① 課税サービスの提供及び無形資産または不動産の譲渡（具体的な範囲は，本章第2節①の**3**を参照）：年間500万元（ただし，2016年5月1日より前に発生した偶発的な不動産譲渡収入は除く）
> ② 貨物の生産または課税労務の提供：年間50万元
> ③ 上記以外（貨物の販売等）：年間80万元

例えば，ギフトなど貨物の販売と宿泊サービス等の両方を兼営しているホテルの場合は，以下のように判定する。

(ケース1)

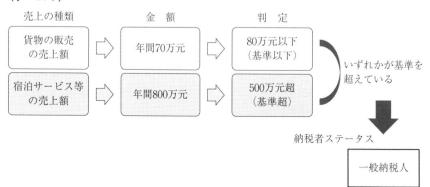

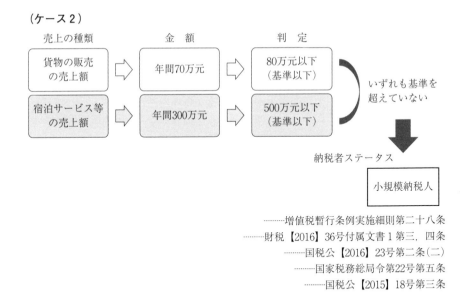

(2) 一般納税人ステータスの登録手続等及び期限

　増値税一般納税人資格には登記制度が採られており，納税者はその主管税務機関において申請手続を行う。上記(1)に掲げる一定基準を超える納税者は，増値税の納税期間終了後20営業日以内に一般納税人資格の登録申請手続を主管税務機関において行わなければならない。期限内に行わなかった場合は，税務機関は「税務事項通知書」の発行により，10営業日以内に手続を行うよう催促をすることができる。

　ただし，増値税課税取引の発生が頻繁でない場合は，上記(1)に掲げる一定基準を超える納税者でも小規模納税人として納税することを選択できる。その場合は主管税務機関に対して書面による説明を提出しなければならない。

　例えば，四半期申告の納税者の2017年1月1日から2017年3月31日までの申告期間につき，一般納税人として登録しようとする場合の期限は**図表2-2**の通りとなる。

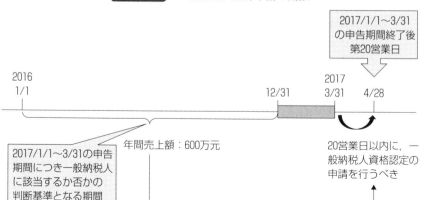

図表2-2　一般納税人登録申請の期限

……国税公【2015】18号第一，四条

(3) 留 意 点

　違法行為や不正を行ったことにより一般納税人資格を取り消されたなど別途規定がある場合を除き，いったん一般納税人として登記をした納税者は，小規模納税人ステータスに戻ることはできないとされている。

　また，一般納税人資格を有する納税者は，従来は税務登記証上において「一般納税人」の押印がされていたが，2015年10月から「三証合一」登記制度の施行により税務登記証がなくなったため，主管税務機関から納税人に交付される「増値税一般納税人資格登記表」をもって，一般納税人資格の証明とすることとなった。

　なお，「三証合一」政策とは，従来，新設登記した企業に対して工商行政管理部門が発行していた「営業許可証」と品質監督検査検疫部門が発行していた「組織機構コード証」，更に税務部門が発行していた「税務登記証」の三証書を統合し，18桁の統一社会信用コードが記載された「営業許可証」に一本化する制度改正である。これにより，新設登記の際に工商行政管理部門へ必要資料を提出し「営業許可証」を発行してもらうのみで企業の登記手続が完了することとなる。

……増値税暫行条例実施細則第三十三条
……財税【2016】36号付属文書1第五条

………国税公【2015】74号第一条
………国弁発【2015】50号
………税総函【2015】482号

3 免税点

　課税売上額が免税点以下であった場合は，増値税の納税義務が免除される。もともとは個人に対してのみ適用される制度であったが，その後個人以外の小規模納税人にも準用されるようになった。ただし，一般納税人として登録している場合，この制度は適用されない。

　免税点の具体的な金額は省，自治区，直轄市の財政庁（局）及び国家税務局が各地域の状況に応じて一定の基準を目安に適宜調整できるものとされており，その基準は以下の通りである。

⑴ **個体工商戸以外の個人が賃料前受方式により不動産の賃貸を行う場合**

　前受賃料をその対応する賃貸期間で按分して算出した月ごとの賃料が30,000元未満の場合は，当該賃料につき，増値税の納税義務は免除される。

⑵ **⑴以外の場合**

　① 取引ごとに納税している場合：1回の取引または1日の取引に係る売上額が300元〜500元未満
　② ①以外の場合：
　　㋐ 2016年5月1日から2017年12月31日までの納税期間に係る納税義務の判定：月の売上額が30,000元未満
　　㋑ 2018年1月1日以降の納税期間に係る納税義務の判定：月の売上額が20,000元未満

　なお，上記免税点の金額判定及び納税義務の免除は，さらに，貨物の販売及び加工修理等労務の売上額と，課税サービスの提供及び無形資産の譲渡の売上額を区分して行う。

　例えば月次申告を行う小規模納税人で，貨物の販売及び加工，修理等労務の

売上額と,サービスの提供及び無形資産の譲渡の売上額が両方発生している場合は,2017年12月31日以前の納税期間に係る納税義務免除の判定は以下の通りとなる。

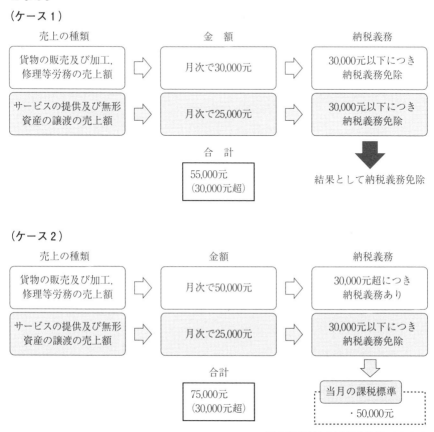

……増値税暫行条例実施細則第三十七条
……国税公【2014】57号第一条
……財税【2016】36号付属文書1第四十九,五十条
……国税公【2016】23号第六条(二),(四)

(3) 納税者ステータス及び納税義務免除適用の整理

本節の2及び3の(1),(2)の内容を整理したのが**図表2-3**である。

図表2-3　増値税納税者ステータス・納税義務判定表

種類	年間課税売上規模	納税者ステータス（※2）		納税義務の免除の有無		課税方式
単位	一定基準（※1）超	課税取引の発生が頻繁	一般納税人	免税点（※3）の適用なし		一般方式
		課税取引の発生が頻繁でない	一般納税人（選択可）	免税点超	納税義務あり	簡易方式
			小規模納税人	免税点以下	納税義務免除	－
	一定基準以下	小規模納税人		免税点超	納税義務あり	簡易方式
				免税点以下	納税義務免除	－
個人工商戸	一定基準超	課税取引の発生が頻繁	一般納税人	免税点の適用なし		一般方式
		課税取引の発生が頻繁でない	一般納税人（選択可）	免税点超	納税義務あり	簡易方式
			小規模納税人	免税点以下	納税義務免除	－
	一定基準以下	小規模納税人		免税点超	納税義務あり	簡易方式
				免税点以下	納税義務免除	－
個人工商戸以外の個人	基準関係なく	小規模納税人		免税点超	納税義務あり	簡易方式
				免税点以下	納税義務免除	－

※1　一定基準とは，本節の2の(1)の①～③に記載する金額を指す（13頁参照）。
※2　一定基準以下の納税者でも，国家の会計基準の規定に則って帳簿を設置し，合法かつ有効な証憑を根拠に計算を行っており，正確な税務資料を提出できる場合は，任意により主管税務機関にて一般納税人の資格登録を申請することができる。ただし，個人工商戸以外の個人はこの限りでない。
※3　免税点とは，本節の3の(1)及び(2)に記載する金額を指す。

4　源泉徴収義務者

　中華人民共和国国外の単位または個人が，国内において加工修理等労務もしくは課税サービスの提供，または無形資産もしくは不動産の譲渡を行った場合において，国内において経営施設を設けていないものは，当該増値税課税取引における購入者は増値税を源泉徴収する義務がある。

　源泉徴収義務者が法規定に従って源泉徴収義務を履行しようとすることを本来の納税義務者が拒否した場合，源泉徴収義務者は当該事実を速やかに税務機関に報告し，処理を求めることができる。

　なお，源泉徴収について一般的には以下の手続が必要となる。

① 源泉徴収登記手続
　　過去に源泉徴収を行ったことがなく，初めて非居住者と契約を締結する者は，原則として契約を締結した日から30日以内に，その主管税務機関にて「源泉徴

② 契約内容の届出

非居住者に対してプロジェクトの請負を発注した者は，原則として契約の締結日から30日以内に，その所在地の主管税務機関にて契約内容の届出を行わなければならない。届出に必要な具体的な資料は各地税務機関の要求に従う。

③ 対外支払の届出

国外企業への送金金額が1回につき5万米ドルを超える場合は，主管税務機関において対外支払の届出を行わなければならない。届出に必要な具体的な資料は各地税務機関の要求に従う。

………増値税暫行条例第十八条
………財税【2016】36号付属文書1第六条
………増値税暫行条例第二十二条
………税収徴収管理法第三十条

5 代理徴収

中国では，税務機関が税金徴収の利便性を図るために，納税申告が困難と思われる納税者の納税手続を他の単位に委託するという，**「税収代理徴収」**制度が存在している。

上述の源泉徴収との違いは，源泉徴収義務者は税法規定によって税金を徴収することが義務付けられているのに対して，代理徴収は義務ではなく，税務機関と税務機関から委託を受けた単位との両者合意のもとで成立するものである。

2016年の増値税改革以降，個人保険代理人が保険会社に代理サービスを提供し，収受した代理報酬に課される増値税，都市維持建設税，教育費付加及び地方教育費付加について，税務機関が保険会社に代理徴収を委託することができるとされている。なお，代理報酬について課される個人所得税は保険会社が源泉徴収する義務を負う。

ここにいう個人保険代理人とは，保険会社の委託に基づいて，保険会社から授権された範囲内で保険業務を行う自然人を指しており，個体工商戸は含まれない。また，代理徴収制度は証券業，クレジットカード業及び旅行業などの個人代理人についても適用される。

………国税公【2013】24号
………国税公【2016】45号一，六，七

第2節

増値税の課税対象

1　課税対象となる取引

　現行の増値税の課税対象は，元々の増値税課税対象であった貨物の販売，加工・修理・組立修理労務の提供及び貨物の輸入に加えて，増値税改革により営業税から増値税の課税対象に移行となったサービスの提供，無形資産及び不動産の譲渡である。それぞれの具体的な対象取引は以下の通りである。

1　貨物の販売及び輸入

　国内において行われる有償による貨物の販売及び輸入（一定の越境電子商取引による小売商品の輸入を含む）は，増値税の課税対象となる。

2　加工，修理労務の提供

　国内において行われる有償による加工または修理等の労務の提供は，増値税の課税対象となる。ただし，単位または個人事業者が雇用する人員が単位または個人事業者のために加工，修理等の労務を提供することは増値税の課税対象とならない。

用語の説明
《貨物》
　　有形の動産を指しており，電力，熱力及びガスを含む。
《貨物の販売》
　　有償により貨物の所有権を譲渡することをいう。
《有償》
　　購入側から貨幣，貨物その他の経済的利益を取得することをいう。

《加工》
　委託を受けての貨物の加工，即ち，委託側が原料及び主要な材料を提供し，受託側が委託側の要求に従って貨物を製造し，加工費を収受する業務をいう。
《修理等》
　損傷し機能を喪失した貨物に対して原状回復及び機能修復を行う業務をいう。

………増値税暫行条例第一条
………財関税【2016】18号第一条
………増値税暫行条例実施細則第二，三条

3 サービスの提供，無形資産または不動産の販売

　国内において行われる有償によるサービスの提供，無形資産または不動産の販売は，増値税の課税対象となる。

　具体的には，**図表2-4**に掲げるものが該当する。

図表2-4 増値税の課税対象

大分類	中分類	小分類	徴収品目	過去の営業税税率	増値税税率
サービスの販売	交通運輸サービス	陸上運輸サービス	鉄道運輸サービス	3%	11%
			その他の陸上運輸サービス		
		水上運輸サービス	水上運輸サービス		
		航空運輸サービス	航空運輸サービス		
		パイプライン運輸サービス	パイプライン運輸サービス		
	郵便サービス	一般郵便サービス	一般郵便サービス	3%	11%
		特殊郵便サービス	特殊郵便サービス		
		その他の郵便サービス	その他の郵便サービス		
	電信サービス	基礎電信サービス	基礎電信サービス	3%	11%
		付加価値電信サービス	付加価値電信サービス		6%
	建設サービス	工事サービス	工事サービス	3%	11%
		据付サービス	据付サービス		
		修繕サービス	修繕サービス		
		装飾サービス	装飾サービス		
		その他の建設サービス	その他の建設サービス		

大分類	中分類	小分類	徴収品目	過去の営業税税率	増値税税率
サービスの販売	金融サービス	貸付サービス	資金を他人に使用させ利息を得るサービス（セールアンドリースバックを含む）	5%	6%
		直接的に料金を請求する金融サービス	直接的に料金を請求する金融サービス		
		保険サービス	生命保険サービス		
			財産保険のサービス		
		金融商品の譲渡	金融商品の譲渡		
	現代的サービス	研究開発および技術サービス	研究開発サービス	5%	6%
			契約エネルギー管理サービス		
			工事探査・調査サービス		
			専門技術サービス		
		情報技術サービス	ソフトウェアサービス	5%	6%
			回路設計およびテストサービス		
			情報システムサービス		
			業務プロセス管理サービス		
			情報システム付加価値サービス		
		文化意匠サービス	設計サービス	3%／5%	6%
			知的財産権サービス		
			広告サービス		
			会議展覧サービス		
		物流補助サービス	航空サービス	3%／5%	6%
			港湾サービス		
			貨物運輸および乗客運輸駅サービス		
			サルベージ救助サービス		
			積降運送サービス		
			倉庫保管サービス		
			集配サービス		
		リースサービス	不動産ファイナンスリース	5%	11%
			不動産オペレーティングリース		
			有形動産ファイナンスリース		17%
			有形動産オペレーティングリース		

大分類	中分類	小分類	徴収品目	過去の営業税税率	増値税税率
サービスの販売		検証・コンサルティングサービス	認証サービス	5％	6％
			鑑定検証サービス		
			コンサルティングサービス		
		ラジオ，映画，テレビサービス	番組（作品）の製作サービス	3％／5％	6％
			番組（作品）の配給サービス		
			番組（作品）の放映サービス		
		ビジネスサポートサービス	企業管理サービス	5％	6％
			仲介代理サービス		
			人事サービス		
			安全保護サービス		
		その他の現代的サービス	その他の現代的サービス	3％／5％	6％
	生活サービス	文化・体育サービス	文化サービス	3％／5％、娯楽業5-20％	6％
			体育サービス		
		教育・医療サービス	教育サービス		
			医療サービス		
		旅行・娯楽サービス	旅行サービス		
			娯楽サービス		
		飲食・宿泊サービス	飲食サービス		
			宿泊サービス		
		住民日常サービス	住民日常サービス		
		その他の生活サービス	その他の生活サービス		
無形資産の販売	無形資産の販売	特許技術および非特許技術	特許技術および非特許技術	5％	6％（土地使用権の販売は11％）
		商標，著作権およびのれん	商標，著作権およびのれん		
		自然資源使用権	自然資源使用権（土地使用権を含む）		
		その他の権益性無形資産	その他の権益性無形資産		
不動産の販売	不動産の販売	建物	建物	5％	11％
		構築物	構築物		
		建物または構築物の永久使用権等	建物または構築物の永久使用権等		

………財税【2016】36号付属文書1　付録

4　「国内において行われる」ことについての判断基準

(1)　国内において行われることとされる場合

「国内において行われること」とされるのは，以下の場合である。

① 貨物の販売の場合は，発送元または所在地が国内にあること。
② 課税労務の提供の場合は，当該労務が国内で発生していること。
③ 課税サービス（不動産のリースを除く）の提供または無形資産（自然資源使用権を除く）の譲渡の場合は，提供者／譲渡者または享受者／購入者のいずれかが国内にあること。
④ 不動産の譲渡またはリースの場合は，当該譲渡またはリースの対象である不動産が国内にあること。
⑤ 自然資源使用権の譲渡の場合は，当該自然資源が国内にあること。
⑥ 財政部及び国家税務総局が規定するその他の状況。

(2)　国内において行われることとされない場合

以下の場合は，「国内において行われること」とされない。

① 国外の単位または個人が国内の単位または個人に対して，完全に国外で発生するサービスを提供する場合。
② 国外の単位または個人が国内の単位または個人に対して，完全に国外で使用される無形資産を譲渡する場合。
③ 国外の単位または個人が国内の単位または個人に対して，完全に国外で使用される有形資産をリースする場合。
④ 国外の単位または個人が行う以下の行為。
　(ア) 国外に送る書類や荷物に対して提供する郵政サービス及び集荷配達サービス
　(イ) 国内の単位または個人に対して提供する施工地が国外にある建設サービス，プロジェクト監督管理サービス
　(ウ) 国内の単位または個人に対して提供する国外にあるプロジェクトや鉱産資源に係る調査探察サービス
　(エ) 国内の単位または個人に対して提供する国外に会議展覧場所がある会議展覧サービス

⑤ 財政部及び国家税務総局が規定するその他の状況。

――――増値税暫行条例実施細則第八条
――――財税【2016】36号付属文書1第十二，十三条
――――国税公【2016】53号第一条

2 みなし販売

1 基本規定

単位または個人工商戸が以下に掲げる行為を行った場合は，貨物の販売を行ったものとみなして，増値税が課税される。

> (ア) 貨物を他の単位または個人に代理販売させるために交付する行為。
> (イ) 貨物を代理販売する行為。
> (ウ) 二以上の機構（本支店等）があり，本支店統一会計計算を行う納税者が，本店等の貨物を支店等で販売する目的で，貨物を本支店間で移転させる行為。ただし，当該本支店等が同一の県（市）に所在する場合はこの限りでない。
> (エ) 自己が生産したまたは委託して加工をさせた貨物を，集団福利または個人消費に使用する行為。
> (オ) 自己が購入，生産，または委託して加工をさせた貨物を，投資として他の単位または個体工商戸に提供する行為。
> (カ) 自己が購入，生産，または委託して加工をさせた貨物を，株主または投資者に配当する行為。
> (キ) 自己が購入，生産，または委託して加工をさせた貨物を，無償により他の単位または個人に贈与する行為。

――――増値税暫行条例実施細則第四条

また，単位または個体工商戸が以下の行為を行った場合は，課税サービスの提供，無形資産または不動産の譲渡を行ったものとみなされる。

> (ア) 他の単位または個人に対して無償により課税サービスを提供する行為。
> 　　ただし，公益活動を目的とするもの（例えば，国家の指示に基づいて無償により提供する鉄路運輸サービス及び航空運輸サービス）または一般大衆を対象とするものは除く。

> (イ) 他の単位または個人に対して無償により無形資産または不動産を譲渡する行為。ただし，公益活動を目的とするものまたは一般大衆を対象とするものは除く。
> (ウ) 財政部及び国家税務総局が規定するその他の場合。

………財税【2016】36号付属文書1第十四条

2 留意点

二以上の機構（本支店等）間の貨物の移転については特に留意すべきである。上記1の一つめの枠内(ウ)でいう「販売する目的」とは，①購入側に発票を発行している，または②購入側から代金を受け取っている，のいずれかに該当する場合を指す。

即ち，**図表2-5**のような場合は，機構間の移送がみなし販売行為に該当し，機構Aは貨物を移送したことにつき売上増値税を認識しなければならない。また，貨物を受け取る機構Bは，①または②の事実がある場合は，本支店統一会計計算を行っている場合でも，貨物を第三者に販売したことについて発生した増値税をその所在地の税務機関に納付しなければならないこととされている。

なお，貨物を受け取る機構が，一部の貨物についてのみ購入側に対して発票の発行または対価を収受した場合は，そのいずれもしていない貨物とは区別して計算を行い，必要な部分についてのみ，その所在地の税務機関にて増値税を納付することとなる。

………国税発【1998】137号

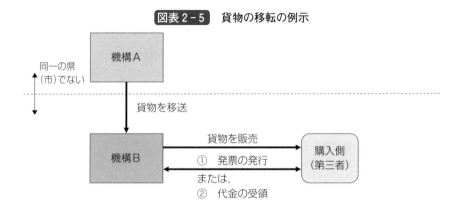

図表2-5　貨物の移転の例示

3　不課税取引

以下の取引については、増値税の課税対象外とされている。

(1) 企業再編関係

資産再編の過程において、「合併」、「分割」、「売却」、「交換」等の方式により、全部または一部の実物資産及びそれに関連する債権、負債ならびに労働力を一括して他の単位または個人へ譲渡する行為は、増値税不課税とされている。

ただし、不課税とするためには、一の業務に係る譲渡でなければならない（即ち、実物資産を、それに関連する債権、負債及び労働力とまとめて他の単位または個人に譲渡する必要がある）。実物資産のみを譲渡するような場合は、増値税の課税取引として取り扱われる。　………国税公【2011】13号

………財税【2016】36号付属文書2第一条(二)5

用語の説明

《合併》
　一社または複数社の企業（被合併企業）が、その全部の資産及び負債を他の既存または新設された企業（合併企業）に譲渡し、対価として合併企業が自己の株式等を被合併企業の株主に交付することにより、二社または二社以上の企業が合併することをいう。

《分割》
　一方の企業（被分割企業）がその一部または全部の資産を他の既存または新設された企業（分割企業）に譲渡し、対価として被分割企業の株主に分割企業の株式が交付される行為をいう。

………財税【2009】59号第一条(五)、(六)

(2) セールアンドリースバック取引による売却

セールアンドリースバック業務とは、借入人が融資を受ける目的で資産をリース業務の経営資格のある企業（以下、「リース会社」）に売却した後で、当該資産を借り戻す行為をいう。借入人が資産を売却する時点においては、資産の所有権及び当該資産がもたらす全部の報酬及びリスクは完全にはリース会社

に移転していないと考えられるため，当該売却行為は増値税不課税とされている。
………国税公【2010】13号

(3) 政府性基金等

政府機関である行政単位が収受する以下の条件を全て満たす政府性基金及び行政事業性料金については，増値税不課税とされている。

① 国務院もしくは財政部が承認し設立した政府性基金または国務院もしくは省レベルの人民政府及びその財政・価格主管部門が承認し設立した行政事業性料金であること。
② 省レベル以上の財政部門が印刷等した財政証票を発行していること。
③ 収受した金額は全て財政に上納されていること。
………財税【2016】36号付属文書1第十条(一)

(4) 給与等を対価とするサービス

従業員が，単位または個体工商戸に対して提供する給与を対価とするサービスは，増値税不課税とされている。　………財税【2016】36号付属文書1第十条(二)

(5) 従業員サービス

単位または個体工商戸がその雇用する従業員に対して提供するサービスは，自己に対してサービス提供しているものと考えられ，増値税不課税とされている。　………財税【2016】36号付属文書1第十条(三)
………税総納便函【2016】71号

(6) 預金利息

預金に係る利息は，増値税不課税とされている。
………財税【2016】36号付属文書2第一条(二)2

(7) 保 険 金

被保険者が取得する保険賠償金は，増値税不課税とされている。
………財税【2016】36号付属文書2第一条(二)3

(8) 住宅修繕資金

　政府機関である不動産主管部門またはその指定機構，公的積立金管理センター，デベロッパー及び不動産管理単位が代理徴収する住宅専用修繕資金は，増値税不課税とされている。　　　………財税【2016】36号付属文書2第一条(二)4

(9) 中央財政補助金

　納税者が取得する中央財政補助金は，増値税不課税とされている。
………国税公2013年第3号

(10) 社会団体の会費等

　各政党，共青団，工会，婦女連合その他一定の社会団体及び政府間国際組織が徴収する会費は，増値税不課税とされている。　　　………財税【2016】68号第五条

第 3 節

増値税税額の計算

1　納税額の計算

1　概　　要

　増値税の税額計算には，大別して「一般方式」と「簡易方式」の二種類がある。

　原則として，一般納税人には一般方式が，小規模納税人には簡易方式が適用される。一般納税人でも特定の取引を行った場合については簡易方式を選択適用することができるが，いったん簡易方式を選択すると最低36か月継続適用しなければならないこととされている。また，小規模納税人は一定の条件を満たし一般納税人になれれば一般方式の適用が可能となるが，小規模納税人のステータスのままでは一般方式の適用は認められず，簡易方式のみの適用となる。

　税額計算方式が一般方式か簡易方式かによって，適用する税率が異なる。一般方式の場合は取引の種類に応じて 6 ％，11％，13％または17％のいずれかの税率が適用されるのに対して，簡易方式の場合はより低い徴収率（原則的な徴収率は 3 ％であるが，取引の種類によって様々な特例的な徴収率が設けられている。詳細は本章第 3 節①の**3**を参照）が適用される。

2　一般方式及び税率

(1)　一般方式の計算方法

　基本的に，納付税額は以下の算式により計算される。

納付税額 ＝ 売上増値税額 － 仕入増値税額

　「売上増値税額」は，以下の算式により算出するものとされている。その計

算要素である「売上額」の確定方法については，取引の種類によって様々であり，詳細は本節2を参照のこと。

```
売上増値税額 ＝ 税抜き売上額 × 税率
```

また，算式の中の「仕入増値税額」とは，課税仕入に係る支払増値税の金額のうち，仕入税額控除が可能な金額を意味し，具体的な確定方法については本節3を参照。

なお，売上増値税額から控除しきれない仕入増値税がある場合は，基本的に還付を受けることはできず，翌納税期間に繰り越して控除することとなる。原則として無期限に繰り越されるが，納税者が破産，倒産，解散または営業停止により税務登記を抹消することとなったときに残る繰越仕入税額については，税務機関から還付を受けることはできないこととされている。

……増値税暫行条例第四条
……財税【2016】36号付属文書1第二十一条
……国税函【1998】429号

(2) 暫定条例等による税率

一般納税人が一般方式により税額計算を行う場合において，貨物の販売や輸入（次の①〜⑪のものを除く），加工または修理に係る労務の提供については，通常17％の税率を適用する。

ただし，次の①〜⑪に掲げる貨物の販売または輸入については，13％の税率が適用される。

① 穀物，食用植物油
② 水道水，暖気，冷気，湯，ガス，LPG（液化石油ガス），LNG（天然ガス），メタンガス，住居用石炭製品
③ 図書，新聞，雑誌
④ 飼料（豆粕を含む），化学肥料，農薬，農業用機器（動物死体処理器及び野菜洗浄機を含む），農業用フィルム
⑤ 農産品（詳細な範囲は，財務部及び国家税務総局が発布する「課税対象農産物の範囲に関する通知」に定められている）
⑥ 音楽映像製品
　　正式に出版された，コンテンツのある録音テープ，ビデオテープ，レコード

及びレーザーディスクをいう。
⑦　電子出版物
　　コンピューターでプログラミングされたデジタルデータにより編集加工した画像，文章，音声及び映像などのコンテンツで，物理的に確定した形体のある磁気，レーザーまたは電気などの媒体に保存され，コンピューター，携帯電話，電子リーダー，電子モニター，デジタル音楽・ビデオ放映デバイス，電子ゲーム機，ナビゲーターその他類似する機能を有するデバイスを通じて読み取るものをいう。
⑧　メチルエーテル
⑨　一定の生皮及び生毛皮の輸入
⑩　食用塩
⑪　その他国務院が定める一定の貨物

········増値税暫行条例第二条
········財税【2001】30号
········国税公【2015】72号
········財税【2009】9号第一条(一)～(四)
········税関総署公告【2007】15号
········財税【2008】171号

(3) 増値税改革対象業種の税率

　一般納税人が一般方式により税額計算を行う場合において，以下の課税サービス等（増値税改革により営業税適用対象から増値税適用対象となった取引）については，それぞれ**図表2-6**の税率を適用する。
　なお，電信業が電信サービスの提供に伴って顧客識別カードや端末等を贈与する場合は，収受する代金を電信サービスに係る部分と貨物に係る部分に区分し，それぞれの税率（電信サービスは6％または11％，貨物は17％）を適用する。

図表2-6 取引別の適用税率

業　　種	適用税率
付加価値電信サービス，金融サービス，現代・生活サービス，土地使用権以外の無形資産の譲渡	6％
交通運輸サービス，郵政サービス，基礎電信サービス，建設，不動産リースサービス，不動産販売，土地使用権の譲渡	11％
有形動産のリースサービス	17％
国内の単位または個人が行う一定の輸出取引	0％

………財税【2016】36号付属文書1第十五条
………財税【2016】36号付属文書2第一条(十六)1

3　簡易方式及びその徴収税率

(1)　簡易方式による場合の計算及び徴収税率

簡易方式を適用する場合の納付税額は以下の算式により計算する。

```
納付税額 ＝ 売上額 × 徴収税率
```

なお，「売上額」は売上増値税額を含まないものとし，売上額と売上増値税額を明確に区分せずに販売を行っている場合は，以下の算式により売上額を算出する。

```
売上額 ＝ 収入額 ／ (1 ＋ 徴収税率)
```

なお，徴収税率は原則として3％とされているが，一部の特殊な取引については1.5％～5％の徴収税率が適用される。　　………増値税暫行条例第十一，十二条
………財税【2016】36号付属文書1第十六，三十四，三十五条

(2)　小規模納税人の場合の簡易方式及びその徴収税率

①　原　　則

小規模納税人が貨物の販売，課税労務及び課税サービスを行った場合は，3％の徴収税率により簡易方式を適用する。　　………増値税暫行条例第十二条
………財税【2016】36号付属文書1第十六条

② 自己使用済の資産の売却

(ア) 小規模納税人（個人工商戸以外の個人を除く）が自己使用済の固定資産の売却を行った場合は，2％の徴収税率により簡易方式を適用する。

(イ) 小規模納税人が自己使用済の固定資産以外の物品の売却を行った場合は，3％の徴収税率により簡易方式を適用する。

………財税【2009】9号第二条(一)2
………財税【2014】57号

③ 個人による住宅の売却

個人が購入してから2年未満の住宅を売却する場合は，簡易方式により5％の徴収税率で課税を受ける。　………財税【2016】36号付属文書3の五

④ 不動産オペレーティングリースの場合

小規模納税人が取得した不動産のオペレーティングリースを行う場合（個人が行う住宅のオペレーティングリースを除く）は，5％の徴収税率により増値税が課税され，個人が住宅のオペレーティングリースを行う場合は，1.5％の低減徴収税率により増値税が課税される。

適用する徴収税率を整理すると，**図表2-7**の通りである。

図表2-7 不動産オペレーティングリースに係る納税者別徴収税率

納税者			住宅	住宅以外の不動産
小規模納税人	個人	個体工商戸	1.5％	5％
		個体工商戸以外の個人	1.5％	5％
	企業		5％	5％

………財税【2016】36号付属文書2第一条(九)4～6

⑤ 労働派遣サービス

小規模納税人が労務派遣サービスを提供した場合は簡易方式のみの適用となるが，総額計算と純額計算を選択することができ，総額計算の場合は3％の徴収税率，純額計算の場合は5％の徴収税率が適用される。

………財税【2016】47号第一条

(3) 一般納税人が簡易方式を適用する場合及びその徴収税率

① 仕入増値税額控除を適用していない自己使用済の資産を売却した場合

(ア) 一般納税人が，増値税免税項目，集団福利もしくは個人消費に使用するために購入した，または非正常損失等の理由により仕入増値税額控除を適用していない自己使用済の固定資産を売却した場合は，簡易方式に基づき以下の算式により，増値税を計算する。

> 売上収入額 ÷ 103% × 2%

ここにいう自己使用済の固定資産とは，会計基準に基づき減価償却を開始済の固定資産を指す。また，固定資産とは，使用期限が12か月以上の機器，機械，運輸道具その他生産経営と関連する設備，工具及び器具等をいう。

なお，一般納税人が自己使用済の固定資産以外の物品を売却した場合は，一般方式により税額計算するものとされている。

(イ) 自己使用済の固定資産で，小規模納税人であったときに購入または自己製造したものを一般納税人になった後で売却した場合は，簡易方式により2%の税率で増値税を計算するものとする。

(ウ) (ア)，(イ)以外の自己使用済の固定資産を売却した場合の取扱いは**図表2－8**の通りである。

図表2－8 (ア)，(イ)以外の自己使用済の固定資産を売却した場合の取扱い

パターン	増値税の取扱い	
自己使用済の固定資産で，2009年1月1日以後に購入また自己製造したものを売却した場合	一般方式により通常税率を適用して増値税を計算する。	
2008年12月31日以前に固定資産の増値税仕入税額控除の試験範囲に含められなかった納税者が自己使用済の固定資産で2008年12月31日以前に購入また自己製造したものを売却した場合	簡易方式に基づき以下の算式により増値税を計算する。 売上収入額÷103%×2%	
2008年12月31日以前に固定資産の増値税仕入税額控除の試験範囲に含められた納税者が自己使用済の固定資産を売却した場合	固定資産の増値税仕入税額控除の試験範囲に含められる前に購入または自己製造した固定資産	簡易方式に基づき以下の算式により増値税を計算する。 売上収入額÷103%×2%

		固定資産の増値税仕入税額控除の試験範囲に含められた後に購入または自己製造した固定資産	一般方式により通常税率を適用して増値税を計算する。

図表2-8における「固定資産の増値税仕入税額控除の試験」の説明

　第1章4において紹介したように，中国における増値税改革は2012年から本格的に始まっているが，それに先駆けて，2009年には固定資産の仕入れ税額控除に関する改革が行われた。当該改革は，従来の増値税法の下では認められていなかった固定資産の取得等に係る仕入増値税額の控除を認めるという内容のものであり，2008年12月に「増値税の転換改革の全国実施に係る若干の問題に関する通知」財税【2008】170号の公布により全国展開され，2009年1月1日以降に取得等した固定資産は仕入税額控除ができることとされた。

　また，当該改正が正式に全国的に展開されたのは2009年1月1日であるが，その前にも一部の地域では試験的に先行して実施されたため，2009年1月1日よりも前から固定資産について仕入税額控除を適用できるようになった納税者が存在することから，**図表2-8**のように，固定資産の売却時の取扱いについて適用対象を区分して規定している。

………財税【2008】170号第四条
………財税【2009】9号第二条(一)1
………国税公【2012】1号第一条
………財税【2014】57号
………財税【2016】36号付属文書2第一条(十四)

② **自己生産した貨物を販売した場合**

　一般納税人が，以下の自己生産した貨物を販売した場合は，3％の徴収税率による簡易課税を選択適用することができる。

(ア) 県以下のレベルの地区の小型水力発電単位が生産した電力。なお，小型水力発電単位とは，各種投資主体が建設した装機の容量が5万キロワット以下の水力発電単位をいう。
(イ) 建設用及び建設材料の生産に用いられる砂，土及び石。
(ウ) 自己採掘した砂，土及び石その他鉱物で連続生産したレンガ，瓦，石灰（粘土質レンガ及び瓦を除く）
(エ) 微生物，微生物代謝産物，動物毒素，人間または動物の血液もしくは組織か

ら生成した生物製品
(オ)　水道水
(カ)　商品コンクリート（セメントが原材料のものに限る）

　　　　　　　　　　　　　　　　　………財税【2009】9号第二条(三)
　　　　　　　　　　　　　　　　　………財税【2014】57号

③　**暫定的に簡易課税を適用する場合**

　貨物を販売する一般納税人が以下のいずれかに該当する場合は，暫定的に簡易課税により3％の徴収税率にて増値税を計算する。

(ア)　委託販売店による物品（個人の物品を含む）の委託販売
(イ)　質屋による質流れ品の販売

　　　　　　　　　　　　　　　　　………財税【2009】9号第二条(四)
　　　　　　　　　　　　　　　　　………財税【2014】57号

④　**水道水の販売**

　一般納税人である水道水会社が販売する水道水については，簡易方式により3％の徴収税率で増値税を計算する。　………財税【2009】9号第三条
　　　　　　　　　　　　　　　　　………財税【2014】57号

⑤　**公共交通運輸サービス**

　一般納税人が公共交通運輸サービス（フェリー，公共バス，地下鉄，モノレール，タクシー，長距離バス，定期運行車を含む）を提供した場合は，簡易方式を選択することができる。この場合の適用徴収税率は3％である。

⑥　**アニメ・漫画商品等**

　認定を受けたアニメ・漫画企業である一般納税人が，アニメ・漫画商品を開発するために提供する脚本編集，キャラクター設計，背景設計，アニメ設計，シューティングスクリプト，アニメ制作，撮影制作，描線，着色，画面合成，アフレコ，音楽アレンジについては，音声効果の合成，編集，字幕作成，コード圧縮（ネットや携帯用の形式に適合させるため）のサービスを提供し，または国内でアニメ・漫画商品の版権（アニメ・漫画のブランド，キャラクターまたは内容の授権及び再授権を含む）を譲渡した場合は，簡易方式を選択することができる。この場合の適用徴収税率は3％である。

⑦ 映画上映サービス，倉庫サービス，運搬サービス，配送サービス及び文化体育関連サービス

一般納税人が映画上映サービス，倉庫サービス，積卸運搬サービス，配送サービス及び文化体育関連サービスを提供した場合は，簡易方式を選択することができる。この場合の適用徴収税率は3％である。

⑧ 有形動産を対象物とするオペレーティングリースサービス

一般納税人が提供する以下のリースサービスについては，簡易方式を選択することができる。この場合の適用徴収税率は3％である。

(ア) 2013年8月1日より前に取得した有形動産を対象物とするオペレーティングリースサービス。
(イ) 2013年8月1日より前に締結した有形動産を対象物とするオペレーティングリースサービスで，その後も継続するもの。

………財税【2016】36号付属文書2第一条(六) 1～5

用語の説明

《オペレーティングリースサービスとファイナンスリース》

財税【2016】36号付属文書1によれば，オペレーティングリースとは，有形動産または不動産の所有権を変更することなく，約定した期間において他人に使用させる業務とされている。

また，ファイナンスリースとは，融資としての性質を持つ所有権の移転するリース活動とされている。即ち，リース業者はリース借入人の要求する規格や性能などの条件を満たす有形動産または不動産を購入して借入人にリースし，また，契約期間内においてリース資産の所有権はリース業者に帰属し借入人は使用権を有するに過ぎないが，契約期間が満了しリース料を全額支払うことにより，借入人はリース資産の残存価額によりこれを購入し所有権を取得する権利がある（権利を有するだけで実際購入するか否かは任意）ものをいう。

リースの標的物の違いにより，増値税の取扱い上は有形動産オペレーティング／ファイナンスリースと，不動産オペレーティング／ファイナンスリースに区分されている。

………財税【2016】36号付属文書1付録の一(六) 5(1)(2)

⑨ 不動産オペレーティングリースサービス

一般納税人が2016年4月30日以前に取得した不動産のオペレーティングリースを行う場合は，簡易方式を選択することができる。この場合の適用徴収税率は5％である。　　　　　　　　　　　……財税【2016】36号付属文書2第一条(九)1

⑩ 不動産ファイナンスリースサービス

一般納税人が2016年4月30日以前に契約を締結した不動産ファイナンスリース，または2016年4月30日以前に取得した不動産のファイナンスリースを行う場合については，簡易方式を選択することができる。この場合の適用徴収税率は5％である。　　　　　　　　　　　……財税【2016】47号の三(三)

⑪ 不動産販売の場合

一般納税人が以下に掲げる不動産の販売を行う場合は，簡易方式を選択することができる。この場合の適用徴収税率は5％である。

> (ア)　2016年4月30日以前に取得した不動産（自己建設を除く）を販売する場合。
> (イ)　2016年4月30日以前に自己建設した不動産を販売する場合。
> (ウ)　不動産開発業者である一般納税人が，自己開発した「旧開発プロジェクト」を販売する場合。

……財税【2016】36号付属文書2第一条(八)1，2，7

用語の説明

《取得した不動産》
　ここにいう「取得した不動産」とは，直接購入したもの，寄付または贈与を受けたもの，現物出資を受けたもの，自己建設したもの及び債務返済に充当されたもの等各種形式により取得したものを含み，不動産開発業者が自己開発したものを除く。

《自己開発》
　ここにいう「自己開発」とは，法に従って取得した土地使用権の土地において行う基礎設備及び建物の建設をいう。

《旧開発プロジェクト》
「建設工事施工許可証」に明記された工事開始日が2016年4月30日以前である不動産プロジェクト及び「建設工事施工許可証」をまだ取得していないもしくは工事開始日が明記されていないが，工事請負契約に明記された工事開始日が2016年4月30日以前である不動産プロジェクトをいう。

‥‥‥‥国税公【2016】14号第二条
‥‥‥‥国税公【2016】18号第二，八条

⑫ 建設サービス
一般納税人が以下の建設サービスを提供する場合は簡易方式を選択することができる。この場合の適用徴収率は3％である。

(ア) 「清包工方式」により工事を行う場合。
(イ) 「甲供工程」により工事を行う場合。
(ウ) 「旧建設工事」を行う場合。

用語の説明

《清包工方式》
工事施工者は自ら工事に必要な材料を一切購入しないか，補助的材料のみ購入し，人件費または管理費その他の費用を収受するものをいう。
《甲供工程》
全部または一部の設備，材料，労働力を工事発注者が提供するものをいう。
《旧建設工事》
「建設工事施工許可証」に明記された工事開始日が2016年4月30日以前である工事，及び「建設工事施工許可証」をまだ取得していないもしくは「建設工事施工許可証」に工事開始日が明記されていないが工事請負契約に明記された工事開始日が2016年4月30日以前である工事をいう。

‥‥‥‥財税【2016】36号付属文書2第一条(七)1～3，5

⑬ 獣用薬品経営企業が獣用生物製品を販売する場合
一般納税人である獣用薬品経営企業が獣用生物製品を販売する場合は簡易方式を選択することができる。この場合の適用徴収税率は3％である。ここにいう獣用薬品経営企業とは，獣医行政管理部門が発行した「獣薬経営許可証」を

取得し，獣用生物製品経営に従事することにつき許可を得ている獣用薬品の卸売及び小売企業を指す。

………国税公【2016】8号

⑭ **農村信用社等が金融サービスを提供する場合**

　農村信用社，村鎮銀行，農村資金互助社，銀行業機構が全額出資して発起設立した融資会社，法人機構が県（県レベルの市，区，旗を含む）及び県以下地区の農村合作銀行及び農村商業銀行が提供する金融サービスについては，簡易方式を選択することができる。この場合の適用徴収税率は3％である。

> **用語の説明**
>
> 《農村資金互助社》
> 　銀行業監督管理機構の許可を得て，郷（鎮），行政村の農民及び農村小企業が自主的に出資して組成した，社員に預金，貸付及び決済等の業務を提供する社区互助性銀行業金融機構をいう。
> 《銀行業機構が全額出資して発起設立した融資会社》
> 　中国銀行業監督管理委員会の許可を得て，国内の商業銀行または農村合作銀行が農村地区において設立した農民，農業及び農村の経済発展のために専門的に貸付サービスを提供する非銀行業金融機構をいう。

………財税【2016】46号第三条

⑮ **中国農業銀行が農業者等に対して融資を行う場合**

　中国農業銀行が「三農金融事業部」改革試点に納入した各省，自治区，直轄市，計画単列市の支店が管轄する県域の支店及びウィグル生産建設兵団分行が管轄する県域の支店（県事業部ともいう）が，農業者，農村または農村の各種組織に対して融資を行うことにより取得する利息収入については簡易方式を選択することができる。この場合の適用徴収税率は3％である。

………財税【2016】46号第四条

⑯ **労務派遣サービスを提供した場合**

　一般納税人が労務派遣サービスを提供した場合は簡易方式を選択することができる。この場合の適用徴収税率は5％である。

用語の説明

《労務派遣サービス》
　労務派遣会社が，労務を利用する会社に従業員を派遣（当該従業員は派遣先の会社の管理下において業務を行う）するサービスをいう。

………財税【2016】47号第一条

⑰　**2016年4月30日以前に工事を開始した道路等の通行費**
　一般納税人が収受する2016年4月30日以前に工事を開始した（即ち，施工許可証に明記された契約工事開始日が2016年4月30日以前である）一級公共道路，二級公共道路，橋，水門の通行費については簡易方式を選択することができる。この場合の適用徴収税率は5％である。　　………財税【2016】47号第二条(二)

⑱　**人事アウトソーシングサービス**
　一般納税人が人事アウトソーシングサービスを提供する場合は，簡易方式を選択することができる。この場合の適用徴収税率は5％である。

………財税【2016】47号第三条(一)

⑲　**2016年4月30日以前に取得した土地使用権の譲渡**
　一般納税人が2016年4月30日以前に取得した土地使用権の譲渡を行う場合は，簡易方式を選択することができる。この場合の適用徴収税率は5％である。

………財税【2016】47号第三条(二)

⑳　**非学歴教育サービス**
　一般納税人が非学歴教育サービスを提供する場合は，簡易方式を選択することができる。この場合の適用徴収税率は3％である。………財税【2016】68号第三条

㉑　**非企業性単位が提供する研究開発サービス等**
　一般納税人である非企業性単位が行う以下の課税取引については，簡易方式を選択することができる。この場合の適用徴収税率は3％である。
　㈦　研究開発及び技術サービス，情報技術サービス，鑑定コンサルティングサービスの提供

(イ) 技術や著作権などの無形資産の譲渡
(ウ) 技術譲渡，技術開発またはこれに関連する技術コンサルティングまたは技術サービスの提供

用語の説明

《非企業性単位》
　非企業性単位とは企業以外の単位をいい，即ち，行政単位，事業単位，軍事単位，社団単位その他単位のことである。

………財税【2016】140号第十二条
………国税函【2010】139号

㉒　教育補助サービス

　一般納税人が提供する教育補助サービスについては，簡易方式を選択することができる。この場合の適用徴収税率は3％である。

………財税【2016】140号第十三条

㉓　非臨床用人体血液の販売

　一般納税人である採血所が非臨床用の人体血液を販売した場合は，簡易方式を選択することができる。この場合の適用徴収税率は3％である。

………国税函【2009】456号
………国税公【2014】36号

(4)　小規模納税人及び一般納税人に共通する規定

①　売上返還等があった場合の留意点

　簡易方式を適用する納税者が行った課税取引について，取引の中止，割戻または返品により購入者に返還した売上金額は，当該事実の発生した納税期間の売上額から減額すべきとされている。その納税期間において売上額から減額しきれなかったことにより増値税を過大に納付することとなった場合，当該過大納付した税額は，繰り越してその後の納税期間の増値税額から控除することができる。

………財税【2016】36号付属文書1第三十六条

② 中古資産を販売した場合

　納税者が中古資産を販売した場合は，簡易方式により（売上収入額÷103%×2%）増値税を計算するものとする。なお，ここにいう中古資産とは，部分的使用価値のある二次流通貨物（中古自動車，中古バイク及び中古ヨットを含む）を指し，自己使用済のものを含まない。　　………財税【2009】9号第二条(二)
………財税【2014】57号

4　予定納付の場合

　不動産の販売（自己開発不動産の販売を除く）または県（市）を跨いで建設サービスの提供もしくは不動産のオペレーティングリースを行った納税者は，建設プロジェクトまたは不動産の所在地の主管税務機関において，自己開発した不動産の販売を行い前受金を受け取った納税者は自己の施設所在地の主管税務機関において予定納税申告を行った上で，当該納税者の施設所在地の主管税務機関において通常の納税申告を行わなければならないこととされている。予定納税申告により納付した税額は，通常の納税申告時に控除することができ，控除しきれない場合は，翌納税期間に繰り越すことができる。なお，繰り越せる期限は特に制限されていない。

　予定納税申告の具体的な計算方法は，本章第5節①の2(2)において別途説明している。　　　　　　　　　　　　　　　　　　………国税公【2016】14号
………国税公【2016】16号
………国税公【2016】17号
………国税公【2016】18号

5　貨物の輸入の場合

　課税貨物を輸入した場合の増値税額は以下の算式により計算する。

| 納付税額 ＝ 組成計税価格 × 税率 |

　なお，組成計税価格は，以下の算式により計算する。

| 組成計税価格 ＝ 関税課税価格 ＋ 関税 ＋ 消費税 |

………増値税暫行条例第十四条

6 源泉徴収の場合

増値税の源泉徴収義務者が源泉徴収し，税務機関に納付すべき増値税額は原則として以下の算式により算出する。税率は，課税取引の種類に応じてそれぞれ適用すべき税率とする。

$$源泉徴収税額 = \frac{増値税課税取引における購入者の支払価額}{(1 + 税率)} \times 税率$$

………財税【2016】36号付属文書1第二十条
………財税【2016】36号付属文書2第一条(十五)

2 売上額の確定

1 原　則

「売上額」は，一般方式と簡易方式のいずれの方法を適用する場合においても非常に重要な計算要素であり，原則として，購入者から収受する全ての金額及び付随費用を含む金額とされている。

また，基本的には増値税額を含まない概念とされており，売上額と増値税額を明確に区分せずに販売等を行っている場合は，以下の算式により税抜きの売上額を算出する。

$$売上額 = 収入額 / (1 + 税率)$$

………増値税暫行条例第六条
………増値税暫行条例実施細則第十四条
………財税【2016】36号付属文書1第二十三，三十七条

2 詳細規定

「売上額」の算定について，原則は1の通りであるが，一定の課税取引については具体的な売上額の計算方法が規定されている。そのうち主要なものを以下に紹介する。

(1) 貸付サービス

融資することにより取得する全ての利息及び利息としての性質を有する収入が「売上額」となる。
　　　　　　　　　　　　　　　………財税【2016】36号付属文書2第一条(三)1

(2) 直接的に料金を請求する金融サービス

直接的に料金を請求する金融サービスを提供したことにより収受する手数料，コミッション，報酬金，管理料金，サービス料金，トレーディングフィー，アカウント開設料，譲渡手数料，決済手数料，カストディー変更料等の金額が「売上額」となる。　　　　　　………財税【2016】36号付属文書2第一条(三)2

(3) 金融商品の譲渡

① 基本規定

金融商品の売却価額から買入価額を控除した売却益を「売上額」とする。

なお，売却損が生じた場合は，他の金融商品の売却益と損益通算することができる。損益通算した結果なお損失の場合は，繰り越して翌納税期間以降の売却益と損益通算することができる。ただし，繰り越せるのはその年度末までであり，年度末においてもなお損失が残っても，その翌年度への繰り越しは認められない。

また，金融商品の買入価額は，加重平均法または移動加重平均法により計算するものとされ，いったん選択すると36か月間は変更することができない。
　　　　　　　　　　　　　　　………財税【2016】36号付属文書2第一条(三)3

② 非流通株の買入価額

単位がその保有する非流通株を流通解禁後に譲渡した場合，売却益の計算上，買入価額は以下の定めに従って算定する。

㈎ 上場会社が株式分置改革時に,株式取引再開の前に形成された原非流通株または株式取引再開の初日から解禁日までの期間において原非流通株から由来する利益剰余金転化株式または資本積立金転化株式を譲渡した場合は,当該上場会社の株式分置改革完成後に株式取引再開した初日の始値を買入価額とする。
㈏ 会社が初めて上場して株式を発行した際に形成した非流通株式または上場日から解禁日までの期間において原非流通株から由来する利益剰余金転化株式または資本積立金転化株式を譲渡した場合は,当該上場会社のIPO初回発行価格を買入価額とする。
㈐ 上場会社が重大な資産再編を実施したことにより形成された非流通株または株式取引再開の初日から解禁日までの期間において原非流通株から由来する利益剰余金転化株式または資本積立金転化株式を譲渡した場合は,当該上場会社が資産再編の実施のため株式取引を停止した日の前日の終値を買入価額とする。

用語の説明

《非流通株と株式分置改革》

中国では2005年まで,上場会社が発行する株式のなかには,国家と法人などが保有し,株式市場では取引されない「非流通株式」が存在していた。このような市場の動きから隔離された株式は,2005年には中国本土株式市場の発行済株式総数の約3分の2を占め,非流通株主による不正な関連取引や上場企業の資金の流用などの弊害が発生する一因となっていた。

「非流通株」と一般投資家が市場を通じて売買することが可能な「流通株」が共存する状態は「株式分置」と呼ばれ,この制度の欠陥を是正すべく,「非流通株」を流通可能にした制度改革が「株式分置改革」であり,2005年より本格的に施行された。

《利益剰余金転化株式》

中国語では「送股(ソンクー)」と表現されており,一般的には,株主に対して企業の内部留保を資本金に振り替えることにより割り当てられる株式のことをいう。

《資本積立金転化株式》

中国語では「転股(ジュアングー)」と表現されており,一般的には,株主に対して企業の資本積立金を資本金に振り替えることにより割り当てられる株式のことをいう。

--------国税公【2016】53号第五条

(4) 代理サービス

収受する全ての金額及び付随費用から、委託者からの預かり政府性基金または行政事業性料金を控除した金額が「売上額」となる。

――――財税【2016】36号付属文書2第一条(三)4

(5) リース取引の場合の売上額

① セールアンドリースバック

＜2016年5月1日以降に締結したセールアンドリースバック取引＞

中国人民銀行、銀監会もしくは商務部の許可を得てリース事業に従事する納税者がセールアンドリースバック業務を提供した場合、以下の金額が「売上額」となる。

> (リース料総額 ＋ 付随費用 － リース料のうち借入元金) － (外部借入の利息(外貨及び人民元によるものを含む) ＋ 発行債券の利息)

＜2016年4月30日以前に契約締結した有形動産のセールアンドリースバック取引＞

セールアンドリースバック取引は、原則として貸付サービスに該当するが、2016年4月30日以前に契約締結した有形動産のセールアンドリースバック取引に関しては、契約期間満了までは有形資産リースサービスとして処理することを選択できることとされている。

有形資産リースサービスとして処理することを選択した場合、売上額の計算は以下のいずれかの方法を選択適用することができる。

【リース資産の購入代金を除いた純額を「売上額」とする方法】

> (リース料総額 ＋ 付随費用 － リース料のうち借入元金) － (外部借入の利息(外貨及び人民元によるものを含む) ＋ 発行債券の利息)

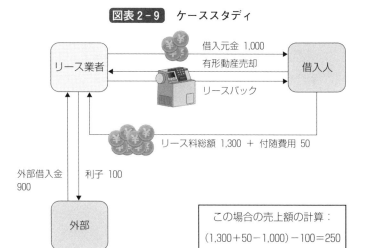

図表2-9　ケーススタディ

　なお，売上額から控除できるリース料のうち借入元金とは，契約に規定されている当期支払われる元金とされる，契約に規定していない場合は，実際支払われた元金の金額とされる。

【リース資産の購入代金を含めた総額を「売上額」とする方法】

> （リース料総額 + 付随費用）−（外部借入の利息（外貨及び人民元によるものを含む）+ 発行債券の利息）

………財税【2016】36号付属文書2第一条(三) 5(2), (3)

② **通常のファイナンスリース取引**

　中国人民銀行，商務部もしくは銀監会が認定するリース事業に従事する納税者が，ファイナンスリース業務を提供した場合は，以下の金額が「売上額」となる。

> （リース料総額 + 付随費用）−（外部借入の利息（外貨及び人民元によるものを含む）+ 発行債券の利息 + 車両購置税）

………財税【2016】36号付属文書2第一条(三) 5(1)

③ 実際の払込資本による区分

商務部から授権された省レベルの商務主管部門及び国家経済技術開発区が承認したリース業者については，実際の払込資本金の規模によって，税務上の取扱いは以下のように異なる。

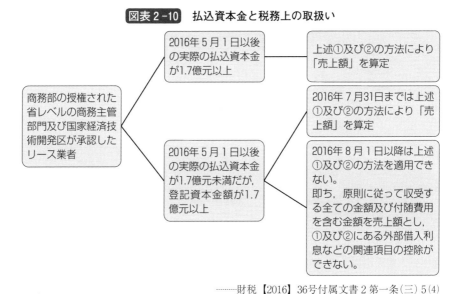

········財税【2016】36号付属文書2第一条(三) 5(4)

(6) 航空運輸業

航空運輸企業が代理で徴収している空港建設費及び他の航空運輸企業のチケットを代理販売する場合において，購入者から収受するチケット代金で，最終的には他の航空運輸企業に支払われる金額は「売上額」に含めない。

········財税【2016】36号付属文書2第一条(三) 6

(7) 旅客駅務サービス

運輸請負業者に支払う運輸費用は「売上額」に含めない。

········財税【2016】36号付属文書2第一条(三) 7

(8) 旅行サービス

「売上額」の算出方法を，総額方式と純額方式から選択適用することができる。
① 総額方式
旅行サービスの購入者から収受する全ての金額及び付随費用の総額をもって「売上額」とする方式。
② 純額方式
「売上額」の算出上，旅行サービスの購入者から収受する全ての金額及び付随費用の金額から，他の単位または個人に支払う宿泊代金，飲食料金，交通費，ビザ費用，入場料及び他の旅行ツアー企業に支払う旅行費用を控除する方式。

………財税【2016】36号付属文書2第一条(三) 8

(9) 建設サービス

建設サービスを提供する納税者で簡易方式を適用している場合は，「売上額」の算出上，下請に支払う代金は控除される。

………財税【2016】36号付属文書2第一条(三) 9

⑽ 開発した不動産の販売

不動産開発販売を行う一般納税人は，開発販売形態に応じて，それぞれ**図表2-11**に記載する算式により「売上額」を算出することとされている。

また，不動産開発業者（複数の不動産開発業者から組成される連合体を含む）が，土地の払下げにより政府部門に土地価額を支払った後，プロジェクト会社を設立し当該土地の開発をさせた場合において，以下の全ての要件を満たすときは，プロジェクト会社において売上額の計算上土地価額を控除することができる。

① 不動産開発業者，プロジェクト会社及び政府部門の三者が変更契約または補充契約を締結し，土地の払下げに係る購入者をプロジェクト会社に変更すること。
② 払下げの対象である土地の用途，開発計画等の条件に変更がなく，かつ，土地価額の総額も変更しないこと。

③ プロジェクト会社の株式等の全部が当初土地の払下げに係る購入者であった不動産開発業者によって保有されていること。

図表2-11 開発販売の類型と売上額

開発販売の類型		売上額の算出方法
1．一般納税人		
(1) 旧開発プロジェクトを販売した場合		
	簡易方式選択	収受する全ての金額及び付随費用÷（5％＋1）
	一般方式選択	（収受する全ての金額及び付随費用－控除可能な土地価額）÷（11％＋1）
(2) 旧開発プロジェクト以外を販売した場合		
	一般方式のみ適用	（収受する全ての金額及び付随費用－控除可能な土地価額）÷（11％＋1）
2．小規模納税人		
	簡易課税のみ適用	収受する全ての金額及び付随費用÷（5％＋1）

用語の説明

《控除可能な土地価額》

以下の算式により計算した金額とされている。

当期販売した不動産プロジェクトの建設面積（※1）÷不動産プロジェクトの販売可能建設面積（※2）×支払った土地価額（※3）

※1 当期販売した開発不動産の建設面積
当期において増値税納税申告する売上額が対応する建設面積をいう。

※2 不動産プロジェクトの販売可能建設面積
当該不動産プロジェクトにつき販売することが可能な総建設面積をいい、単独に価格設定していない共有施設の建設面積を含まないものとする。

※3 支払った土地価額
政府、土地管理部門または政府から委託を受けて土地に係る代金を収受する単位に直接支払った土地払下げ金をいう。ただし、2016年12月以降は、支払った移転補償金、土地事前開発費用及び土地払下げ収益（土地価値増加費）も含まれる。

　　　　……財税【2016】36号付属文書2第一条（三）10
　　　　……国税公【2016】18号第四、五、九条
　　　　……財税【2016】140号第七、八条

⑾ 不動産販売(不動産開発業者が自己開発した不動産を販売する場合を除く)

不動産販売を行った場合は,販売の形態に応じて,それぞれ**図表2-12**に記載する算式により「売上額」を算出することとされている。

図表2-12 販売類型と売上額

販売の類型		売上額の算出方法
1. 一般納税人		
(1) 2016年4月30日以前に取得した不動産(自己建設したものを除く)を販売した場合		
	簡易方式選択	収受する全ての金額及び付随費用-当該不動産の購入原価または購入時の評価価額
	一般方式選択	収受する全ての金額及び付随費用
(2) 2016年4月30日以前に自己建設した不動産を販売した場合		
	簡易方式選択	収受する全ての金額及び付随費用
	一般方式選択	収受する全ての金額及び付随費用
(3) 2016年5月1日以後に取得した不動産(自己建設したものを除く)を販売した場合		
	一般方式のみ適用	収受する全ての金額及び付随費用
(4) 2016年5月1日以後に自己建設した不動産を販売した場合		
	一般方式のみ適用	収受する全ての金額及び付随費用
2. 小規模納税人		
(1) 取得した不動産(自己建設したものを除く)を販売(個人による購入住宅の譲渡を除く)した場合		
	簡易課税のみ適用	収受する全ての金額及び付随費用-当該不動産の購入原価または購入時の評価価額
(2) 自己建設した不動産を販売(個人による購入住宅の譲渡を除く)した場合		
	簡易課税のみ適用	収受する全ての金額及び付随費用
(3) 個人が自己が購入した住宅を譲渡した場合(総額課税方式適用)		
	簡易課税のみ適用	収受する全ての金額及び付随費用
(4) 個人が自己が購入した住宅を譲渡した場合(純額課税方式適用)		
	簡易課税のみ適用	収受する全ての金額及び付随費用-当該不動産の購入原価または購入時の評価価額

　　　　　………財税【2016】36号付属文書2第一条(八)(十)
　　　　　………国税公【2016】14号第三条~第七条

⑿　労務派遣サービスの提供

労務派遣サービスを提供する一般納税人は，納税額の計算について一般方式と簡易方式のいずれかを選択適用することが認められている。また，労務派遣サービスを提供する小規模納税人は簡易方式を適用することとなるが，その課税標準及び徴収税率については純額計算か総額計算のいずれかから選択できる。詳細は**図表2-13**の通りである。

図表2-13　労務派遣サービスに係る売上額と適用税率

類　　型		売上額の算出方法	適用税率
1．一般納税人			
	簡易方式選択	収受する全ての金額及び付随費用－労務代理業者が労務派遣者に支払う給与や福利，社会保険料及び住宅公積金	5％
	一般方式選択	収受する全ての金額及び付随費用	6％
2．小規模納税人			
	簡易方式のみ適用　純額計算を選択	収受する全ての金額及び付随費用－労務代理業者が労務派遣者に支払う給与や福利，社会保険料及び住宅公積金	5％
	総額計算を選択	収受する全ての金額及び付随費用	3％

………財税【2016】47号第一条

⒀　人事アウトソーシングサービス

一般納税人が人事アウトソーシングサービスを提供する場合は，「売上額」の計算上，委託者である単位の委託を受けて当該単位の従業員に対して支給する給与，代理納付した社会保険料及び住宅公積金は含まない。

………財税【2016】47号第三条(一)

⒁　包装物に係るデポジット

貨物の販売のために包装物を貸与し，当該包装物についてデポジットを受け取っている場合において，当該デポジットを単独で記帳処理しているときは，課税対象となる「売上額」に含めないものとする。ただし，包装物を期限内に

返却しなかったことにより没収となったデポジットは，包装している貨物の税率により増値税が課税される。

また，当該包装物の使用期間にかかわらず，1年以上経過しても返還しなかったものについては，包装している貨物の税率により増値税が課税される。

なお，増値税一般納税人が受け取る付随費用及び上述の課税となる包装物に係るデポジットは，受取額を税込額とみなし，税抜額に割り戻して増値税額を計算することとなる。

………国税発【1993】154号第二条(1)
………国税発【1996】155号第一条
………国税函【2004】827号

⒂　割引等をした場合の売上額

①　納税人が販売した貨物について割引した場合，割引前の売上額と割引の金額が発票において明確に区分記載されているときは，割引した後の金額につき増値税が課税される。ただし，割引の金額につき別途赤字発票（赤字発票の説明は第7章第2節6を参照）を発行している場合は，会計処理の如何にかかわらず，割引前の売上額に対して増値税が課税される。

なお，「割引前の売上額と割引の金額が発票において明確に区分記載されている」とは，同じ発票の金額欄において区分して記載されていることをいい，金額欄では区分記載されておらず，発票の「備考」欄において割引額を記載している場合は「区分して記載している」とは認められない。

………国税発【1993】154号第二条(2)
………国税函【2010】56号
………財税【2016】36号付属文書1第四十三条

②　値引，販売の中止または返品により購入者に返還した増値税額は，その納税期間の売上税額から控除しなければならない。

………増値税暫行条例実施細則第十一条
………財税【2016】36号付属文書1第三十二条

⒃　下取り方式の場合の売上額

新しい商品を購入することを条件に，それまで使用していた古い商品を買い取る，いわゆる下取り方式による販売を行った場合は，新しい商品の時価によ

り「売上額」を認識する。　　　　　　　………国税発［1993］154号第二条(三)

(17) 返金販売方式の場合の売上額

　返金販売とは，販売者が貨物を販売した後に，約定時期において，売上代金の一部または全部を分割してまたは一括で購入者に返金するという，中国において行われている特殊な販売方法をいう。この場合，増値税の計算上，当該返金額を売上額から控除することは認められない。即ち，返金販売を行った場合でも，返金がなかったものとして，売上額に対して増値税が課税される。

　　　　　　　　　　　　　　　　　　　………国税発［1993］154号第二条(三)

(18) 兼営販売の場合の売上額

　納税者が貨物の販売，課税労務，課税サービス，無形資産及び不動産の譲渡といった税率・徴収税率の異なる業務を営むことを，兼営販売という。その場合，それぞれの税率・徴収税率の異なる業務ごとに売上額を区分計算しなければならない。区分計算していない場合は，そのうち最も高い税率を適用すべきとされている。　　　　　………財税【2016】36号付属文書1第三十九条

(19) 課税取引と減免税取引の兼営

　納税者が課税取引と免税・減税対象取引を兼営している場合は，課税取引と免税・減税対象取引を区分して売上額を計算しなければならない。区分計算していない場合は，免税・減税の適用ができないとされている。

　　　　　　　　　　　　　　　………財税【2016】36号付属文書1第四十一条

(20) 混合販売の場合の売上額

　一の取引行為の中に貨物の販売と課税サービスの提供が混合していることを，混合販売という。混合販売を行った場合の税額は，以下の方法に従って計算する。

形　　態	計 算 方 法
貨物の生産，卸売または小売を主な事業として行う単位または個体工商戸が混合販売を行った場合	貨物の販売を行ったものとして税額を計算する
上記以外の単位または個体工商戸が混合販売を行った場合	課税サービスの提供を行ったものとして税額を計算する

　　　　　　　　　　……財税【2016】36号付属文書1第四十条
　　　　　　　　　　……財税【2016】36号付属文書2第二条(三)

⑵ みなし販売等の場合の売上額

　納税者が，合理的な理由なく明らかな高額または低額により販売を行い，または，増値税暫行条例実施細則第四条及び財税【2016】36条付属文書1の第十四条に定めるみなし販売行為（本章第2節②を参照）を行った場合は，以下に掲げる方法のいずれか（(ｱ)から(ｳ)の順番に従って）を適用し，売上額を認識する。

　(ｱ)　当該納税者の直近の同種類の貨物，課税労務，課税サービス，無形資産または不動産の平均販売価額を当該取引の売上額とする方法。

　(ｲ)　他の納税者の直近の同種類の貨物，課税労務，課税サービス，無形資産または不動産の平均販売価額を当該取引の売上額とする。

　(ｳ)　「組成計税価格」を当該取引の売上額とする。
　　　なお，「組成計税価格」は以下の算式により計算する。

組成計税価格 ＝ 原価 × （1 ＋ 原価利益率）

　なお，消費税の課税対象となる貨物については，消費税を「組成計税価格」に含めるものとする。また，算式における「原価」とは，自己生産の貨物を販売する場合は実際の生産原価，外部からの仕入貨物を販売する場合は仕入原価をいう。「原価利益率」は国家税務総局が決定するものとする。

　納税者が合理的な理由なく明らかな高額または低額により販売を行うとは，脱税を主な目的として恣意的に増値税の税額納付を操作，減少，免除もしくは遅延させ，もしくは還付税額を増額させる行為をいう。

　　　　　　　　　　……増値税暫行条例実施細則第十六条
　　　　　　　　　　……財税【2016】36号付属文書1第四十四条

⑵ **外貨決済の売上額の換算**

　納税者が人民元以外の貨幣により売上額を決済する場合は，人民元に換算して税額を計算しなければならない。換算レートは，売上日または売上日の属する月の1日における国家外貨為替レートの仲値を選択適用するものとされており，納税者は適用するレートの種類をいったん選択すると12か月以内は変更できない。

　　　　　　　　　　　　　　　　　　　　………増値税暫行条例第六条
　　　　　　　　　　　　　　　　………増値税暫行条例実施細則第十五条
　　　　　　　　　　　　　　………財税【2016】36号付属文書1第三十八条

⑶ **2016年4月30日以前に取得した土地使用権の譲渡**

　一般納税人が2016年4月30日以前に取得した土地使用権の譲渡を行う場合は，簡易方式を選択することができる。その場合の売上額は，収受する全ての金額及び付随費用から土地使用権の原価を控除した残額とする。

　　　　　　　　　　　　　　　　　　　　………財税【2016】47号第三条㈡

3　売上額から一定の金額を控除するための要件

⑴　上記2の⑴～⑽の場合

　上記2の⑴～⑽における売上額の計算上，課税取引の相手から収受する全ての金額及び付随費用から控除できるとされる項目については，控除の前提条件として，合法的な証憑を取得していなければならない。ここにいう合法的な証憑とは以下のものを指す。

① 国内の単位または個人に対して支払う金額……発票
② 国外の単位または個人に対して支払う金額……当該単位または個人が発行する領収書。ただし，税務当局が提供された領収書に疑義を持った場合は，国外の公証機構による証明書を求めることができる。
③ 納付した税金……納税証憑
④ 政府性基金，行政事業性料金または政府に支払う土地代金……省レベル以上の財政部門が印刷等した財政証憑

⑤　その他国家税務総局が定める証憑

なお，以上①〜⑤の証憑を取得した場合において，当該証憑が仕入税額控除の根拠証憑であっても，それに係る金額を売上額から控除する以上，仕入税額控除は適用できない。
　　　　　　　　　　　　　　　………財税【2016】36号付属文書2第一条(三)11

(2) 不動産販売（不動産開発業者が自己開発した不動産を販売する場合を除く）の場合

前記②1(11)の売上額の計算上，不動産購入原価または購入時の評価価額の控除の前提として，以下の合法的な証憑を取得していなければならない。
①　税務部門の監督のもとで製造された発票
②　裁判所の判決書，裁定書，調解書，仲裁決裁書，公証債権文書
③　その他国家税務総局が定める証憑
　　　　　　　　　　　　　　　　　　………国税公【2016】14号第八条

4　付随費用

付随費用には，本体価額以外で購入者から受け取る手数料，補てん，基金，資金調達費用，返還利益，奨励金，違約金，延滞金，支払遅滞利息，賠償金，代理徴収した費用，立替金，包装費，容器賃借料，貯蔵費，アップグレード費，運送荷役費その他各種性質の付随費用が含まれる。ただし，以下に掲げる項目は除く。
①　消費税の対象である製品の受託加工について源泉徴収した預かり消費税
②　以下の全ての要件に該当する立替運送費
　(ｱ)　運送業者等が購入者に対して運送費に係る発票を発行していること。
　(ｲ)　費用立替者が運送費に係る発票を購入者に交付していること。

図表2-14は，上記②の(ｱ)と(ｲ)に該当する状況例である。このような場合は，販売者において運送費は付随費用に含まれず，その分の売上増値税を認識する必要がない。
③　貨物の販売時に購入者のために立て替えた保険料，車両購置税，車両ナンバープレート料を購入者から返済を受けた場合
④　以下の全ての要件に該当する政府性基金または行政事業性費用

図表2-14 ケーススタディ

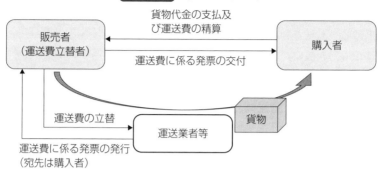

(ア) 国務院または財政部の承認のもとで設立された政務性基金，国務院または省レベルの人民政府及びその財政，価格主管部門の承認のもとで設立された行政事業性費用
(イ) 受取時に，省レベル以上の財政部門が印刷した財政証憑を発行していること
(ウ) 収入額を全額，財政に上納していること
⑤ 委託者の名義において発票を発行し，委託者を代理して受け取る料金

……増値税暫行条例実施細則第十二条
……財税【2016】36号付属文書1第三十七条

3 仕入増値税額の算定

1 控除可能な仕入増値税額

　納税者が貨物を購入し，加工修理等労務，課税サービスを有償により受け，または無形資産もしくは不動産を購入したこと（以下総じて「課税取引」という）により支払った増値税のうち，以下に掲げるものについては，売上増値税額から控除することができる。

(1) 基本的な控除可能仕入増値税額の範囲

> ① 課税取引において取得した増値税専用発票（機動車販売統一発票を含む，以下同じ）に明記された増値税額。
> ② 課税貨物の輸入につき増値税を納付したことにより税関から取得する税関輸入増値税専用納付書に明記された増値税額。
> ③ 農産物を購入した場合は，増値税専用発票または税関輸入増値税専用納付書を取得したときを除き，農産物購入発票または販売発票を取得した場合はこれらに記載された購入価格（納付した煙葉税を含む）につき13％の控除率により仕入増値税額を計算する。即ち，
> 　仕入増値税額＝購入価格×控除率
> ④ 国外の単位または個人から課税サービスの提供または無形資産もしくは不動産の譲渡を受けた場合，税務機関等から取得する税額納付証憑に明記された増値税額。

なお，納税者が取得した増値税の仕入増値税額に係る証憑が，法律，行政法規または国家税務総局の発布する規定に準拠したものでない場合は，当該証憑に係る仕入増値税は売上増値税から控除することができない。

また，④の税額納付証憑により仕入増値税額控除を受ける場合は，書面の契約書，支払証明及び国外の単位の照合書もしくは発票を準備保存する必要がある。資料に不備がある場合は，仕入増値税額控除を受けることができない。

………増値税暫行条例第八，九条
………増値税暫行条例実施細則第十七条
………財税【2016】36号付属文書1第二十四～二十六条

(2) 特定の取引に係る仕入増値税額控除

① 増値税税率に不一致がある場合の仕入増値税額控除

輸入の際の増値税税率と国内流通または国内地域ごとに適用される増値税税率とが異なる一定の貨物（初級農産物や鉱産物など）については，納税者はその取得した増値税専用発票または税関輸入増値税専用納付書において明記された増値税額に基づき仕入増値税額控除を行うこととなる。

………財税【2005】165号第三条

②　2009年1月1日以後に取得した固定資産

　増値税一般納税人が2009年1月1日以後に固定資産を購入（贈与及び現物出資の受入れを含む）または自己製造（拡張及び取付を含む）したことにより発生した仕入増値税額は，増値税専用発票または税関輸入増値税専用納付書（以下，「増値税仕入税額控除証憑」）に基づき，売上増値税額から控除することができる。

　なお，2009年1月1日以後に取引が実際に発生し，かつ，同日以後に発行された増値税仕入税額控除証憑に明記された仕入増値税額でなければならない。

────財税【2008】170号

③　2016年5月1日以後に取得した不動産

　増値税一般納税人が2016年5月1日以後に取得し，かつ会計上固定資産として計上した不動産または建設途中の工事は，当該取得をした年度から2年間にわたり仕入税額を控除する。この場合，1年目の控除割合は60％で，専用発票等の税額控除の根拠となる証憑を取得した日の属する納税期間において仕入税額控除を行い，2年目の控除割合は40％で，専用発票等の税額控除のための証憑を取得した月から13か月目の属する納税期間において仕入税額控除を行うこととされている。

　なお，「不動産の取得」には，直接的な購入のほか，贈与の受入れ，現物出資としての受入れ，債務の充当としての受入れによる取得が含まれる。

　ただし，不動産開発業者が自己開発した不動産，ファイナンスリースした不動産及び建設現場において組み立てられた臨時的な建設物や構築物に関しては，上述の2年間にわたっての仕入税額控除の規定は適用されず，通常通り一時に全額の仕入税額を控除する。

用語の説明

《建設途中の工事》
　不動産の新規建設，改造建設，拡張建設，修繕，装飾に係る仕掛工事を含む。

《自己開発》
　法に従って土地使用権を取得した土地上において，基礎設備及び家屋や建物の建設を行うことをいう。また，不動産開発業者が開発途中のプロジェクトを購入して引き続き開発を行う場合も，「自己開発」に含まれる。

………財税【2016】36号付属文書2第一条(四) 1
………国税公【2016】15号第二条，第四条
………国税公【2016】18号第二，三条

④ 2016年5月1日以後の不動産建設等のために購入した貨物及び設計サービス等

　増値税一般納税人が2016年5月1日以後に不動産の新規建設のために購入した貨物，設計サービス，建設サービス，または，不動産の改造建設，拡張建設，修繕もしくは装飾のために購入した貨物，設計サービス，建設サービスで当該不動産の購入原価または購入時の評価価額を50％超増加させるものに係る仕入増値税額は，③と同様の方式により取得をした年度から2年間にわたり仕入税額を控除する。

用語の説明

《購入した貨物》
　ここにいう「購入した貨物」とは，不動産の実体を構成する材料及び設備を指し，建設装飾材料，給排水設備，暖房設備，衛生設備，通気設備，照明，通信設備，ガス設備，消防設備，中央空調，エレベーター，電気設備，コンピューター建物管理システム及びセット設備を含む。

………国税公【2016】15号第三条

⑤ 資産再編の場合の仕入増値税額の引継ぎ

　2013年1月1日以降に行われた資産再編について，増値税一般納税人が資産，負債及び労働力の全部を他の増値税一般納税人に譲渡し，かつ，規定に従って税務登記の抹消を行った場合は，当該抹消手続を開始した時点より前に発生した未控除の仕入増値税額は譲受人に引き継ぐことができる。ただし，税務機関による資料審査を通過する必要がある。　　　　………国税公【2012】55号

⑥ 住所等を移転した場合の仕入増値税額の引継ぎ

　2012年1月1日以降に増値税一般納税人が住所や経営拠点を移転したことにより税務登記機関が変更し，旧税務登記の抹消と新たな税務登記を行うこととなった場合，移転先の納税地の税務機関において，その増値税一般納税人資格

及び旧税務登記の抹消手続を開始した時点より前に発生した未控除の繰越仕入増値税額は，移転先に引き継ぐことができる。

………国税公【2011】71号第一条

⑦ **固定資産，無形資産または不動産につき用途変更した場合**

簡易方式適用項目，増値税免税項目，集団福利または個人消費（納税者の交際接待消費を含む）に用いられるため仕入税額控除をしていない固定資産，無形資産または不動産につき，その用途を課税項目に変更した場合は，当該変更のあった月の翌月において，以下の算式により計算した仕入増値税額を控除することができる。

なお，不動産に関しては，用途変更した月の翌月に下記により算出した控除可能仕入増値税額の60％を控除し，残りの40％は用途変更した月の翌月から13か月目において控除する。

(ア) 固定資産または無形資産の場合
控除可能仕入増値税額＝固定資産，無形資産または不動産の簿価純額÷（1＋適用税率）×適用税率
(イ) 不動産の場合
控除可能仕入増値税額＝増値税税額控除証憑に明記された仕入増値税額等×不動産の残存割合
不動産の残存割合＝（不動産簿価純額÷不動産取得原価）×100％

………財税【2016】36号付属文書2第一条(四)2
………国税公【2016】15号第七，九条

用語の説明

《簿価純額》

ここにいう固定資産，無形資産または不動産の「簿価純額」とは，会計基準に基づいて償却を行ったあとの簿価のことをいう。

………財税【2016】36号付属文書1第三十一条

⑧ **納税者が税務登記を抹消する場合の仕入税額控除**

不動産につき2年間にわたっての仕入税額控除を適用している納税者が税務登記を抹消する場合において，その時点で未控除の仕入税額があるときは，当

該未控除の仕入税額を抹消清算を行う月の属する納税期間の売上増値税額から控除する。　　　　　　　　　　　　　　　　　………国税公【2016】15号第十条

(3) 予定納付金額

　予定納税申告（予定納税申告についての詳細は第2章第5節①2(2)を参照）を行った納税者は，予定納付税額を通常の納税申告時に税額控除することができ，控除しきれない場合は，翌納税期間に繰り越すことができる。なお，繰り越しについて期限は設けられていない。

………国税公【2016】14号第九条
………国税公【2016】16号第十条
………国税公【2016】17号第八条
………国税公【2016】18号第十四，十五条，二十二条

2　仕入税額控除のために必要な手続

(1) 増値税専用発票の認証

　増値税専用発票を取得した場合には，取得者と税務機関の間で当該専用発票が合法的に発行されたものであることを確認するための「認証」という手続を行わなければならない（詳細は第7章第2節4において別途説明している）。原則として，当該認証を受けた増値税専用発票のみが，仕入税額控除を適用することができる。

　また，認証手続は発票が発行されてから180日以内に行わなければならない。認証を完了した専用発票に係る増値税仕入税額は，認証を完了した日の属する月の翌月の属する納税期間の増値税申告において税額控除するものとされている。

………国税発【2006】156号第二十五条
………国税函【2009】617号第一条

(2) 税関輸入増値税専用納付書の申告

　増値税一般納税人が貨物の輸入に係る増値税を納付したことにより取得した

税関輸入増値税専用納付書に記載された増値税額につき仕入税額控除を適用するためには，当該納付書が発行されてから180日以内に主管税務機関に「海関完税憑証抵扣清単」（＝税関納税完了証憑の控除目録）を送付して照合を申請しなければならない。原則として，照合を通過したもののみ，増値税の申告上，仕入税額控除を適用することができる。　　　　　⋯⋯⋯国税函【2009】617号第二条
⋯⋯⋯国家税務総局公告・税関総署公告【2013】31号第一，二条

3 ｜控除不能な仕入増値税額

(1) 控除不能な仕入増値税額の範囲に係る基本規定

以下に掲げる仕入項目に係る増値税額は控除することができない。

> ①　簡易方式適用項目，増値税免税項目，集団福利または個人消費（納税者の交際接待消費を含む）に用いるために購入した貨物（これらに係る運輸費用を含む），加工修理等労務，課税サービス，無形資産及び不動産。
>   ただし，一般納税人が自己使用のために購入した，消費税課税対象のバイク，自動車，ヨットに係る増値税額は仕入税額が可能である。
> ②　非正常損失となった購入貨物及びそれに関連する加工修理等労務または交通運輸業サービス。
> ③　非正常損失となった仕掛品や製品の製造のために消耗される購入貨物（固定資産を含まない），加工修理等労務または交通運輸業サービス。
> ④　非正常損失となった不動産及び当該不動産の建設途中の工事ならびにそれらに消耗された貨物，設計サービス及び建設サービス。
> ⑤　旅客運輸サービス，飲食サービス，日常サービス及び娯楽サービス。
> ⑥　貸付サービスに係る利息，当該貸付に直接関連する投資・融資顧問費用，手数料，コンサルティング料等。
> ⑦　財政部及び国家税務総局が規定するその他の状況。

用語の説明

《非正常損失》
　　管理の不備による盗難，紛失，腐敗・変質による損失をいう。
《建設途中の工事》
　　新規建設，改造建設，拡張建設，修繕，不動産の装飾に係る仕掛工事を含む。

《不動産及び不動産の建設途中の工事に消耗された貨物》
　不動産の実体を構成する材料及び設備を指し，建設装飾材料，給排水設備，暖房設備，衛生設備，通気設備，照明，通信設備，ガス設備，消防設備，中央空調，エレベーター，電気設備，コンピューター建物管理システム及びセット設備を含む。

………増値税暫行条例第十条
………増値税暫行条例実施細則第二十二，二十四条
………財税【2016】36号付属文書1第二十七条
………財税【2016】36号付属文書2第一条(四)3，第二条(一)5

(2) その他控除不能な場合

① 既に仕入増値税額控除を適用済の購入した貨物（固定資産を除く），労務及び課税サービスの仕入増値税額控除不能額

　既に仕入増値税額控除を適用した貨物（固定資産を除く），労務及び課税サービスについて，上記(1)の①〜④の事実（簡易方式適用項目または免税項目に用いられた場合は除く）が発生した場合は，これらに係る仕入増値税額を当該事実の発生した納税期間の控除仕入増値税額から減額しなければならない。これらに係る仕入増値税額の金額を確定できない場合は，当期の実際コストを基に減額すべき仕入税額を計算する。

………財税【2016】36号付属文書1第三十条
………財税【2016】36号付属文書2第二条(一)6

② 既に仕入増値税額控除を適用済の購入した固定資産，無形資産または不動産の仕入増値税額控除不能額

　既に仕入増値税額控除を適用した購入した固定資産，無形資産または不動産について，上記(1)の①〜④の事実が発生した場合は，以下の算式により控除不能額を計算する。

(ア)	固定資産または無形資産の場合
	控除不能仕入増値税額＝固定資産または無形資産の簿価純額×適用税率
(イ)	不動産の場合
	控除不能仕入増値税額＝（控除済仕入増値税額＋未控除仕入増値税額）×不動産の残存割合
	不動産の残存割合＝（不動産簿価純額÷不動産取得原価）×100％

………財税【2016】36号付属文書1第三十一条
………財税【2016】36号付属文書2第二条(一) 7
………国税公【2016】15号第七条

③ **仕入増値税額を個別に紐付けることができない場合の仕入増値税額控除不能額**

一般方式を適用する納税者において，増値税課税売上，簡易方式適用項目及び増値税免税項目に係る売上が同時に発生している場合において，仕入増値税額を個別の売上項目に紐付けることができないときは，以下の算式により控除不能仕入増値税額を計算する。

> 控除不能仕入増値税額＝当納税期間における個別の売上項目への紐付けができない仕入増値税額合計×(簡易方式適用項目売上＋増値税免税項目売上)／当納税期間の売上額合計

………財税【2016】36号付属文書1第二十九条

④ **個別に紐付けることができない自己開発不動産に係る仕入増値税額の控除不能額**

一般方式を適用する納税者が自己開発不動産の販売を行う場合において，一般方式，簡易方式または増値税免税を適用する不動産販売売上が同時に発生しているが，仕入増値税額を個別の売上に紐付けることができないときは，以下の算式により控除不能仕入増値税額を計算する。

> 控除不能仕入増値税額＝当納税期間における個別の売上項目への紐付けができない仕入増値税額合計×(簡易方式適用の不動産プロジェクト建設規模＋増値税免税適用の不動産プロジェクト建設規模)／当納税期間の不動産プロジェクト総建設規模

………国税公【2016】18号第十三条

⑤ **免税適用の貨物が課税適用に戻った場合の仕入税額の取扱い**

免税適用を受けていた貨物につき，政策の改正その他の理由により免税適用が受けられなくなった場合において，免税適用を受けなくなった後に当該貨物に係る専用発票を取得しても，免税適用可能期間中に購入した貨物である限り，

当該購入につき仕入税額控除を適用することができない。

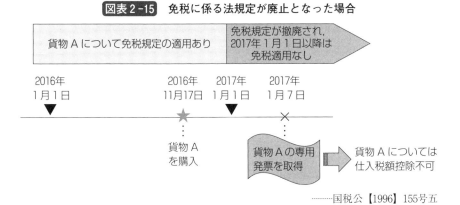

図表2-15 免税に係る法規定が廃止となった場合

………国税公【1996】155号五

⑥ 輸出貨物に係る配達集荷サービスを提供している場合の仕入増値税額控除不能額

輸出貨物のために提供する配達集荷サービスは増値税免税項目に該当し（詳細は第5章第3節①を参照），当該サービスを提供した場合の控除不能仕入増値税額は以下の算式により計算する。

> 控除不能仕入増値税額＝当納税期間における個別の売上項目への紐付けができない仕入増値税額合計×（簡易方式適用項目売上＋増値税免税項目売上－輸出貨物に係る配達集荷サービスを提供するために国外の協力者に対して支払った費用）/当納税期間の売上額合計

………国税公【2016】29号第七条

⑦ 会計に不備がある場合等の仕入増値税額控除不能額

以下の状況のいずれかに該当する場合は，仕入増値税額控除は一切認められない。また，増値税専用発票の使用も認められない。
(ア) 一般納税人であるにもかかわらず，会計処理が不健全，もしくは，正確な税務資料を提供することができない場合。
(イ) 一般納税人資格を申請すべき要件に該当しているにもかかわらず，申請していない場合。

………増値税暫行条例実施細則第三十四条

………財税【2016】36号付属文書1第三十三条

⑧ **増値税改革施行日前までの繰越仕入税額**

　増値税改革施行日前から増値税一般納税人であった者が，増値税改革施行日前から貨物の販売等と，増値税改革により増値税課税対象となったサービス提供，無形資産または不動産の譲渡の兼営を行っていた場合において，増値税改革施行日の前日までの貨物販売等に係る仕入増値税の繰越額は，増値税改革後のサービス提供，無形資産または不動産の譲渡に係る売上増値税額から控除してはならない。
………財税【2016】36号付属文書2第二条(二)

⑨ **資産評価による流動資産に係る評価損失は控除仕入増値税額の減額事項に該当しない**

　非正常損失とは生産や経営の過程における正常な損失や摩耗以外の損失をいう。一方で，資産評価により生じた流動資産に係る評価損失は，当該流動資産が紛失または損壊しておらず，ただ市場の変化により価格が低下または価値が減少したと考えられ，「中華人民共和国増値税暫行条例実施細則」に定める非正常損失に該当しないものとし，控除仕入増値税額の減額を行う必要はない。
………国税函【2002】1103号

⑩ **貨物の返品や値引があった場合の控除仕入増値税額の減額**

　一般方式を適用する納税者が購入した貨物につき返却や値引などの事由が発生したことにより，仕入増値税額の返還を受けたときは，当該仕入増値税額を当該事実が発生した納税期間の控除仕入増値税額から減額しなければならない。
………増値税暫行条例実施細則第十一条
………財税【2016】36号付属文書1第三十二条

⑪ **輸入貨物価額の差額部分及び国外から取得する返還金額は控除仕入増値税額の減額事項に該当しない**

　輸入貨物については，仕入増値税額控除は，納税者が税関から取得する税関輸入増値税専用納付書に明記された増値税額に基づいて行うものとされている。納税者が輸入貨物につき通関を終えた後で，国外の取引相手に対して資金を返還をした場合，または国外へ実際支払う代金が輸入通関価格よりも低いため差

額が発生した場合は，控除仕入増値税額の減額は行わない。

………国税函【2007】350

⑫　一般納税人資格が抹消または取り消された場合

　一般納税人指導期間中に一般納税人資格を抹消または取り消されたことにより小規模納税人に転じた場合は，その時点において残存の在庫があっても控除仕入増値税額の減額を行う必要がないが，一方で，未控除の仕入増値税額があっても増値税の還付は受けられない。　　　　　　………財税【2005】165号第六条

⑬　販売者から取得する各種返金に係る控除仕入増値税額の減額

　1997年1月1日より，増値税一般納税人は，「平価販売行為」の有無にかかわらず，貨物の購入先販売者から各種返金を受け取った場合，受取のあった納税期間の控除仕入増値税額から，以下算式により計算した金額を減額しなければならない。　　　　　　　　　　　　　　　………国税発【1997】167号第二条

> 減額すべき控除仕入増値税額＝当納税期間に取得した返金額×返金に係る貨物に適用した増値税税率

用語の説明

《平価販売行為》
　生産企業は販売企業の販売価額以上の金額で貨物を販売企業に卸し，一方で販売企業は仕入価額以下の金額で貨物の販売を行う。これにより販売企業が被った損失相当額を，生産企業が返金する等の形で販売企業に補てんするという，中国の独特な販売形態である。

⑭　支店が本店から取得する日常の給与，電話代，賃料等

　本店において一括会計処理を行っている場合において，支店が本店から日常の給与，電話代，賃料等の資金の支給を受けることがあるが，支店は，当該支給を受けたことにつき控除仕入増値税額の減額を行う必要はないとされている。

………国税函【2001】247号

4　本支店等の合算納税

　本店と支店が同一の県（市）にない場合は，原則として，本店と支店は各自の所在地の主管税務機関においてそれぞれ申告納税を行うべきとされている。ただし，政府部門の承認を受けた場合は，本店が取りまとめて一括して本店所在地の主管税務機関において合算納税を行うことができるという特例が設けられている。しかしながら，地域を跨いでの本支店合算納税は，税務機関側における税源の管理・監督に係る運営が複雑になるため，実務上，一部の特殊業種（電力業，電信業，郵政業，鉄道及び航空運輸業）に属する国有企業を除き，合算納税についての承認を受けることは非常に困難である。

　また，合算納税の計算方法については，上述の一部の特殊業種に関しては全国レベルで適用される特別規定が設けられているが，それ以外の業種は計算方法に関する全国レベルの詳細規定がなく，その所在する地域が個別に公布している規定があればそれに準拠することができるが，規定が設けられていない地域も存在する。

　以下，海南省の国家税務総局及び財政庁が2016年5月に公布した公告において定められている計算方法を参考までに紹介する。当該公告では，先述の一部の特殊業種以外の納税者の実際の状況に応じて，3種類の計算方法のいずれかを適用することとされている。

　また，**図表2-16**中2の「予定徴収率方式」の場合の予定徴収率は固定されておらず，財政部及び国家税務総局が随時適宜調整できるものとされている。

図表2-16 本支店合算納税の場合の具体的な計算方式（海南省）

計算方式	具体的な方法
1　収入比例方式	いったん本店において本支店の全体の納付すべき増値税の金額を纏めて計算した上で，本店または各支店の収入の割合に応じて，それぞれに納付すべき増値税の金額を配賦する。 支店は，収入の割合に応じて配賦された納付すべき増値税の金額につき，その所在地の税務機関において申告及び納付を行う。本店は，本支店全体の納付すべき増値税額につきその所在地の税務機関において申告を行うが，実際に納付する税額は，本店の収入割合に応じて配賦された部分の金額とする。 なお，各金額はそれぞれ以下の算式により計算する。 　　本店または各支店の収入割合＝本店または各支店の課税売上高÷本支店全体の課税売上高合計 　　本店または各支店のそれぞれの納付すべき増値税の金額＝本支店全体が納付すべき増値税の金額の合計×本店または各支店の収入割合
2　予定徴収率方式	各支店はその課税売上高の金額に予定徴収率を乗じて計算した増値税額をその所在地の税務機関にいったん予定納付した上で，本店において本支店全体の納付すべき増値税額を計算し，そこから支店が予定納付した増値税額を控除した残額をその所在地の税務機関に実際に納付するという方式。 なお，各金額はそれぞれ以下の算式により計算する。 　　支店が予定納付すべき増値税額＝支店の課税売上高×予定徴収率 　　本支店全体の納付すべき増値税額＝本支店全体の売上増値税額－本支店全体の仕入増値税額 　　本店の実際納付（還付）増値税額＝本支店全体の納付すべき増値税額－支店が予定納付した増値税額
3　本店合算納税方式	本店において本支店全体の増値税額をまとめて申告納付を行い，支店においては申告納付をしない方式。この場合，本店において納付すべき本支店全体の増値税額は，以下の算式により計算する。 　　本店において納付すべき本支店全体の増値税額＝本支店全体の売上増値税額－本支店全体の仕入増値税額

　　　　　　　　　　　　　　　　　　　　……増値税暫行条例第二十二条（一）
　　　　　　　　　　　　　　　　　　　　……財税【2016】36号付属文書1第四十六条（一）
　　　　　　　　　……海南省国家税務局及び海南省財政庁による地区を跨ぐ本支店等に係る
　　　　　　　　　　増値税合算納税に関する事項の公告（2016年）第7条

第4節

増値税の発生時期

① 貨物の販売または課税労務の提供に係る増値税の発生時期

　貨物の販売または課税労務の提供に係る増値税の納税義務は，代金の回収日もしくは代金回収権利の確定を証明できる証憑の取得日に発生するものとされている。ただし，先に発票を発行した場合は，発票の発行日に増値税を認識することとなる。
………増値税暫行条例第十九条

　なお，代金の回収日もしくは代金回収権利の確定を証明できる証憑の取得日とは，販売形態に応じて，それぞれ以下の日とされている。

(1) 直接代金受取方式による貨物の販売
貨物が発送済であるか否かにかかわらず，実際に代金を受け取った日もしくは代金回収権利の確定を証明できる証憑を受け取った日。
(2) 銀行代理集金による貨物の販売
銀行が代理集金する場合は，貨物を発送し，かつ，代金収集の委託手続を行った日。 なお，銀行代理集金とは，一般に販売者が貨物の発送後に銀行に代金回収を委託し，購買者が貨物を受け取り検品等した後に銀行に代金支払い承諾を行う販売形態をいう。
(3) 代金売掛方式または分割払いによる貨物の販売
書面による契約書において約定した代金支払期日。書面による契約書がない場合または契約書において代金支払期日の定めがない場合は，貨物の発送日。
(4) 代金前受方式による貨物の販売
貨物の発送日。ただし，生産期間等が12か月を超える大型機械設備，船舶，飛行機などの貨物の場合は，代金を前受した日または契約書に約定した代金支払期日。
(5) 委託販売
委託者が，委託販売の受託業者から販売済リストまたは全部もしくは一部の販売代金を受け取った日。ただし，貨物を委託販売の受託業者に発送した日から180日を経過しても販売済リストまたは販売代金を受け取っていない場合は，当該経過する日。
(6) 課税労務の提供
労務を提供すると同時に代金もしくは代金回収権利の確定を証明できる証憑を受け取った日。
(7) みなし販売行為を行った場合
貨物を発送した日。

………増値税暫行条例実施細則第三十八条

2 課税サービスの提供，無形資産または不動産の譲渡に係る納税義務の発生時期

⑴ 原　　則

　課税サービス等の提供に係る増値税の納税義務は，課税取引が発生し代金を受け取った日もしくは代金回収権利の確定を証明できる証憑を受け取った日に発生するものとされている。ただし，先に発票を発行した場合は，発票の発行日に増値税を認識すべきとされている。

　代金を受け取った日とは，取引の途中または取引完了時に代金を受け取った日のことを指す。また，代金回収権利の確定を証明できる証憑の取得日とは，原則として書面による契約書において約定した代金支払期日であるが，書面による契約書がない場合または契約書において代金支払期日の定めがない場合は，サービス提供完了日，無形資産の譲渡完了日または不動産の権利変更日とされている。

⑵ 納税者が代金前受方式により建設サービス，リースサービスを提供する場合

　前受代金を受領した日に納税義務が発生したものとされる。

⑶ 納税者が金融商品の譲渡を行った場合

　当該金融商品の所有権が移転した日に納税義務が発生したものとされる。

⑷ みなし課税サービス提供，みなし無形資産または不動産の譲渡行為を行った場合

　課税サービスの提供完了日，無形資産の譲渡完了日または不動産の権利変更日に納税義務が発生したものとされる。

　　　　　　　　　　　　　　――――財税【2016】36号付属文書1第四十五条

(5) 銀行による貸付サービス

銀行が提供する貸付サービスの利息収入について，期間に応じて収入を計上している場合は，利払い日当日に計上される全部の利息を当該利払い日の属する納税期間の課税売上として認識すべきものとされている。

………国税公【2016】53号第六条

(6) 金融企業における未収利息に係る取扱い

金融企業が行った融資に係る利息で，約定した利息返済日以後の発生分については，それぞれ以下のように取り扱う。

なお，ここにいう金融企業には，証券会社，保険会社，金融リース公司，証券基金管理公司，証券投資基金その他人民銀行，銀監会，証監会または保監会の承認のもと設立された金融保険業務を営む機構が含まれる。

> ① 約定利息返済日から90日以内の発生分：
>   実際の回収の有無にかかわらず，通常通りに増値税を認識すべきものとされ，また，最終的に回収できなかったとしても，これにつき納付した増値税は還付されない。
> ② 約定利息返済日から90日後の発生分：
>   実際に回収されるまでは増値税を認識しない。

図表2-17　未収利息に係る増値税の認識時期

約定利息返済日	90日経過日
約定利息返済日から90日以内に発生した利息	約定利息返済日から90日経過後に発生した利息
回収の有無にかかわらず増値税を認識する。	回収のあった時に増値税を認識する。

………財税【2016】36号付属文書3第四条
………財税【2016】140号第三条

(7) 単一用途の商業プリペイドカード

単一用途の商業プリペイドカードの発行企業または販売企業(以下,「カード販売会社等」という)がカードの販売またはカード所有者による金額チャージにより預かり金を取得する行為に対しては,増値税を課税しないものとされている。カード所有者が当該カードを使用して貨物またはサービスを購入したときにはじめて課税取引があったものとして,増値税が課税される。

ただし,増値税発票についてはカード所有者がカードを使用した時点ではなく,カード所有者が金額をチャージした時またはカードの販売時に発行できることとされており,また,発行できるのは増値税普通発票のみで,増値税専用発票の発行は認められない。

また,カード販売企業等と,貨物の販売またはサービスの提供を行う企業(以下,「貨物等販売企業」という)とが同一の納税者でない場合において,カード販売企業等が貨物等販売企業にカードの販売代金の決済などをするときは,貨物等販売企業はカード販売企業等に対して増値税普通発票を発行し,かつ,備考欄には「プリペイドカード決済金受領」と記載しなければならない。当該増値税普通発票は,カード販売企業等にとって,カード販売またはチャージ行為について増値税を不課税とすることの証憑資料となるため,税務調査に備えて適切に保存しなければならない。なお,この場合でも発行できるのは増値税普通発票のみで,増値税専用発票は発行してはならないとされている。

カード販売企業等がカードの販売または資金の決済業務等を行ったことにより取得する手数料,決済料,サービス料及び管理料金等の収入は上記の預かり金を取得する行為には該当しないとされており,通常の課税サービスがあった場合の規定に従って処理することとなる。

用語の説明

《単一用途の商業プリペイドカード》
「単一用途商業プリペイド管理弁法(試行)」において定めるプリペイドカードで,一の企業または企業グループもしくはブランド特許経営体系の中でのみ貨物またはサービスの対価の支払ができるものをいう。

《カードの発行企業または販売企業》

　発行企業とはカードを発行する企業のことをいい，販売企業とは発行企業グループもしくはブランド特許経営体系に属する企業で，指定を受けカードの販売，チャージ，紛失処理，交換，返還などの業務を行う企業のことをいう。

————国税公【2016】53号第三条

⑻　決済会社の多用途プリペイドカード

　決済会社が，多用途プリペイドカードを販売し，その販売またはカード所有者による金額チャージにより預かり金を取得する行為に対しては，増値税は課税されない。カード所有者が当該カードを使用して，当該決済会社と特約を締結している店舗等から貨物またはサービスを購入したときにはじめて課税取引があったものとして，増値税が課税される。

　ただし，増値税発票についてはカード所有者がカードを使用した時点ではなく，カード所有者が金額をチャージした時またはカードの販売時に発行できることとされており，ただし，発行できるのは増値税普通発票のみで，増値税専用発票の発行は認められない。

　また，決済会社が，当該決済会社と特約を締結している貨物等販売企業にカードの販売代金の決済などをするときは，貨物等販売企業は決済会社に対して増値税普通発票を発行し，かつ，備注欄には「プリペイドカード決済金受領」と記載しなければならない。当該増値税普通発票は，決済会社にとって，カード販売またはチャージ行為について増値税を不課税とすることの証憑資料となるため，税務調査に備えて適切に保存しなければならない。

　なお，この場合でも発行できるのは増値税普通発票のみで，増値税専用発票は発行してはならないとされている。

　決済会社がカードの発行または資金の決済業務等を行ったことにより取得する手数料，決済料，サービス料及び管理料金等の収入は上記の預かり金を取得する行為には該当しないとされており，通常の課税サービスがあった場合の規定に従って処理することとなる。

用語の説明

《決済会社》

ここにいう決済会社とは，中国人民銀行が発行する「支払業務許可証」を取得し，プリペイドカードの発行及び受理業務を行うことにつき許可を受けたカード発行機構及びプリペイドカードの受理業務を行うことにつき許可を受けた受理機構のことをいう。

《多用途プリペイドカード》

所持者が，カードを発行した決済会社以外（決済会社の特約店等）から貨物またはサービスを購入できるプリペイドカードのことをいう。

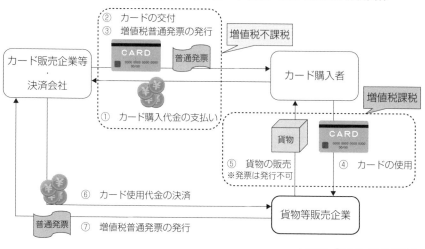

図表2-18 カード販売企業等と，貨物等販売企業とが同一の納税者でないことを前提とした場合のプリペイドカード取引に係る増値税の課税関係

……国税公【2016】53号第四条

(9) 担保金等

納税者が建設サービスを提供した場合において，依頼主から支払われる建設代金から一定金額が担保金または保証金として差し引かれているときは，これらの金額につき増値税の発票を発行していなければ，これらの金額に係る増値税の納税義務は，実際に担保金または保証金の返還を受けた時に発生したものとされる。

……国税公【2016】69号第四条

3 増値税の源泉徴収義務の発生時期

　増値税の源泉徴収義務の発生時期は，1と2に述べる納税義務発生日とされている。

………増値税暫定条例第十九条
………財税【2016】36号付属文書１第四十五条

第5節

増値税の申告納付

１ 申告納付に係る基本事項

1 基本規定

　納税者及び源泉徴収義務者は，法律規定等に従い，定められた申告期限及び申告内容に基づいて事実通りに納税申告を行い，納税申告書，財務会計報告書及び税務機関が要求するその他の納税資料を提出しなければならない。納税者及び源泉徴収義務者は，税務機関にて直接納税申告及び源泉徴収申告に係る書類を提出できるほか，郵送，電子データその他の方法により申告を行うこともできる。

　納税者及び源泉徴収義務者は，期限内に申告できない場合は，税務機関の審査及び了承を得ることにより，申告期限を延長することができる。

　なお，延期する場合は，本来の申告期限までに税額の見込納付を行い，延長された申告期限までに税額の最終申告及び精算を行うこととなる。また，増値税の申告納付先は原則として納税者の所管税務機関であるが，輸入に係る増値税は，税関において納付する。

………税収徴収管理法第二十五～二十七条
………増値税暫行条例第二十条

2 申告の種類

　増値税には様々な種類の申告手続が存在する。納税期間ごとに行う通常の納税申告のほか，特定の取引を行った場合に必要となる予定納税申告，輸出還付（免除）や免税などの税制優遇を享受する場合の特別な申告手続などがある。本節では通常の納税申告と予定納税申告を説明するものとし，輸出還付（免除）や免税に関する申告事項は，それぞれ第５章第２，３節及び本章第６節 2 において説明している。

(1) 通常の増値税納税申告

増値税の課税取引を行った納税者は，納税期間ごと（1日，3日，5日，10日，15日，1か月もしくは四半期ごと）に増値税の申告納付手続を行わなければならない。

ただし，課税取引の金額が免税点（免税点に関する説明は第2章第1節**3**を参照）以下である場合は納税義務が免除されるため，納税申告は不要となる。

(2) 予定納税申告

以下の取引を行った納税者は，通常の増値税申告のほかに，予定納税申告を行う義務がある。

① 不動産（自己開発不動産を除く）の販売
② 不動産のオペレーティングリースで，不動産所在地と納税者の機構所在地が同一の県（市・区）にない場合
③ 建設サービスの提供で，サービス提供地と納税者の機構所在地が同一の県（市・区）にない場合
④ 自己開発不動産の販売で，前受金を受け取っている場合

以下図表において，上記①～④に係る予定納税申告の納税地及び納税者ステータスごとの予定納税すべき金額の算出方法を整理している。

① 不動産販売（不動産開発業者が自己開発した不動産を販売する場合を除く）

図表2－19 不動産販売の場合の予定納税申告

販売の類型			予定納税申告 【不動産の所在地の主管地方税税務機関】
1．一般納税人			
(1) 2016年4月30日以前に取得した不動産（自己建設したものを除く）を販売した場合			
	簡易方式選択		（収受する全ての金額及び付随費用－当該不動産の購入原価または購入時の評価価額）÷（1＋5％）×5％
	一般方式選択		収受する全ての金額及び付随費用÷（1＋5％）×5％
(2) 2016年4月30日以前に自己建設した不動産を販売した場合			
	簡易方式選択		（収受する全ての金額及び付随費用）÷（1＋5％）×5％
	一般方式選択		（収受する全ての金額及び付随費用）÷（1＋5％）×5％
(3) 2016年5月1日以後に取得した不動産（自己建設したものを除く）を販売した場合			
	一般方式のみ適用		（収受する全ての金額及び付随費用－当該不動産の購入原価または購入時の評価価額）÷（1＋5％）×5％
(4) 2016年5月1日以後に自己建設した不動産を販売した場合			
	一般方式のみ適用		収受する全ての金額及び付随費用÷（1＋5％）×5％
2．小規模納税人			
(1) 取得した不動産（自己建設したものを除く）を販売（個人による購入住宅の譲渡を除く）した場合			
	個人	個体工商戸	（収受する全ての金額及び付随費用－当該不動産の購入原価または購入時の評価価額）÷（1＋5％）×5％
		個体工商戸以外の個人	不　要
	企業		（収受する全ての金額及び付随費用－当該不動産の購入原価または購入時の評価価額）÷（1＋5％）×5％
(2) 自己建設した不動産を販売（個人による購入住宅の譲渡を除く）した場合			
	個人	個体工商戸	収受する全ての金額及び付随費用÷（1＋5％）×5％
		個体工商戸以外の個人	不　要
	企業		収受する全ての金額及び付随費用÷（1＋5％）×5％
(3) 個人が自己が購入した住宅を譲渡した場合（総額方式適用）			
	個人	個体工商戸	（収受する全ての金額及び付随費用）÷（1＋5％）×5％
		個体工商戸以外の個人	不　要
(4) 個人が自己が購入した住宅を譲渡した場合（純額方式適用）			
	個人	個体工商戸	（収受する全ての金額及び付随費用－当該住宅の購入原価）÷（1＋5％）×5％
		個体工商戸以外の個人	不　要

………国税公【2016】14号

② 不動産オペレーティングリース（不動産業者による自己開発物件のオペレーティングリースを含む）

図表2-20 不動産オペレーティングリースの場合の予定納税申告

オペレーティングリースの類型			予定納税申告
			【不動産の所在地の主管国税税務機関】
1．一般納税人			
(1) 2016年4月30日以前に取得した不動産を賃貸した場合			
	簡易方式選択		税込売上額÷（1＋5％）×5％
	一般方式選択		税込売上額÷（1＋11％）×3％
(2) 不動産開発業者が2016年4月30日以前の旧開発プロジェクトを賃貸した場合			
	簡易方式選択		税込売上額÷（1＋5％）×5％
	一般方式選択		税込売上額÷（1＋11％）×3％
(3) 2016年5月1日以後に取得した不動産を賃貸した場合			
	一般方式のみ適用		税込売上額÷（1＋11％）×3％
(4) 不動産開発業者が2016年5月1日以後の開発プロジェクトを賃貸した場合			
	一般方式のみ適用		税込売上額÷（1＋11％）×3％
2．小規模納税人：簡易方式のみ適用			
(1) 取得した不動産（住宅を除く）を賃貸した場合			
	個人	個体工商戸	税込売上額÷（1＋5％）×5％
		個体工商戸以外の個人	不要
	企業		税込売上額÷（1＋5％）×5％
(2) 住宅を賃貸した場合			
	個人	個体工商戸	税込売上額÷（1＋5％）×1.5％
		個体工商戸以外の個人	不要
	企業		税込売上額÷（1＋5％）×5％
(3) 不動産開発業者が自己の開発したプロジェクトを賃貸した場合			
	企業		税込売上額÷（1＋5％）×5％

………国税公【2016】16号
………財税【2016】68号第二条

③ 建設サービス

図表2-21 建設サービスを提供した場合の予定納税申告

建設の類型		予定納税申告
		【建設サービス提供地の主管国税税務機関】
1．一般納税人		
(1) 「清包工程方式」,「甲供工程方式」により工事を行う場合または「旧建設工事」を行う場合		
	簡易方式選択	(収受する全ての金額及び付随費用－下請けに支払う金額)÷(1+3％)×3％
	一般方式選択	(収受する全ての金額及び付随費用－下請けに支払う金額)÷(1+11％)×2％
(2) (1)以外の工事を行う場合		
	一般方式のみ適用	(収受する全ての金額及び付随費用－下請けに支払う金額)÷(1+11％)×2％
2．小規模納税人		
簡易方式のみ適用		
個人	個体工商戸	(収受する全ての金額及び付随費用－下請けに支払う金額)÷(1+3％)×3％
	個体工商戸以外の個人	不　要
企　業		(収受する全ての金額及び付随費用－下請けに支払う金額)÷(1+3％)×3％

なお，予定納税は建設プロジェクトごとに行うものとする。

………国税公【2016】17号

④ 不動産開発業者が自己開発不動産の販売につき代金の前受をしている場合

図表2-22 自己開発不動産の販売につき代金の前受をしている場合の予定納税申告

開発販売の類型		予定納税申告
		【納税者の施設所在地の主管国税税務機関】
1．一般納税人		
(1) 旧開発プロジェクトを販売した場合		
	簡易方式選択	前受金÷(1+5％)×3％
	一般方式選択	前受金÷(1+11％)×3％
(2) 旧開発プロジェクト以外を販売した場合		
	一般方式のみ適用	前受金÷(1+11％)×3％
2．小規模納税人		
	簡易方式のみ適用	前受金÷(1+5％)×3％

………国税公【2016】18号

2 申告資料

1 通常の納税申告に係る提出資料及びその保存

(1) 提出資料

① 増値税一般納税人の必須提出資料

以下の資料を主管税務機関に提出しなければならない。

1	《増値税納税申報表（一般納税人適用）》
2	《増値税納税申報表附列資料(一)》——当期の売上状況の明細
3	《増値税納税申報表附列資料(二)》——当期の仕入税額の明細
4	《増値税納税申報表附列資料(三)》——サービス，不動産及び無形資産に係る売上控除項目の明細 ※一般納税人がサービスの提供，不動産及び無形資産の譲渡を行った場合において，当該サービスの提供，不動産及び無形資産の譲渡に係る売上額の計算上控除する金額があるときのみ提出
5	《増値税納税申報表附列資料(四)》——税額の控除状況の表
6	《増値税納税申報表附列資料(五)》——不動産に係る仕入税額の分割控除計算表
7	《固定資産（不動産を除く）仕入税額控除状況表》
8	《当期控除仕入税額の構成明細表)》
9	《増値税減免税申報明細表》

② 増値税小規模納税人の必須提出資料

以下の資料を主管税務機関に提出しなければならない。

1	《増値税納税申報表（小規模納税人適用)》
2	《増値税納税申報表（小規模納税人適用）附列資料》 ※小規模納税人がサービスの提供を行った場合において，当該サービスの売上額の計算上控除する金額がある場合のみ提出。
3	《増値税減免税申報明細表》

(2) 保存資料

一般納税人か小規模納税人かにかかわらず，増値税の納税者において以下の資料がある場合は，これらを税務調査に備えて整理保存しなければならない。

1	発行済の《機動車販売統一発票》及び《普通発票》の「控え綴」
2	仕入増値税額控除の要件を満たしており，かつ，当期において仕入増値税額控除を申告した《増値税専用発票》(《機動車販売統一発票》を含む）の「控除綴」
3	仕入増値税額控除の要件を満たしており，かつ，当期において仕入増値税額控除を申告した《税関輸入貨物専用納付書》，農産物を購入したことにより取得した《普通発票》のコピー
4	仕入増値税額控除の要件を満たしており，かつ，当期において仕入増値税額控除を申告した税収完税証憑及びその一覧表，書面による契約書，支払証明及び国外の単位の照合票または領収書
5	発行済の《農産物購入証憑》の「控え綴」または「報査綴」
6	納税者がサービスの提供，不動産及び無形資産の譲渡を行った場合において，当該サービスの提供，不動産及び無形資産の譲渡に係る売上額の計算上控除する金額があるときは，その合法的な証憑及び一覧表
7	その他税務機関が要求する資料

………国税公【2016】13の二(一)～(三)

2 予定納税申告に係る提出資料

予定納税申告を行う納税者は，「増値税予定納付税額表」を予定納税申告を行う地の主管税務機関に提出しなければならない。建設サービスの場合は，「増値税予定納付税額表」のほかに以下の資料も提出しなければならないものとされている。

1	発注者と締結した建設契約書の原本及び副本
2	下請け業者と締結した下請契約書の原本及び副本
3	下請け業者から取得した発票の原本及び副本

………国税公【2016】16号第九条
………国税公【2016】17号第七条
………国税公【2016】18号第二十六条

3 申告納付時期

1 通常の納税申告

　増値税の納税期間は，1日，3日，5日，10日，15日，1か月もしくは四半期ごとである。納税者がいずれの納付期限を適用するかは，主管税務機関が納税者の納税金額の大小に応じて決定する。定期的に納税することができない場合は，課税行為の発生ごとに納税することができる。

　なお，小規模納税人，銀行，財務公司，信託投資公司，信用社その他財政部及び国家税務総局が規定する納税者の納税期間は，四半期ごととされている。

　1か月もしくは四半期ごとを納税期間とする納税者は，期間終了日から15日以内に申告納税を行わなければならない。1日，3日，5日，10日もしくは15日を納税期間とする納税者は，期間終了日から5日以内に税金をいったん仮納付し，翌月の1日から15日以内に確定申告を行い税額を精算することとなる。

　増値税の源泉徴収義務者の納付期限は，上述の取扱いを準用することとされている。

用語の説明

《財務公司》

　財務公司とは，企業グループの資金集中管理の強化及び資金運用効率の向上を目的として設立され，企業グループメンバーに対して財務管理サービスを提供する非銀行金融機構で，いわゆるグループ内金融子会社をいう。外資系の投資会社が，その中国国内の投資先企業に対して財務管理サービスを提供させるために設立する金融子会社はこれに含まれる。

……増値税暫行条例第二十三条
……財税【2016】36号付属文書1第四十七条
……企業集団財務公司管理弁法第二条

2 予定納税申告

　予定納税申告を行う義務のある納税者は，それぞれ以下の期限までに予定納

税申告を行うべきとされている。

① 不動産のオペレーティングリースで，不動産所在地と納税者の機構所在地が同一の県（市・区）にない場合：当該不動産オペレーティングリースに係る納税義務が発生した増値税納税期間の申告納付期限（即ち，翌月15日）

② 建設サービスの提供で，サービス提供地と納税者の機構所在地が同一の県（市・区）にない場合：当該建設サービスに係る納税義務が発生した増値税納税期間の申告納付期限（即ち，翌月15日）

③ 自己開発不動産の販売で，前受金を受け取っている場合：前受金を収受した日の属する増値税納税期間の申告納付期限（即ち，翌月15日）

なお，不動産（自己開発不動産を除く）の販売の予定納税申告の期限に関しては，期限を明確に規定する全国レベルの条文がまだなく，実務上は不動産所在地の管轄税務機関において個別に確認する必要がある。

また，本書第9章 Q&A の Q91では，河南地域の税務当局の見解を参考までに紹介している。

……… 国税公【2016】14号
……… 国税公【2016】16号
……… 国税公【2016】17号
……… 国税公【2016】18号

3 期限の延長

(1) 申告期限の延長

納税者または源泉徴収義務者は，不可抗力などにより期限内に申告できない場合は，税務機関の審査及び了承を得たうえで，申告期限を延長することができる。

なお，延期する場合は，本来の申告期限までに税額の見込納付を行い，延長された申告期限までに税額の最終申告及び精算を行うこととなる。

……… 税収徴収管理法第二十七条
……… 税収徴収管理法実施細則第三十七条

(2) 税金納付期限の延長

納税者は，特別な事情により期限通りに税金を納付できない場合は，省，自治区，直轄市国家税務局，地方税務局の承認を受けることにより，税金の納付期限を延長することができる。ただし，延長可能な期間は3か月を超えないものとされている。

なお，上述「特別な事情」には，以下の場合が含まれる。
① 不可抗力により，納税人が大きく損失を被り，その生産経営活動が大きく影響を受けた場合。
② 当期の貨幣資金が，支払うべき職員給与及び社会保険料を差し引いた後，納付すべき税額に満たない場合。

………税収徴収管理法第三十一条
………税収徴収管理法実施細則第四十一条

4 延滞金等

納税者または源泉徴収義務者が規定の期限通りに納税しなかった場合は，延滞となった日から1日当たり10,000分の5の延滞金が課せられる。

………税収徴収管理法第三十二条

5 納 税 地

1 原 則

固定の生産経営場所（以下「固定施設」）を有する納税者は，その固定施設または居住場所の所在地の主管税務機関において申告納税を行うこととなる。

………増値税暫行条例第二十二条（一）
………財税【2016】36号付属文書1第四十六条（一）

2 特別な場合

(1) 複数の地区に拠点がある場合

① 本店と支店が同一の県または市にない場合は，原則として，本店と支店は各自の所在地の主管税務機関において申告納税を行うものとする。ただし，国務院財政，税務主管部門またはそれより授権された財政・税務部門の承認を受けた場合は，本店が取りまとめて一括して本店所在地の主管税務機関に対して申告納税を行うことができる。

② 固定施設を有する企業で，本店と支店が同一の県または市にないが，同一の省または区，市にある場合は，省または区，市の財政庁または財政局，国家税務局の審理及び承認を得ることにより，本店が取り纏めて一括して本店所在地の主管税務機関に対して申告納税を行うことができる。

――――増値税暫行条例第二十二条(一)
――――財税【2012】9号
――――財税【2016】36号附属文書1第四十六条(一)

(2) 他の地区で取引を行う場合

固定施設を有する企業が，他の県または市で貨物の販売または課税労務の提供を行う場合は，その固定施設の所在地の主管税務機関に「外出経営活動税収管理証明」を発行してもらうことにより，当該他の県または市で行った課税取引に係る増値税の納税申告についてもその固定施設所在地の主管税務機関で行うことができる。「外出経営活動税収管理証明」がない場合は，貨物の販売または課税労務の提供を行った場所の主管税務機関に対して申告納税を行わなければならない。行わなかった場合は，当該企業の固定施設の所在地の主管税務機関から追徴を受けることとなる。 ――――増値税暫行条例第二十二条(二)

(3) 固定の生産経営場所を有しない企業の場合

固定の生産経営場所を有しない企業が課税取引を行う場合は，当該課税取引を行った場所の主管税務機関に対して申告納税を行うものとされており，申告

納税を行わなかった場合は，その有する機構の所在地または居住地の主管税務機関が税額を追徴する。

………増値税暫行条例第二十二条(三)
………財税【2016】36号附属文書1第四十六条(二)

(4) 源泉徴収の場合

源泉徴収義務者は，機構の所在地または居住地の主管税務機関に対してその源泉徴収した増値税額を申告納付することとされている。

………増値税暫行条例第二十二条(四)
………財税【2016】36号付属文書1第四十六条(四)

(5) 個体工商戸以外の個人の場合

個人工商戸以外の個人が建設サービス，不動産販売またはリース，自然資源使用権の譲渡を行った場合は，その建設サービスの発生地，不動産所在地または自然資源所在地の主管税務機関にて申告納税することとされている。

………財税【2016】36号付属文書1第四十六条(三)

(6) 建設サービスの場合

単位及び個人工商戸が県（市）を跨いで建設サービスを提供する場合は，建設サービスの提供地の主管国税税務機関において予定納税を行った上で，施設所在地の主管国税税務機関にて通常の申告納税を行う。

………国税公【2016】17号第三条

(7) 不動産販売の場合（不動産開発業者が自己開発した不動産を販売する場合を除く）

単位及び個人工商戸が不動産販売（不動産開発業者が自己開発した不動産を販売する場合を除く）を行う場合は，当該不動産の所在地の主管地方税税務機関において予定納税を行った上で，施設所在地の主管国税税務機関にて通常の納税申告を行う。

………国税公【2016】14号第三〜五条

(8) 不動産オペレーティングリースの場合

　単位及び個人工商戸が県（市）を跨いで不動産オペレーティングリースを行う場合は，当該不動産の所在地の主管国税税務機関において予定納税を行った上で，施設所在地の主管国税税務機関にて，納税申告を行う。

………国税公【2016】16号第三，四条

(9) 不動産開発業者が自己開発した不動産を販売する場合

　納税者が自己開発不動産の販売につき前受金を収受した場合は，前受金を収受した月の翌月の納税申告期限までに納税者の施設所在地の主管国税税務機関にて予定納税を行った上で，同税務機関において通常の納税申告を行う。

………国税公【2016】18号第十，十二，十四，十五，十九，二十一，二十二条

第6節

増値税の減免税

1 各種減免税制度のそれぞれの位置づけ

　中国の増値税においては，様々な減税または免税，税額還付制度が設けられている。これらの減免税制度は，本来は増値税の課税対象であるものに対して国が政策的に与えている税制優遇（例えば，国が経済発展を支持する特定の事業や医療，教育などの公益的な性質を持つ業種に対する減免税や，中国産の製品の国際市場における価格競争力を保つための輸出取引に対する免税または還付）である。減免税制度は，そもそもその性質上増値税の課税理念にそぐわないと考えられるため課税対象外とされている「不課税取引」とは本質的に異なる位置づけにある。前者は優遇税制であることから，適用するにあたり事前申請や届出など一定の手続が必要とされているのに対して，不課税取引のものは単に申告時に課税対象に含めなければよいのである。

　なお，減免税制度は非常に複雑であり，本書では国内取引に関するもの，輸入取引に関するもの，そして輸出取引に関するものに分類して紹介することとし，本節では国内取引に関する減免税制度を，第3章及び第5章では輸入取引及び輸出取引に関する制度を詳説する。

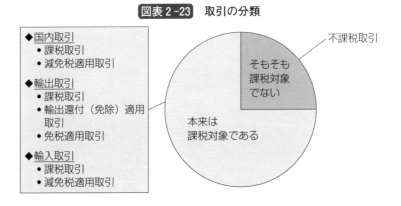

図表2-23　取引の分類

2　各種減免税

1　直接免税方式

(1) 増値税暫行条例に定める免税取引

以下のものの販売は，増値税が免除される。

①	農業生産者が販売する自己が生産した農作物
②	避妊薬品及び道具
③	古本
④	科学研究，化学試験及び教育に直接用いられる輸入機器，設備
⑤	外国の政府または国際組織による無償援助の輸入物資，設備
⑥	障碍者組織が直接に輸入する障碍者専用物品
⑦	個人工商戸以外の個人の自己使用済の物品

………増値税暫行条例第十五条
………増値税暫行条例実施細則第三十五条

(2) 「営業税改め増値税を徴収する試点に係る過渡的政策」（財税【2016】36号付属文書3）に定める免税取引

図表2-24に列挙するサービス及び取引については，増値税が免除される。

図表2-24　増値税が免除されるサービス等

	項　　目
1	保育園，幼稚園が提供する保育，教育サービス。
	公立の場合は省レベル財政部門及び価格主管部門が審査し，省レベルの人民政府が承認した費用基準の範囲内の保育費や教育費，私立の場合は所在地の関連機関において届出かつ公開した費用基準の範囲内の保育費や教育費が免税となる。
2	養老施設が提供する養老サービス。
	「養老機構設立許可弁法」に基づき設立された養老施設が，「養老機構管理弁法」に基づき提供する高齢者に対する生活介護や文化娯楽サービスに係る対価が免税となる。
3	障碍者福利施設が提供するケアサービス。
4	結婚紹介サービス。

	項　　目
5	葬儀サービス。
	所在地の関連政府機関により価格指導を受けて費用基準を設定している場合の遺体運送，火葬，墓地管理などの対価が免税となる。
6	障碍者本人が社会に提供するサービス。
7	医療機構が提供する医療サービス。
	「医療機構執業許可証」を取得した医療機構及び軍隊の医療機構等が，政府部門による指導価格に基づき提供する一定の医療行為の対価が免税となる。
8	学歴教育に従事する学校が提供する教育サービス。
	学歴教育に従事する学校とは，政府の承認を受けた小中高大学校，大学院，専門学校及び技工学校をいい，職業トレーニング施設は含まれない。また，免税対象となるサービス対価には，学校が受領する賛助金，学校選択料金等は除かれる。
9	学生による勤労勉学サービス。
10	農業機耕，灌漑排水，害虫治療・防止，植物保護，農牧保険及び関連する技術トレーニング業務，家禽家畜及び水産物の交配及び疾病治療・防止に係るサービス。
11	記念館，博物館，文化館，文化財産保護単位管理機構，美術館，展覧館，書画院，図書館において提供される文化体育サービスに係る初回入場料。
12	寺院，宮観，清真寺及び教会が開催する文化，宗教活動に係る入場料。
13	行政単位以外の単位が収受する政府性基金及び行政事業性料金。
	以下の条件を全て満たすものでなければならない。 ① 国務院または財政部が承認し設立した政府性基金または国務院もしくは省レベルの人民政府及びその財政・価格主管部門が承認し設立した行政事業性料金であること。 ② 省レベル以上の財政部門が印刷等した財政証票を発行していること。 ③ 収受した金額は全て財政に上納されていること。
14	個人による著作権の譲渡。
15	個人による自己建設の自己使用住宅の譲渡。
16	2018年12月31日までに行われる公共賃貸住宅経営管理単位による公共賃貸住宅の賃貸。
17	台湾航運・航空公司が，中国大陸と台湾の間での海上直航便及び空中直航便業務により，中国大陸から取得する運輸収入。
	台湾航運・航空公司とは，「台湾海峡両岸間水路運輸許可証」を取得している企業または「海峡両岸空運協議」及び「海峡両岸空運補充協議」の規定に基づく企業で，かつ，登記住所が台湾にあるものをいう。
18	直接または間接国際貨物運輸代理サービス。
	なお，以下のに掲げる要件を満たさなければならない。 ㈦ 納税者が直接または間接国際貨物運輸代理サービスを提供する場合は，委託者から収受する全ての国際貨物運輸代理サービス収入および国際運輸請負人に下請させている場合の当該下請費用の決済は，全て金融機構を通して行われること。 ㈣ 納税者が中国大陸と香港，台湾またはマカオと間で貨物運輸代理サービスを提供する場合は，国際貨物運輸代理サービスに関する諸規定に従っていること。

	(ウ) 委託者から発票の発行を要請された場合は，国際貨物運輸代理収入の全額につき，増値税普通発票を発行していること。
19	一定の利息収入。
	以下のものに係る利息収入は，増値税が免除される。 (ア) 2016年12月31日までに金融機構から農業者に対して行う少額融資。ここにいう少額融資とは，10万元以下の融資をいう。 (イ) 国家助学融資 (ウ) 国債及び地方政府債 (エ) 人民銀行が金融機関に対して行う融資 (オ) 住宅積立金管理センターが指定の委託銀行において住宅積立金を用いて行う個人の住宅ローン (カ) 外貨管理部門が国家外貨備蓄運営の過程において，金融機構に委託して行う外貨融資 (キ) 統括融資業務において，企業グループまたは企業グループにおけるコア企業及び企業グループに属する財務公司が，金融機構から借入を行った場合の借入利率以下，または発行する債券の額面利率以下の利率により，企業グループまたはグループに帰属する単位から収受する利息。但し，金融機構から借入した場合の借入利率または発行する債券の額面利率を超える部分の利息については，増値税課税とする。
20	人民銀行または銀監会から取消処分を受けた金融機構が，貨物，不動産，無形資産，有価証券または手形等の財産により債務返済する行為。
21	保険会社による1年以上の期間の生命保険商品に係る保険料収入。
	免税の適用を受ける場合は，主管税務機関において届出を行わなければならない。
22	国家商品備蓄管理単位及びその直属企業が担当する商品備蓄任務の遂行に当たり，中央または地方財政から取得する利息補てん収入及び差額補てん収入。
23	2017年12月31日までの，科学知識等の普及活動を行う単位（科学技術館，自然博物館，一般大衆に公開する天文台，気象台，地震台，一定の学校，科学研究機構）の入場料及び県レベル以上の党政府部門や科学協会が開催する科学知識等の普及活動の入場料。
24	政府が主催する，学歴教育に従事する学校（その下級所属単位は含まない）での課外授業により取得する収入で，当該学校の統一口座に入金され，全額政府の財政専門口座に上納されるもので一定の要件を満たすもの。
25	政府が主催する，主に専門学校における在学学生のための実習場所の提供に係る一定のサービス収入。
26	技術譲渡，技術開発及びこれらに関連性のある技術コンサルティングやサービスの提供。
	技術譲渡，技術開発に関連性のある技術コンサルティングやサービスとは，技術の譲渡者（または開発受託者）が契約に従って，譲受者（または開発委託者）に技術を修得・把握させるために行うコンサルティングまたはサービスをいい，当該コンサルティングまたはサービスに係る価額は，その関連する技術譲渡または開発に係る価額と同一の発票に記載しなければならない。 免税の適用を受ける場合は，主管税務機関において届出を行わなければならない。
27	社会福利目的の宝くじやスポーツくじの発行収入。
28	軍隊の空き家の賃貸収入。

	項　目
29	企業や行政事業単位が，国家の住居制度改革に合わせて標準価格等を調整して住宅を販売した場合の収入。
30	土地使用権を，農業生産者に農業で使用させるために譲渡する場合。
31	個人が，家庭財産の分割により，無償で不動産または土地使用権を譲渡する場合（離婚による財産分割，一定の家族への無償贈与，遺産相続などを含む）。
32	土地所有者が土地使用権を払い下げる（有償により土地使用権を付させる行為）場合及び土地使用者が当該土地使用権を所有者に返還する場合。
33	県レベル以上の地方人民政府または自然資源行政主管部門が，自然資源使用権（土地使用権を除く）を譲渡または回収する場合。
34	一定の従兵家族が開業して得る収入及び一定の従兵家族に就職させるために設立した企業は，3年間免税適用を受けることができる。
35	一定の軍隊幹部が開業して得る収入及び一定の軍隊幹部に就職させるために設立した企業は，3年間免税適用を受けることができる。
36	一定の金融商品に係る譲渡取引。
	以下の金融商品に係る譲渡取引は，増値税が免除される。 ㈦　「合格境外投資者（QFII）」が中国国内の会社に委託して行う，中国における証券売買。 ㈨　「人民元合格境外投資者（RQFII）」中国国内の会社に委託して行う，中国における証券売買。 ㈹　香港市場の投資家（単位及び個人を含む）が「滬港通」を通じて行う，上海証券取引所に上場するA株の売買。 ㈺　香港市場の投資家（単位及び個人を含む）向けにミューチュアルファンドを通じて行う，中国のファンド持分の譲渡。 ㈸　クローズドエンド型及びオープンエンド型証券投資ファンドのファンドマネージャーが，これらのファンドの資金を運用して行う株式及び債券の売買。 ㈻　個人が行う金融商品の譲渡。 ㈼　中国人民銀行の認可を受けた国外機関が銀行間本幣市場に投資して取得する収入。なお，銀行間本幣市場には貨幣市場，債券市場及びデリバティブ市場が含まれる。
37	金融同業者間取引に係る利息収入
	以下の金融同業者間取引に係る利息収入は，増値税が免除される。 ㈦　金融機構と中国人民銀行の間で行われる資金融資業務。人民銀行が一般金融機構に対する貸付や，商業銀行と行う手形等の再割引，通貨スワップ及び通貨の相互預入などの業務を含む。 ㈨　同一銀行間で行われる資金往来業務。即ち，同一銀行のシステム上において行われる，本支店または拠点間の資金往来業務。なお，国内の銀行とその国外にある本店または親会社との間の資金往来業務や，国内の銀行とその国外にある支店または100%出資子会社との間の資金往来業務を含む。 ㈹　金融機構間が人民銀行の承認を受けて行う，全国銀行同業者間コールローン市場ネットワークシステム上で行われる短期（1年以下）の無担保資金融資行為。 ㈺　金融機構間において行われる手形等の割引業務。 ㈸　金融機構間で行われる債券等金融商品を担保とする一定の短期資金融通業務。 ㈻　開発性，政策性の金融機構が発行する債券を保有することにより取得する利息収

入。
- ㈠ 金融機関間において行われる資金の預金業務。なお，この場合の受入側は預金を吸収する資格のある金融機関に限る。
- ㈡ 法律規定により融資業務が業務範囲として認められている金融機構（主に，農村信用社間及び金融機構営業証に記載されている業務範囲に「金融機構からの借入れ」が含まれている金融機構を指す）間において行われる資金の貸し借り。
- ㈢ 商業銀行（受託側）が金融機構（委託側）の委託を受けて，企業である顧客に資金を交付し，委託側が約定返金日において交付資金の元本及び利息を返還する融資行為。
- ㈣ 現先取引金融商品。金融商品の保持者が債券等の金融商品を債券等の購入者に売却すると同時に，将来のある時点において約定価額により同種類で同数量の債券等金融商品を買い戻すことを約束する取引行為。
- ㈤ 金融債券の保持。ここにいう金融債券とは，中華人民共和国内に設立された金融機構法人が全国の銀行間または取引所債券市場において発行する，約定に従って元本返還及び利払いをする有価証券という。
- ㈥ 銀行業預金類金融機構法人が，全国の銀行間または取引所債券市場における記帳式定期預金証憑の発行。

38	一定の保証機構が行う中小企業の信用保証業務または再保証業務に係る収入
	以下の保証機構が行う中小企業の信用保証業務または再保証業務に係る収入（信用格付け，コンサルティングまたはトレーニングの業務に係る収入は除く）については，増値税を免除する。 なお，免税の適用を受けるにあたり，主管税務機関にて届出を行わなければならない。届出手続完了日から3年間免税を適用することができる。3年間の適用期間満了後は，以下の全ての要件を満たす限り，再度届出手続を行うことにより継続して免税適用を受けることができる。 ㈠ 監督管理部門より「融資性担保機構経営許可証」を取得しており，企（事）業法人として登録済で，かつ，実際払込資本が2,000万元を超えていること。 ㈡ 平均年保証料率が，同期間に係る銀行の貸付基準利率の50％を超えていないこと。なお，平均年保証料率は以下の算式により計算する。 期間保証料収入／（期首保証残額＋当期増加した保証金額）×100％ ㈢ 2年以上継続して法令を遵守して経営を行っていること。資金は主に保証業務に使っており，健全な内部管理制度及び中小企業に保証を提供する能力を備わっていて，かつ，経営成績が突出し，保証案件に対して全面的な事前の評価，経過監督，事後の賠償追及及び処置に関する体制が整備されていること。 ㈣ 中小企業に対する保証額の累計額が，2年間の総保証額の累計額の80％以上を占め，かつ，1件につき800万元以下である保証案件の累計額が，総保証額の累計額の50％以上を占めていること。 ㈤ 各被保証企業に対する保証残額が，保証機構自身の実際払込資本の10％を超えておらず，かつ，各1件当たりの保証案件の平均保証責任額が3,000万元を超えていないこと。 ㈥ 保証責任残額がその純資産の3倍以上であり，かつ，賠償率が2％以下であること。
39	契約に基づくエネルギー管理サービス
	以下の要件を全て満たす契約に基づくエネルギー管理サービスについては，増値税を免除する。

	(ア) エネルギー節約管理サービス会社は，政府部門が発布する規定に定める一定の要件を満たしていること。 (イ) エネルギー節約管理サービス会社は，エネルギーの使用企業との間で省エネ効果共有契約を締結しており，かつ，当該契約は「中華人民共和国合同法」及び「合同能源管理技術通則」の規定に従っているものであること。
40	一定の家政サービスによる収入
	以下の全ての要件を満たす場合において，家政サービス企業がその従業員が家政サービスを提供することにより得る収入については，増値税が免除される。 (ア) 従業員は家政サービス企業と半年以上の契約を締結しており，かつ，実際に当該企業に勤務していること。 (イ) 家政サービス企業が当該従業員のために法定の社会保険料（養老保険，基本医療保険など）を支払っていること。ただし，新型農村養老保険等に加入しているなど一定の場合はこの限りでない。 (ウ) 家政サービス企業が当該従業員に対して，金融機構を通じて給与を支払っており，かつ，当該給与額は企業所在地の省レベル政府が定める最低賃金額以上であること。
41	個人が購入して2年以上経過している住宅を販売した収入
	個人が購入して2年以上経過している住宅を販売した場合は，以下の区分に応じて増値税免税規定を適用するものとする。

納税者	地区	住宅種類	免税適用の有無
個　人 （個体工商戸とそれ以外の個人のいずれも含む）	北京市，上海市，広州市，深圳市	普通住宅	免　税
		非普通住宅	5％の徴収税率により簡易方式課税
	上記以外	普通か非普通かを問わない	免　税

用語の説明

《統括融資業務》

以下に掲げる業務をいう。

① 企業グループまたは企業グループにおけるコア企業が，金融機構から借入または外部に対して債券を発行することにより調達した資金を，グループに帰属する単位（独立して財務会計を行っているかどうかにかかわらず。以下同じ）に貸し付け，かつ，当該単位から金融機構または債券の購入者に返済するための元本及び利息を収受する業務。

② 企業グループが金融機構から借入または外部に対して債券を発行することにより調達した資金を，当該企業グループに属する財務公司が統合融資契約を締結することにより当該企業グループまたはグループに帰属する単位に貸し付け，かつ，企業当該グループまたはグループに帰属する単位から金融機構または債券の購入者に返済するための元本及び利息を収受した後，企業グ

ループに交付し，当該企業グループが統括して金融機構または債券の購入者に返還する業務。

《1年以上の期間の人身保険》

保険期間が1年以上で元利返還する人寿保険，養老年金保険，その他の年金保険，及び保険期間が1年以上の健康保険をいう。

《人寿保険》

人間の寿命を保険の対象とする人身保険をいう。

《養老年金保険》

養老保障を目的とし，被保険者の生存が保険金の給付条件であり，約定した期間ごとに分割で生存保険金を給付する人身保険で以下の要件を全て満たすものをいう。

① 保険契約において被保険者に対して生存保険金を給付する年齢が，国家が定める退職年齢以上であること。
② 保険金の支払い期間の間隔が1年を超えないこと。

《健康保険》

健康上の理由による損失を保険金の給付条件とする人身保険をいう。

《金融機構》

以下のものが金融機構として定義されている。

① 銀行（人民銀行，商業銀行，政策性銀行を含む）
② 信用合作社
③ 証券会社
④ リース会社，証券基金管理会社，財務公司，信託投資会社，証券投資基金
⑤ 保険会社
⑥ 上記のほか，人民銀行，銀監会，証監会，保監会が承認を受けて設立された金融や保険業務を営む機構。

《合格境外投資人（QFII）》

正式名称は「合格境外機構投資者」（Qualified Foreign Institutional Investor）といい，中国証券監督管理委員会から中国証券市場における投資が許可され，かつ，国家外貨管理局から限度額に関する承認を受けている中国国外の基金管理機構，保険会社，証券会社その他の資産管理機構をいう。

《人民幣合格境外投資人（RQFII）》

正式名称は「人民幣合格境外機構投資者」（Renmingbi Qualified Foreign Institutional Investor）といい，中国証券監督管理委員会から中国証券市場における投資が許可され，かつ，国家外貨管理局から限度額に関する承認を受けている中国国外からの人民元資金により国内で証券投資を行う外国法人をいう。

《滬港通》
「滬」は上海の別名であり，「港」は香港を意味する。滬港通とは，上海証券取引所と香港聯合取引所が，上海と香港の双方の投資者が各自の地域の証券会社またはディーラーを通じて規定範囲内で互いの取引所に上場している株式の売買を行うことを許可するという，上海と香港の株式市場の互換制度のことをいう。

………財税【2016】36号付属文書3 第一条(一)～(四十)，第五条
………財税【2016】46号第一，二条
………財税【2016】70号
………財税【2016】52号第八条
………合格境外機構投資者境内証券投資管理弁法第二条
………人民幣合格境外機構投資者境内証券投資試点弁法第二条

(3) その他の主な免税取引の要点紹介

① 金取引

(ア) 規定に従って黄金取引所に登録した会員及び顧客または上海先物取引所に登録した会員及び顧客が，黄金取引所を通じて行う金取引または上海先物取引所を通じて行う金の先物取引のうち一定のものについては，増値税が免除される。

(イ) 金生産経営単位が一定規格の金を販売する場合については，増値税が免除される。

………国税発【2008】5号
………国税発明電【2002】47号第二条
………財税【2002】142号一

② ダイヤモンド取引

上海ダイヤモンド取引所を通じて販売される国内のダイヤモンド採掘業者が自己生産したダイヤモンド原石及び国内で加工されたダイヤモンド成品については，増値税が免除される。　　　　　　　　　　　………財税【2006】65号

③ 原油及び鉄鉱石先物の保税引渡業務

「上海国際エネルギー取引センター株式有限公司」の会員及び顧客が，「上海国際エネルギー取引センター株式有限公司」を通じて行う原油先物の保税引渡

業務,「大連商品取引所」の会員及び顧客が「大連商品取引所」を通じて行う鉄鉱石先物の保税引渡業務については,暫定的に増値税が免除される。

なお,上記免税の適用を受けようとする先物の販売側は,その主管税務機関で申告納税を行う際に,その先物の保税引渡に関する書面説明,「上海国際エネルギー取引センター株式有限公司」または「大連商品取引所」の引渡決済書及び保税倉庫票などの資料を提出しなければならない。 ――財税【2015】35号

④ 林業生産者による自己生産の林業生産物の販売

林業生産者が自己生産の林業生産物を販売する場合は,増値税が免除される。一方で,木材の経営または加工企業が当該免税適用の林業生産物を購入した場合は,13％の税率により増値税の仕入税額控除ができるものとされている。

――農弁案【2014】49号第三条

⑤ 図書の卸売及び小売

2013年1月1日から2017年12月31日までの期間において,図書の卸売および小売については,増値税が免除される。 ――財税【2013】87号第二条

⑥ 国産エイズ治療薬品の生産及び流通

2016年1月1日から2018年12月31日までの期間において,国産のエイズウィルス治療薬の生産及び流通に関しては増値税が免除される。

――財税【2016】97号

⑦ 熱供給

2016年1月1日から2018年の熱供給期間終了までの期間において,熱供給企業が「三北」地区の住民に熱を供給して取得する収入については,増値税が免除される。なお,「三北」地区とは,北京市,天津市,河北省,山西省,内モンゴル自治区,遼寧省,大連市,吉林省,黒竜江省,山東省,青島市,河南省,陝西省,甘粛省,青海省,寧夏回族自治区及びウィグル自治区を指す。

――財税【2016】94号

⑧ 辺茶の販売

一定の辺茶の生産企業が自己生産した辺茶を販売し，または販売企業が辺茶を販売した場合は，2018年12月31日までは増値税が免除される。

なお，辺茶とは辺彊少数民族地区へ販売される茶のことをいい，具体的には，黒毛茶，老青茶，紅茶末，緑茶を主原料として，発酵，蒸留，加圧または粉砕等して作られる緊圧茶や方包茶（馬茶）をう。

　　　　　　　　　　　　　　　　　　　　　　………財税【2011】89号
　　　　　　　　　　　　　　　　　　　　　　………財税【2016】73号

(4) 減免税の放棄

納税者は，減免税制度の対象となる取引について，減免税を受ける権利を放棄することができる。減免税権の放棄声明を書面により主管税務機関に提出することで，資料提出の翌月から増値税の課税規定が適用される。減免税権はいったん放棄すると，36か月以内は再度申請できないものとされている。

また，免税権を放棄した場合，納税者の全ての貨物販売及び労務提供について通常税率による課税がなされ，特定の免税項目についてのみ免税権を放棄したり，一部の貨物または労務に限定して免税権を放棄することはできない。

　　　　　　　　　　　　　　　………財税【2016】36号付属文書1第四十八条
　　　　　　　　　　　　　　　　　　　　　　………財税【2007】127号

2　特別税額控除方式

以下に掲げるものは，それぞれに定める一定の金額を納付すべき増値税額等から控除することができる。

なお，以下の優遇税制の施行期間は2016年5月1日から2016年12月31日までとされている。ただし，適用開始から2016年12月31日まで3年経過していない場合は，3年が経過するまで適用することができる。

(1) 引退軍人の創業または就職の場合

① 引退した軍人が個人事業を経営する場合は，一定の届出を条件として，3年間増値税等の特別税額控除を受けることができる。控除できる税額は，原

則として1年当たり8,000元を限度として，その年において実際に納付すべき増値税，都市維持建設税，教育費付加，地方教育費付加及び個人所得税から順次控除する。
② 商業貿易企業，サービス型企業または一定の職業安定サービス企業が引退軍人を新たに採用した場合において，1年以上の期間の労働契約を締結し，かつ，社会保険料を納めているときは，一定の届出を条件として，3年間増値税等の特別税額控除を受けることができる。控除できる税額は，原則として1人当たり1年当たり4,000元を限度として，各月の実際に納付すべき増値税，都市維持建設税，教育費付加及び地方教育費付加から順次控除する。

(2) 重点対象の創業または就職の場合

① 「就業創業証」または2015年1月27日前に取得した「就業失業登記証」を所持する者が個人事業を経営する場合は，一定の届出を条件として，3年間増値税等の特別税額控除を受けることができる。控除できる税額は，原則として1年当たり8,000元を限度として，その年において実際に納付すべき増値税，都市維持建設税，教育費付加，地方教育費付加及び個人所得税から順次控除する。
② 商業貿易企業，サービス型企業または一定の職業安定サービス企業が，「就業創業証」または2015年1月27日前に取得した「就業失業登記証」を所持する者を新たに採用した場合において，1年以上の期間の労働契約を締結し，かつ，社会保険料を納めているときは，一定の届出を条件として，3年間増値税等の特別税額控除を受けることができる。控除できる税額は，原則として1人当たり1年当たり4,000元を限度として，各月の実際に納付すべき増値税，都市維持建設税，教育費付加及び地方教育費付加から順次控除する。

────財税【2016】36号付属文書3第三条(一)，(二)

3 即徴収・即還付方式

制度の名称は「即徴収・即還付」となっているが，実際には，一度納税してから一定の申請手続を経て，税務機関から税金を還付してもらうことによって税金を減免するというもの。なお，直接免税方式と比較した場合，減免の方法

図表2-25 即徴収・即還付方式と直接免税方式

	即徴収・即還付方式	直接免税方式
減免の方法	適用対象取引について、いったんは通常通り申告納税をしてから、一定の申請手続を経て、税務機関等から税金を還付してもらう。	適用対象取引について、税務申告上、初めから免税として申告するため税金をいったん納付する必要がない。ただし、取引によっては、免税申告する前に一定の申請または届出手続が必要なものがある。
購入側における仕入税額控除の可否	適用対象取引について増値税専用発票を発行することが可能であり、購入側において仕入税額控除ができる。	適用対象取引について増値税専用発票を発行することが不可であり、購入側において仕入税額控除ができない。

及び購入側における仕入税額控除の可否について**図表2-25**の通り取扱いが異なる。

　また、国内取引について「即徴収・即還付」制度の適用を受ける場合は税務機関において手続を行うが、輸入取引についても「即徴収・即還付」制度が適用できるものがあり、その場合は税関にて所定の手続を行うこととなる。

　国内取引に係る「即徴収・即還付」制度のうち主なものを以下にて紹介する。輸入取引に係るものは第3章を参照のこと。

(1) **財税【2016】36号文に定める即徴収・即還付方式の減免税制度**

① **一般納税人が提供するパイプによる運輸サービス**

　実際の増値税負担割合が3％を超える部分につき即徴収・即還付方式により増値税の還付を受けることができる。

② **有形動産のファイナンスリース及びセールアンドリースバック取引**

(ア)　人民銀行、銀監会または商務部の承認を受けてファイナンスリース業務に従事する一般納税人が、有形動産のファイナンスリースまたはセールアンドリースバック取引を行った場合は、その実際の増値税負担割合のうち、3％を超える部分につき即徴収・即還付方式により増値税の還付を受けることができる。

(イ)　商務部が授権した省レベルの商務主管部門及び国家経済技術開発区の承

認を受けてリース業務に従事する一般納税人が，有形動産のファイナンスリースまたはセールアンドリースバック取引を行った場合は，以下の区分に応じて処理すべきである。

A　2016年5月1日以後に実際の払込資本金額が1.7億元に達したものは，達した日の属する月から，その実際の増値税負担割合が3％を超える部分につき即徴収・即還付方式により増値税の還付を受けることができる。

B　2016年5月1日以後に実際の払込資本金額は1.7億元に達していないが，登録資本金額が1.7億元に達したものは，達した日の属する月から2016年7月31日までの取引については，その実際の増値税負担割合が3％を超える部分につき即徴収・即還付方式により増値税の還付を受けることができる。なお，2016年8月1日以後の取引については本規定の適用は受けられない。

用語の説明

《実際の増値税負担割合》

　財税【2016】36号付属文書3において，「実際の増値税負担割合」は，以下の算式により計算するものと規定されている。

納税者が当期において課税サービスを提供したことにより 実際納付した増値税額
納税者が当期において課税サービスを提供したことにより 取得した全ての金額及び付随費用

《登録資本金額と払込資本金額》

　登録資本金額とは，全ての株主または発起人が引き受けた出資または資本の総額のことをいい，会社等の登記機関においてその金額を登録しなければならない。払込資本金額とは，登録資本金額のうち実際に払い込んだ金額のことを指しており，中国の会社法において，登録資本の払込は設立時において全額払い込まなくても，設立後の一定期限以内に一括または分割による払込みが認められている。

　ただし，株式会社のうち，募集方式により設立するものの登録資本は，実際の払込出資金の総額とされている。

　　　　　　　　　　　　　………財税【2016】36号付属文書3第二条(一)～(三)
　　　　　　　　　　　　　　　　………中国人民共和国公司法第26，80条

(2) その他の即徴収・即還付方式による減免税制度

① 障碍者を雇用する場合

(ア) 適用対象

　　障碍者を雇用する単位または個体工商戸（以下「納税者」）は、雇用した障碍者の人数に応じて、一定の限度額まで即徴収・即還付方式により増値税の還付を受けることができる。

　　なお、当該優遇規定は、貨物の生産販売、加工修理等労務、現代サービス及び生活サービス（文化体育サービス及び娯楽サービスを含まない）に係る収入の合計が増値税課税売上の総額の50％以上の割合を占める納税者に限り適用することができる。ただし、直接外部から購入した貨物の販売（バルク売り及びばら売りを含む）及び委託加工した貨物の販売による収入に係る増値税額については、還付を受けることはできない。

(イ) 適用要件

　　以下の要件を全て満たし、かつ、関連機関の認定を受けなければならない。

　A　納税者（視覚障碍者によるマッサージを提供する機構を除く）が雇用した障碍者の月平均人数が、その労働契約またはサービス契約を締結している在職職員の総人数に占める割合が25％以上であり、かつ、実際に雇用した障碍者人数が10人以上であること。

　　視覚障碍者によるマッサージを提供する機構である納税者の場合は、雇用した障碍者の月平均人数が、その在職職員の総人数に占める割合が25％以上であり、かつ、実際に雇用した障碍者人数が5人以上であること。

　B　法律に従って雇用した各障碍者と1年以上の労働契約またはサービス契約を締結していること。

　C　雇用した障碍者のために、基本養老保険、基本医療保険、失業保険、労災保険及びマタニティー保険等の社会保険料を毎月満額支払っていること。

　D　銀行等金融機構を通じて、その所在する区県に適用される最低標準賃金（省レベルの政府機関が承認したものに限る）以上の金額の給与を各障碍者に対して実際に支払っていること。

E 納税者の税務機関における納税者信用ランクがBランク以上であること。

F 当該優遇政策の適用対象業務に係る収入と適用対象外の収入を区分して会計処理していること。

(ウ) **計算方法等**

障碍者ごとに月当たりの増値税還付額の具体的な限度額は、県レベル以上の税務機関が、当該納税者の所在する区県（県級市、旗を含む。以下同じ）に適用される最低標準賃金（省（自治区、直轄市、計画単列市を含む）レベルの政府機関が承認したものに限る）の4倍以内で定めるものとし、以下の算式により計算する。

また、納税者はその納税期間ごとに還付を申請することができる。その納税期間の納付増値税額が還付増値税額に満たない場合は、同一暦年以内のその納税期間以前の納付済増値税額から還付を受けることができ、それでも還付しきれない金額は、同一暦年の将来の納税期間に繰り越すことができる。ただし、年度を超えての繰越は認められない。

各納税期間の還付増値税額 ＝ 当該納税期間に属する各月の還付増値税額の合計

各月の還付増値税額 ＝ 各月の障碍者人数 × 各月の最低標準賃金 × 4

なお、当該優遇税制を適用している納税者が障碍者証明を偽造するなどの違法行為をした場合は、発見された月から36か月間は、当該優遇税制を適用することができないこととされている。

………財税【2016】52号第一、二、四～六、九条
………国税公【2016】33号第九条

② **新型壁材料の販売**

一定の自己生産新型壁材料（財税【2015】73号に列挙されている材質のレンガ等に限る）を販売する納税者で、以下の要件を全て満たす場合は、納付すべき増値税額の50％につき、即徴収・即還付方式により還付を受けることができる。

> (ア) 当該新型壁材料は、国家発展改革委員会が発行する「産業結構調整指導目録」に列挙される禁止項目または制限項目でないこと。
> (イ) 当該新型壁材料は、環境保護部が発行する「環境保護総合名録」に列挙される高環境汚染リスク項目でないこと。
> (ウ) 税務機関における納税者信用格付けがBランク以上であること。
> (エ) 新型壁材料の販売に係る売上額及び納税額を他の取引に係る売上額及び納税額と区分して会計処理していること。

なお、当該優遇税制を提供している納税者が、税収または環境保護に係る法律規定を違反した場合（警告または1万元以下の罰金の場合を除く）は、処罰が下された月の翌月から36か月間は、当該優遇税制を享受することができないこととされている。

………財税【2015】73号第一、二、四、六条

③ 金取引

上海先物取引所を通じて行われる標準黄金の先物取引について、出庫し実物の引渡を行っているものについては即徴収・即還付方式により増値税の還付を受けることができるものとされており、城市維持建設税及び教育費付加も免除される。

………国税発【2008】46号第三条
………財税【2008】5号第一条

④ ソフトウェア製品の販売

(ア) 適用対象

増値税一般納税人が自己開発のソフトウェア製品を販売する場合及び輸入したソフトウェア製品に現地化改造を施した上で販売する場合は、17％の税率により増値税を徴収したあと、増値税実際税負担が3％を超える部分につき即徴収・即還付方式により還付を受けることができる。

なお、ここにいう現地化改造とは、輸入ソフトウェア製品に対する再設計、改良、転換などをいい、単純な漢字化処理は含まないこととされている。

また、一般納税人がソフトウェアを販売する際に購入者に対して行うトレーニングの費用や保守費用等については即徴収・即還付方式の適用範囲内とされており、ソフトウェアの引渡後に一定期間ごとに収受するトレーニング費用や保守費用等については、増値税を課税しないこととされている。

納税者が委託を受けてソフトウェアを開発した場合は，当該ソフトウェアの著作権が受託者に帰属するものは増値税が課税されるが，著作権が委託者に帰属するまたは委託者と受託者が共同所有するもの及び国家版権局に登記したソフトウェアで，著作権と所有権を同時に販売するものについては，増値税を課税しないこととされている。

(イ) **適用要件**

上記即徴収・即還付方式の適用を受けようとするソフトウェア製品は，以下の要件を満たし，かつ，主管税務機関の審査承認を受けなければならない。

　A　省レベルのソフトウェア産業主管部門が認可するソフトウェア検測機構が発行する検測証明書類を取得していること。

　B　ソフトウェア産業主管部門が授与する「ソフトウェア製品登記証書」または著作権行政管理部門が授与する「コンピューターソフトウェア著作権登記証書」を取得していること。

(ウ) **計算方法**

　A　埋め込み型以外のソフトウェア製品：

当期の還付増値税額 ＝ 当期のソフトウェア製品に係る増値税納付額 − 当期のソフトウェア製品の売上額 × 3％

当期のソフトウェア製品に係る増値税納付額 ＝ 当期のソフトウェア製品に係る売上増値税額 − 当期のソフトウェア製品に係る控除可能な仕入増値税額

当期のソフトウェア製品に係る売上増値税額 ＝ 当期のソフトウェア製品の売上額 × 17％

　B　埋め込み型ソフトウェア製品：

当期の還付増値税額 ＝ 当期の埋め込み型ソフトウェア製品に係る増値税納付額 − 当期の埋め込み型ソフトウェア製品の売上額 × 3％

当期の埋め込み型ソフトウェア製品に係る増値税納付額 ＝ 当期の埋め込み型ソフトウェア製品に係る売上増値税額 − 当期の埋め込み型ソフトウェア製品に係る控除可能な仕入増値税額

当期の埋め込み型ソフトウェア製品に係る売上増値税額 ＝ 当期の埋め込み型ソフトウェア製品の売上額 × 17％

> 当期の埋め込み型ソフトウェア製品の売上額 ＝ 当期の埋め込み型ソフトウェア製品とコンピューターハードウェア，機器設備の販売合計額 － コンピューターハードウェア，機器設備の売上額

なお，コンピューターハードウェア，機器設備の売上額は，以下の順序で決定するものとする。

> a） 納税者が直近において販売した同類貨物の平均販売価格
> b） 他の納税者が直近において販売した同類貨物の平均販売価格
> c） コンピューターハードウェア，機器設備の組成計税価格
>   コンピューターハードウェア，機器設備の組成計税価格＝コンピューターハードウェア，機器設備の原価×（1＋10％）

なお，コンピューターのハードウェアや機器設備と共に埋め込み型ソフトウェア製品を販売する場合において，c）の方法を適用するときは，原価を区別して会計処理しなければならない。区別して会計処理していないまたはできない場合は，「即徴収・即還付」の優遇規定を適用できない。

また，納税者が詐欺行為等により当該優遇税制を不正に適用した場合は，当該違法行為のあった年から3年間は，当該優遇税制を適用することができない。

………国税函【2004】553号
………財税【2005】165号第十一条（二）
………財税【2011】100号

⑤ 飛行機の修理労務

飛行機に対する修理労務を行う場合には，実際の増値税負担割合が6％を超える部分につき即徴収・即還付方式により増値税の還付を受けることができる。

………財税【2000】102号

⑥ 資源総合利用製品の販売及び資源総合利用労務の提供

納税者が，「資源総合利用製品及び労務の増値税優恵目録」に列挙される自己生産の資源総合利用製品の販売または資源総合利用労務を提供する場合，以下の要件を全て満たすときは，即徴収・即還付方式により増値税の還付を受けることができる。

この場合の還付率は，「資源総合利用製品及び労務の増値税優恵目録」に列挙されている品目ごとに定められている。

(ア)　増値税一般納税人であること。
　(イ)　当該資源総合利用製品及び労務は，国家発展改革委員会が発行する「産業結構調整指導目録」に列挙される禁止項目または制限項目でないこと。
　(ウ)　当該資源総合利用製品及び労務は，環境保護部が発行する「環境保護総合名録」に列挙される高環境汚染リスク項目でないこと。
　(エ)　総合利用の資源が，環境保護部が発行する「国家危険廃棄物目録」に列挙される危険廃棄物に該当する場合は，省レベル以上の環境保護部が発行する「危険廃棄物経営許可証」を取得しており，かつ，許可を受けた経営範囲内の廃棄物の利用であること。
　(オ)　税務機関における納税者信用格付けがBランク以上であること。
　(カ)　資源総合利用製品及び労務に係る売上額及び納税額を他の取引に係る売上額及び納税額と区分して会計処理していること。

　なお，当該優遇税制を適用している納税者が，税収または環境保護に係る法律規定を違反した場合（警告または1万元以下の罰金の場合を除く）は，処罰が下された月の翌月から36か月間は，当該優遇税制を享受することができない。

………財税【2015】78号第一，二，四，五条

⑦　水力発電所による自己生産の電力商品の販売

　電力容量が100万キロワットを超える水力発電所が水力を利用して自ら生産した電力商品について，2013年1月1日から2015年12月31日までのものは，実際の増値税負担割合が8％を超える部分，2016年1月1日から2017年12月31日までのものは，実際の増値税負担割合が12％を超える部分につき即徴収・即還付方式により増値税の還付を受けることができる。 ………財税【2014】10号

⑧　風力発電所による自己生産の電力商品の販売

　風力発電所が風力を利用して自ら生産した電力商品を販売する場合は，50％の即徴収・即還付方式により増値税の還付を受けることができる。

………財税【2015】74号

用語の説明

《障碍者》
　法定労働年齢以内であり，「中華人民共和国障碍者証明」または「中華人民共

和国障碍軍人証明」（1〜8級）の自然人をいい，労働能力及び労働の意思を有する精神障碍者を含む。
《ソフトウェア製品》
　即徴収・即還付方式が適用可能なソフトウェア製品とは，情報処理プログラム及びそれに関連するファイルやデータをいい，コンピューターソフトウェア製品，情報システム，漫画アニメソフト及び埋め込み型ソフトウェア製品を含む。また，埋め込み型ソフトウェア製品とは，コンピューターのハードウェアや機器設備に埋め込まれ，これらの一部としてと共に販売されるソフトウェア製品をいう。

………財税【2016】52号第十条
………財税【2011】100号
………財税【2013】98号第一条

(3) 都市維持建設税及び教育費付加

　増値税につき即徴収・即還付方式の適用を受けた場合でも，増値税を課税標準として課される都市維持建設税及び教育費付加については，原則として還付されない。

………財税【2005】72号

4　先徴収・後還付方式

　「即徴収・即還付」方式と同様に，一度納税してから一定の申請手続を経て税金の還付を受けるという優遇税制である。両者の違いは，「即徴収・即還付」方式の場合は税務機関が税金を徴収して，一定の手続後にそのまま納税者へ還付するのに対して，「先徴収・後還付」方式の場合は，税務機関はいったん徴収した税金を国庫へ入庫してから，財政部が定める一定手続を経て納税者に還付するという点にある。後者のほうがより多くの政府機関を経由するため，還付されるまでにかかる期間は前者よりも長い。
　なお，2016年12月時点で増値税について「先徴収・後還付」方式による優遇規定は非常に限られており，中国全土に効力のある規定として，一定の書物（電子版を含む）の出版に係る「先徴収・後還付」等がある（輸入に係る規定は第3章において紹介する）。また，増値税につき「先徴収・後還付」の適用を受けた場合でも，増値税を課税標準として課される都市維持建設税及び教育

費付加については，原則として還付されない。 　　　………財税【2013】87号第一条
　　　　　　　　　　　　　　　　　　　　　　　　　　………財税【2005】72号

5　各種減免税制度の手続等

(1)　減免税適用のための手続

　減免税を適用するための手続は，その種類によって異なる。国内取引に関する直接免税方式のものに関しては，増値税の納税申告時に一定の様式（《増値税減免税申報明細表》）を記入するだけでよいものと別途届出が必要なものがあり，そして，「即徴収・即還付」方式及び「先徴収・後還付」方式のものに関しては，いったん納税してから一定の申請手続を行って還付してもらう形となる。

　届出が必要なものに関しては，原則として免税を適用しようとする最初の増値税申告期間の申告納付期限までに，《納税人減免税備案登記表》（＝納税者減免税届出登記表）及び一定の添付資料（適用しようとする制度によって異なる）を主管税務機関に提出することにより行う。ただし，申告納付期限を過ぎてから必要資料を送付して届出を行うことも可能である。なお，届け出た内容に変更が発生した場合は速やかに税務機関に通知しなければならない。

　　　　　　　　　　　　　　　　　………国税公【2015】43号十四，二十条

(2)　減免税適用の場合の専用発票

　納税者は，直接免税方式の減免税制度を適用する取引については，増値税専用発票を発行してはならないこととされている。違反して発行した場合は，販売側ではその取引に係る売上額につき免税適用ができず全額増値税課税対象とされ，購入側では当該支出について仕入税額控除ができないものとされている。

　　　　　　　　　　　　　　　　　　　　　　………国税函【2005】780号

第3章 輸入取引に係る増値税

第1節

納税義務の発生時期

　貨物の輸入増値税の納税義務発生日は，原則として通関輸入した日とされる。また，非居住者から課税労務及びサービス等を受けた場合の源泉徴収義務の発生時期は，国内取引である課税労務及びサービス等の納税義務の発生時期と同様である（第2章第4節を参照）。

………増値税暫行条例第十九条
………財税【2016】36号付属文書1第四十五条

第2節

納税義務者及び税額計算

1　貨物の輸入

1　基本規定

(1)　通常輸入

　中国税関に貨物を通関申告して輸入する場合は，増値税を納付しなければならない。この場合の納税義務者は，輸入貨物の荷受人または通関手続を行う単位もしくは個人とされる。

　輸入貨物に係る増値税の納税義務は，輸入通関を行ったその日に発生し，その当日に税関において申告し，税関が輸入増値税専用納付書を発行した日から15日以内に税額を納付しなければならない。期限内に納付しなかった場合は，1日当たり10,000分の5の率により延滞金が発生する。

　輸入貨物に係る増値税の納付税額は，以下の公式により計算する。

$$\text{輸入増値税額} = \left(\text{関税課税価格} + \text{実際納付した関税額} + \text{実際納付した消費税額}\right) \times \text{増値税税率}$$

　納税者は，税関から取得する納税証憑に明記された増値税額につき，仕入増値税額控除を行うことができる。

　　　　　　　　　　　　　　　　　　………国税発【1993】155号第一，三条
　　　　　　　　　　　　　　　　　　………増値税暫行条例第十四，二十四条
　　　　　　　　　　　　　　　　　　………税関総署令218号第十七，二十条

(2)　越境電子商取引による小売商品の輸入

　一定の越境電子商取引による小売商品を輸入した場合，増値税に係る納税義務者は原則として商品の購入者であるが，税関登記している電子商務企業，電子商務取引プラットフォーム企業または物流企業は購入者の納税義務を代行す

ることができる。

　なお，この場合の関税課税価格は実際の取引価格（商品の小売価格以外に，運送費，保険費用等を含む）とされている。

………税関総署公告【2016】26号第四条(九)，(十)

2　留　意　点

(1)　関税課税価格の確定

　輸入増値税額の課税標準となる金額のうち，輸入貨物の関税課税価格は，原則として輸入貨物の取引成立価格を基に税関が審査し確定するものとされており，貨物が中国国内の輸入地に到着してから荷卸されるまでの運送関連費用および保険料を含むものとされている。

　ただし，取引成立価格が確定できない，または取引双方の間に特殊関係（一方が直接または間接的に他方をコントロールできる関係，など）があり，当該関係が取引価格に影響を与えているその他一定の場合は，税関と協議の上，次に掲げる方法を(ア)から(オ)の順番に適用し，関税課税価格を確定することとなる。

(ア)　同様貨物実際取引価額法
(イ)　類似貨物実際取引価額法
(ウ)　販売価額逆算法（国内市場で販売する場合の価額から，一定の必要コストを差し引いて，輸入価額を算出する方法）
(エ)　コストプラス法（貨物の原価に一定の利益及びコストを上乗せして，輸入価額を算出する方法）
(オ)　その他合理的な方法

………税関総署令213号第五，六，十六条

(2)　賃借貨物の輸入

　賃借貨物を輸入する場合は，税関に対して賃借契約等を提出する必要があり，税関から要請があったときは，税額の担保を提出しなければならない。また，賃借貨物は輸入した日から賃借期間が終了し税関手続を完了するまでの間，税関の監督管理を受けることとなる。

賃借料を一括払いする場合は賃借貨物の輸入申告時に一括して納税手続を行うものとされ，賃借料を分割払いする場合は，輸入時は初回の賃借料の金額を基に算出した税額を納税し，その後賃借料を支払うごとに，支払日から15日以内にその賃借料に対応する税額を納付しなければならない。滞納した場合は，1日当たり10,000分の5の率で延滞金が課せられる。

　賃借貨物に係る輸入増値税は（関税課税価格＋実際納付した関税額＋実際納付した消費税額）×増値税税率により算出される。

　なお，この場合の関税課税価格は以下の方法により決定される。

---

① 海外に賃借料を支払う賃借貨物
　　賃借期間に係る賃借料で税関が審査し確認した金額を以て関税課税価格とする。なお，これに利息部分も含まれる。
② 買い取ることとなる賃借貨物
　　税関が審査し確認した金額を以て関税課税価格とする。
③ 納税義務者が税金の一括納付を申請する場合
　　税関が審査し確認した賃貸料総額を関税課税価格とするか，次に掲げる㈦から㈺を上から順番に適用し，関税課税価格を確定させる方法を申請することができる。
　㈦　同様貨物実際取引価額法
　㈼　類似貨物実際取引価額法
　㈽　販売価額逆算法（国内市場で販売する場合の価額から，一定の必要コストを差し引いて，輸入価額を算出する方法）
　㈾　コストプラス法（貨物の原価に一定の利益及びコストを上乗せして，輸入価額を算出する方法）
　㈺　その他合理的な方法

　　　　　　　　　　　　　　　　──────税関総署令218号第三十六，三十七条
　　　　　　　　　　　　　　　　──────税関総署令213号第六，三十一条

(3) 無償弁償貨物の輸入

　無償弁償貨物とは，輸入された貨物に欠陥や破損，不備，品質不良などがあったため，発送者や保険会社などが無償により弁償または交換する貨物で，元の貨物と同じものをいう。

　無償弁償貨物を輸入する場合は，関税及び増値税，消費税は課税されない。

元の貨物と同じでない貨物を弁償する場合は，税関にその理由を説明しなければならない。当該理由が税関から妥当と認められ，かつ，元の貨物と同じ税則番号である場合は，当該弁償貨物の規格に対して元の貨物の税率等により税額を計算し，元の貨物につき課税済の税額より高い税額が計算された場合は，差額部分の税金を追納しなければならない。逆に，元の貨物につき課税済の税額より低い税額が計算された場合は，発送者や保険会社などから貨物代金の返金があるときは，税関は税額の差額部分を納税者に還付する。ただし，返金がされないときは，還付は受けられない。

　また，弁償貨物が元の貨物と税則番号が異なる場合は，通常の輸入があったものとして，関税，増値税，及び消費税が課税される。

　　　　　　　　　　　　　　　………税関総署令218号第二十九，三十三条
　　　　　　　　　　　　　　　　　………財関税【2004】7号第二条

(4) 一時的輸出入貨物

　税関が承認した一時的輸出入貨物については，原則として，出入国日から6か月以内に返還輸入または返還輸出すべきとされている（国外からの一時的輸入貨物が保税区や輸出加工区などの税関特殊監督管理区域及び保税監督管理場所に送入されることは，返還輸出に該当しない）。

　一時的輸出入貨物は，正常な使用による償却や摩耗を除き，現状維持の状態で返還輸出または返還輸入しなければならないとされている。

　特殊な事情により期限の延長を希望する場合は，税関に申請し承認を受ける必要がある。期限の延長は最大3回まで申請することができ，1回ごとの延長期間は6か月を超えないものとされている。上述の6か月の原則期間と延長した期間を合わせた期間を，「**規定期間**」という。

　以下の一時的輸入貨物については，規定期間内は税額の徴収が留保されるが，規定期間内に返還輸出または返還輸入しないこととなった場合は，規定期間満了日より前に税関において申告納税を行わなければならない。

【一時的輸出入貨物】
　① 展覧会，取引会，会議その他これらに類似するイベントで展示または使用する貨物
　② 文化やスポーツに係る交流イベントで使用する演芸または競技物品

③　ニュース報道または映画，テレビ番組撮影のために使用する機器，設備及び物品
　④　科学研究，教育学習，医療活動に使用する機器，設備及び物品
　⑤　上記①～④の活動で使用する交通道具及び特殊車両
　⑥　サンプル品
　⑦　設備を装着，調査試験，検測または修理するための機械及び工具
　⑧　貨物を入れるための容器
　⑨　その他非商業目的の貨物

………税関総署令218号第四十三条
………税関総署令212号第三，五，七，三十六条

(5) 修理貨物の輸入

　修理貨物（修理に必要な原材料及び部品を含む）の輸入に関しては，輸入に係る税金の徴収は留保される。

　修理貨物は税関が許可する期限（税関に実際の状況に応じて判断する）内に返還輸出しなければならないが，正当な理由により規定の期間内に輸出できない場合は，期間の終了前に税関にて状況説明を行い，延期を申請することができる。

　税関が許可した期間内（延長した期間を含む）に返還輸出ができなかった場合は，通常の輸出入があったものとして課税されることとなり，税関に納めた担保がある場合は税額に充当される。　　………税関総署令218号第四十七～四十九条

(6) 返品貨物

　品質または規格上の原因により，輸出した貨物が出国した日から1年以内に原状が維持された状態で国内に返品されてきた場合は，当該貨物の輸入に係る関税，増値税及び消費税は課税されない。ただし，税関の確認を受ける必要がある。

………税関総署令218号第五十七条

第3節

申告納付

1 通常輸入

　納税義務者は，貨物の輸入時に，税関にて必要な申告手続を行わなければならない。また，税関の要求に応じて，商品の分類や輸入価格，原産地などの関連資料を提出しなければならない。当該資料が外国語で作成されている場合は，納税義務者の責任において中国語に翻訳しなければならない。

　原則として，税関は貨物が実際に入国し，税関現場査閲作業が完了した後に税額納付書を発行する。納税義務者は，税関が税額納付書を発行してから15日以内に指定の銀行にて税額を納付しなければならない。遅延したときは，1日当たり10,000分の5の率で延滞金が課せられる。納付期限が土日または国民休日と重なった場合は，その翌日に延長される。

………税関総署令218号第五，二十条

2 越境電子商取引による小売商品の輸入

　一定の越境電子商取引による小売商品を輸入した場合，増値税納税義務者は商品の購入者であるが，税関登記している電子商務企業，電子商務取引プラットフォーム企業または物流企業（以下，「電子商務企業等」）は購入者の納税義務を代理して履行することができる。

　納税を代理する場合，電子商務企業等は輸入した小売商品の名称，規格番号，税則番号，実際の取引価格及び関連費用などの課税するために必要な情報を事実に基づいて正確に税関に申告しなければならない。

　なお，申告は人民元により行うこととされている。

　税関は，監督管理規定を遵守している越境電子商取引による小売商品の輸入については，税額に係る担保が提供されている場合は，一定期間ごとにまとめ

て納税することを認めている。税関通関後30日以内に返品または注文の取消がなければ，納税を代行する電子商務企業等は通関後31日目から45日目までに期間内に税関にて納税手続を行わなければならない。

――――税関総署公告【2016】26号(十),（十一),（十三)

第4節

税額の還付及び追徴

1 還　付

図表3-1に掲げる場合は，納税義務者は税関から増値税の還付を受けることができる。

図表3-1　還付を受けることのできるケース

	還　付　事　実	期　　　限
1	税関が税額の過大徴収があったことを発覚した場合。	納税義務者は，税関から通知を受けてから3か月以内に税額還付に係る手続を行わなければならない。
2	納税義務者が税額の過大納付があったことを発覚した場合。	納税義務者は，税額を納付した日から1年以内であれば，税関に対して税額及び対応期間の利息の還付申請を行うことができる。
3	税額納付済の輸入貨物を，品質または規格上の原因により国外に返品した場合。	納税義務者は，税額を納付した日から1年以内であれば，税関に対して税額の還付申請を行うことができる。
4	バラ売りの輸出入貨物の全てについて納税が済んでいるが，一部実際に貨物が輸出入されていなかったなどの事態が生じた場合において，貨物の発送者または保険会社等が当該漏れた部分について代金の弁償や返金をしたとき。	納税義務者は，税額を納付した日から1年以内であれば，税関に対して漏れた貨物に相応する部分の税額の還付申請を行うことができる。
5	税額納付済の輸出入貨物について，毀損，品質不良，規格不一致などにより，貨物の発送者や保険会社等が代金の弁償や返金をしたとき。	納税義務者は，税額を納付した日から1年以内であれば，税関に対して弁償金等に相応する部分の税額の還付申請を行うことができる。

………税関総署令218号第五十九～六十一，六十四～六十五条

2 追　納

図表3-2に掲げる事実が発生した場合は，納税義務者は税関に対して税額

の追加納付をしなければならない。

図表3-2 追加納付を行うケース

	還付事実	期限
1	税関が税額の過小徴収または徴収漏れがあったことを発見した場合。	税関は，税額の納付日または貨物入出国許可日から1年以内に，納税義務者に対して税額を追徴しなければならない。
2	納税義務者による法規定違反が原因で税額の過小納付または納付漏れがあった場合。	税関は，税額の納付日または貨物入出国許可日から3年以内に，納税義務者に対して税額を追徴しなければならない。また，この場合は本来の納付期限から，法規定違反発覚日までの期間に対して1日当たり10,000分の5の率により延滞金が課される。

なお，税額を追徴しなければならない事由が生じた場合は，納税義務者は税関から告知書を受領してから15日以内に追納手続を行わなければならない。15日以内に手続をしない場合は，延滞した期間につきさらに1日当たり10,000分の5の率により延滞金が課せられる。　　　……税関総署令218号第六十八〜七十一条

第5節

輸入免税

1 直接免税方式

(1) 基本規定

以下に掲げる貨物の輸入については，輸入増値税等が免除される。

> ① 貨物の輸入増値税額が50元以下の場合は，当該増値税は免除される。また，貨物の輸入消費税額が50元以下の場合は，当該消費税も免除される。
> ② 商業価値のない広告品及びサンプル品は，輸入増値税及び消費税が免除される。
> ③ 外国政府や国際組織から無償で贈与を受けた物資は，輸入増値税及び消費税が免除される。
> ④ 輸入通関する前に毀損した貨物は，輸入増値税及び消費税が免除される。ただし，輸入通関する前に損壊した貨物は，税関が認定した関税課税価格に基づいて，輸入増値税及び消費税が課税される。
> ⑤ 入国運送道具が積載する必要な燃料，物資及び飲食用品は，輸入増値税及び消費税が免除される。

………財関税【2004】7号第三～七条

(2) 個人の携帯物品等

個人による携帯または輸入物品について，以下の場合は輸入に係る税金が免除される。

① 個人携帯

中国の居住者である個人の場合は5,000元以下，中国の非居住者である個人の場合は2,000元以下の物品の中国への持ち込み。

ただし，免税となる物品は合理的な数量以内の自己使用物品に限られており，

たばこやアルコール類その他課税物品に指定されている20品目は含まれない。

② 個人輸入（越境電子商取引による小売商品の輸入を除く）

　個人による自己使用物品の郵送輸入で算出される輸入税額が50元以下のもの。

………税関総署公告【2010】54号
………税関総署公告【2010】43号

(3) 外商投資企業による来料加工及び進料加工

　外商投資企業が来料加工または進料加工の貿易方式により輸入した貨物については，輸入増値税及び消費税の課税は留保される。加工した貨物を最終的に輸出すれば，加工料または委託加工料に係る増値税及び消費税についても輸出免税の適用を受けることができる。

　外商投資企業が来料加工または進料加工の貿易方式により免税で輸入した原料や部品を完成品に加工して輸出した場合は，輸入後，税関の来料加工輸出貨物通関票その他一定の証憑及び資料を以て，主管税務機関にて輸出免税手続を行わなければならない。

　外商投資企業が来料加工または進料加工の貿易方式により免税で輸入した原料や部品を，他の加工企業に委託して加工させる場合は，当該委託企業が税関の来料加工輸出貨物通関票，委託加工に係る契約書その他一定の証憑及び資料を以て，主管税務機関にて「来料加工または進料加工に係る免税証明」を取得し，受託企業は当該免税証明を以てその主管税務機関にて輸出免税手続を行う。

………国家税務総局による外商投資企業の来料加工及び進料加工の免税に係る通知
（2000－10－10）

(4) 集積回路生産企業による輸入

① 以下の中国国内で設立された集積回路生産企業が輸入する自己生産用原材料及び消耗品等は，輸入に係る関税及び増値税が免除される。

　(ア) 投資額が80億人民元を超えている，または，配線の幅が0.25ミクロン未満の集積回路を生産している

　(イ) 一定の配線の幅が0.8ミクロン未満の集積回路を生産している

② 認定を受けた集積回路を生産する企業が海外から導入した集積回路技術，生産設備（一式）または個別輸入した集積回路専用設備機器については，「外国企業投資プロジェクトのうち免税が不可の輸入商品目録」及び「内国企業投資プロジェクトのうち免税が不可の輸入商品目録」に列挙する商品に該当するものを除き，輸入に係る関税及び増値税が免除される。

………財税【2000】25号第二条(三)，(四)
………財税【2002】136号第一条
………財関税【2004】45号第一条
………税関総署公告【2011】30号第二条

(5) 重大技術装備

　一定の要件を満たす国内企業が，「国家が発展を支持する重大技術装備及び製品目録」に掲載する装備または製品を製造するために必要な商品のうち，「重大技術装備及び製品に係る輸入重要部品及び原材料商品目録」に掲載されているものを輸入する場合は，輸入に係る関税及び増値税が免除される。

　なお，「重大技術装備及び製品に係る輸入重要部品及び原材料商品目録」に掲げる商品の一部については免税規定の適用に期限が設けられている。

　また，「輸入免税不可である重大技術装備及び商品目録」も発表されており，重大技術関連でも当該ネガティブリストに掲載されたものについては輸入に係る関税及び増値税は免除されない。　　　………財関税【2015】51号第一，二条

(6) 展覧用物品の輸入

① 免税対象

　国内で展覧会を開催する期間において消耗する以下に掲げる物品（以下，「展覧物品」という）については，税関が当該展覧会の性質，出展する企業等の規模，観客数などの状況に応じて，物品の数量及び総価額を査定し，合理的と認められる範囲内において，輸入に係る関税及び増値税，消費税が免除される。

> ①　展覧活動に係るサンプル小物。海外元詰めの状態のまま輸入され，または，展覧用にバラで輸入された原料で製造した食品及び飲料サンプルを含み，以下の要件を満たさなければならない。

(ア)　出展者により無料で提供されるものであり，展覧期間中において無料で観客の使用または消費のために配布される。
　　(イ)　単価が低く，広告サンプル用である。
　　(ウ)　商業用途に適用するものでなく，かつ，ユニット当たりの容量が小売用の最小サイズよりも明らかに小さい。
　　(エ)　食品や飲料のサンプルで，(ウ)に規定するサイズで配布していないものの，展覧活動中に確実に消費されている。
　② 展覧する機械や機器の操作デモンストレーションをするために消耗または毀損した物品または材料
　③ 臨時的な展示台を設置または装飾するために消耗した低価値貨物
　④ 展覧期間において無料で観客に配布する関連の宣伝品
　⑤ 展覧会に使用する一定の書類ファイル

………税関総署令212号第二十条

② **免税対象外**

展覧会用物品のうち，アルコール飲料，たばこ製品及び燃料については，免税適用の対象外とされている。　　　　………税関総署令212号二十一条

(7) **動植物の種の輸入**

以下に掲げる動植物の種を輸入した場合，中国の動植物の資源保護及び良種を推進する目的から，輸入増値税を免除することとされている。なお，当該免除規定は，2016年1月1日から2020年12月31日までの期間において有効である。
① 農林業と密接な関係があり，かつ，農林業に直接使用等される輸入植物の種（苗），繁殖用畜禽及び種魚・魚苗。研究及び繁殖培養条件が備わった動植物科学研究所や動植物園などが輸入する科学研究，育種，繁殖のための野生動植物の種。なお，具体的な品種は「輸入種免税品目目録」に掲載されている。
② 軍隊，武警，公安，安全部門（密輸取締警察を含む）が輸入する警察犬及びその精液や胎芽。　　　　………財関税【2016】26号

(8) 慈善寄付贈答物資の輸入

　中国国内の慈善事業に直接使用される物資の無償による寄付贈呈を海外から受けた場合，当該物資の輸入に関しては，輸入に係る関税及び増値税が免除される。

　免税を適用する場合は，物資の寄付贈呈を受ける者または物資の使用者のいずれかが輸入申告の前に，自らの所在地の税関にて免税手続を行う必要がある。また，国務院関連部門，中国赤十字会総会，中華全国婦女連合会その他一定の機関が寄付贈呈を受ける場合は，一律北京税関にて免税手続を行うものとされている。

　なお，ここにいう物資の使用者とは，物資を直接使用する者，または当該物資の配布を行う単位を指す。

　また，ここにいう慈善事業とは，非営利の慈善救助等の社会慈善と福利事業をいい，財産寄付を自主的に行う以下の活動を含むものとする。

> ① 貧困または高齢，幼児などの弱者層に対する救済
> ② 教育，科学，文化，衛生または体育等の事業の発展促進
> ③ 汚染その他公害の防止，環境の保護または改善
> ④ 社会公共利益に合致するその他の慈善活動

　　　　　　　　　　　　　　　………財政部，税関総署，国税公【2015】102号第三条
　　　　　　　　　　　　　　　　　　　　　　………税関総署公告【2016】17号

(9) 科学知識普及映像作品の輸入

　一般大衆に対して開放する科学技術館，自然博物館，天文館等，気象台等，地震台等，高校及び科学研究機構が一般大衆に対して開放する科学知識普及基地が，2016年1月1日から2020年12月31日までの期間において，自己使用のために国外から科学知識普及の映像作品の放映権をコピーやフィルムの形式により輸入した場合は，輸入に係る関税は免除，増値税は不課税とされる。それ以外の形式により輸入した場合は，輸入に係る関税及び増値税が免除される。

　なお，免税の適用対象となる映像作品の商品名称及び税則番号は財関税【2016】6号の付属文書に掲載されている。　　　　　………財関税【2016】6号

⑽ 飛行機の輸入

① 航空会社による輸入

国内の航空会社が，空虚重量が25トン以上の客貨運飛行機を輸入した場合は5％の低減税率（本来は17％）により増値税が課税される。

………署税発【2004】352号
………飛行機の輸入に係る増値税政策の調整に関する通知

② リース会社による輸入

リース会社が一般貿易方式により飛行機を輸入し，かつ，国内の航空会社にリースする場合は，国内の航空会社が飛行機を輸入するときと同等の税制優遇を享受できるとされている。即ち，空虚重量が25トン以上の飛行機を輸入した場合は5％の低減税率（本来は17％）により増値税が課税される。

なお，税関監督管理区域内のリース企業が海外から空虚重量が25トン以上の飛行機を輸入し，国内の航空会社にリースする場合において，実際区域内に入らない飛行機については，保税扱いではなく，5％の低減税率により増値税を課税するものとされている。

………財関税【2014】16号

⑾ 科学研究及び教育学習用品の輸入

科学研究機構及び学校が科学研究及び教育学習の目的で，国内では生産不能等の理由により国外から科学研究及び教育学習用品を合理的な数量の範囲内で輸入した場合は，輸入に係る関税及び増値税，消費税が免除される。

ここにいう科学研究機構及び学校とは以下のものを指す。

① 国務院部委，その直属機構，省，自治区，直轄区，計画単列市に所属する各種科学研究所で専門的に科学研究作業に従事するもの
② 国が認める学歴を取得できる，専科大学以上の高等学歴教育を行う学校
③ 財政部会と国務院関連部門が認定するその他の科学研究機構及び学校

なお，免税が適用できる用品の具体的な範囲は，「輸入免税の科学研究及び教育学習用品目録」に掲載されており，当該目録は国内ニーズなどの状況の変化に応じて，財政部会と国務院関連部門により調整される。

………科学研究及び教育学習用品に関する輸入税収規定

⑿ 漫画アニメ関連商品の輸入

2016年1月1日から2020年12月31日までの期間において，国務院の関連部門の認定を受けた漫画アニメ企業が漫画アニメ直接関連製品を自主開発または生産するために必要な商品で，「漫画アニメ企業が免税により輸入できる漫画アニメ開発生産用品目録」に列挙する商品を輸入する場合は，輸入に係る関税及び増値税を免除するものとされている。

なお，当該「漫画アニメ企業が免税により輸入できる漫画アニメ開発生産用品目録」は中国国内の市場状況等に応じて適宜調整される。

当該規定を適用する漫画アニメ企業は以下の基準を満たしていなければならない。また，毎年9月末までに文化部に対して申請を行うものとし，文化部は財政部，税関総署及び国家税務総局と共に漫画アニメ企業に輸入免税資格を与えるか否かにつき審査を行う。文化部，財政部，税関総署及び国家税務総局は，毎年の11月末までに審査に合格し翌年から新規に輸入免税資格を取得した企業の目録を連名で発表する。

① 文化部その他関連部門が制定する漫画アニメ企業の認定基本基準に達していること
② 漫画アニメ直接関連製品を自主開発または生産するための資格及び能力が備わっていること

なお，一度審査に合格し輸入免税資格を取得した漫画アニメ企業は，文化部から年に一度審査（以下，「年度審査」）を受けなければならない。文化部，財政部，税関総署及び国家税務総局は毎年の11月末までに新規に輸入免税資格を取得した企業を発表すると同時に，年度審査に合格した企業及び合格しなかった企業の目録も発表する。年度審査に合格しなかった企業は翌年から輸入免税を適用することができない。

また，免税により輸入した商品は，税関の許可なくして他者へ譲渡，質入れまたは用途変換等の処置をしてはならない。

用語の説明

《漫画アニメ直接関連製品》
　以下の製品が含まれる。
① 漫画：単数または複数コマの漫画，イラストレーション，漫画図書，アニメ

キャプチャー図書，漫画新聞掲載，漫画原画など。
② アニメ：アニメ映画，アニメドラマ，アニメショートムービー，アニメ音声映像製品，映画やドラマ中のアニメCG部分，科学技術・軍事・気象・医療などに関する映像作品中のアニメ部分など。
③ ウェブ漫画アニメ：コンピューターインターネットや移動通信ネットなどの通信ネットを主要プラットフォームとして，パソコン，携帯電話その他の携帯電子機器を受信端末とするアニメ及び漫画作品。FLASH動画，インターネット顔文字，携帯電話漫画アニメを含む。

--------財関税【2016】36号

⑬ 黄金等の輸入

黄金，黄金鉱物については，輸入に係る増値税は免除される。
また，以下のものについては，そのうちに含まれる黄金としての価値がある部分については，同じく輸入に係る増値税を免除する。
① 黄金付随鉱物
② 粗銅
③ 鉛鉱砂及びその精鉱
④ ニッケル鉱砂，コバルト鉱砂，アンチモン鉱砂及びこれらの精鉱

--------税関総署公告【2003】29号
--------税関総署公告【2007】14号
--------税関総署公告【2007】60号
--------財関税【2009】60号

⑭ リン酸水素アンモニウムの輸入

リン酸水素アンモニウムを輸入した場合は，輸入に係る増値税は免除される。

--------税関総署公告【2007】75号

⑮ 一定の飼料の輸入

① 輸入飼料

「増値税が免除される輸入飼料の範囲」に定める15種類の飼料（魚粉，豆粕

以外の食物粕等）を輸入した場合は，輸入増値税は免除される。

————財税【2001】82号

② ミネラル質微量元素キューブ状飼料

ミネラル質微量元素キューブ状飼料（4種類以上の微量元素，非栄養性添加剤及びキャリアーを原料とし，高圧濃縮して製造されたキューブ状混合物であり，牛や羊の食用飼料）については，輸入に係る増値税は免除される。

————財関税【2006】73号

⑯ エイズウィルス治療薬

エイズウィルス治療薬物については，輸入に係る関税及び増値税は免除される。

————商弁財函【2006】154号

⑰ 子宮内避妊器具

子宮内避妊器具については，輸入に係る増値税は免除される。

————税関総署公告【2004】12号

⑱ 障碍者専用物品の輸入

一定の障碍者専用物品については，輸入に係る関税，増値税及び消費税は免除される。

なお，個人が自己使用のために合理的な数量の義肢その他一定の障碍者専用物品を輸入した場合は，輸入地の税関において免税手続を行うものとし，企業等が大量輸入する場合は，輸入の前に用途説明等の文書をその企業等の所在地主管税関に提出して申請を行い，当該税関より発行された「輸出入貨物免税証明」を輸入地の税関に提出して免税手続を行う。

また，福利・リハビリ施設が国内生産が不能な一定の障碍者専用物品を輸入する場合は，機構所在地及び輸入地の主管税関での手続以外に，民政部または中国障碍者連合会においても一定の申請承認が必要である。

なお，免税による輸入した障碍者専用物品については，無断で他の用途に転

用してはならない。
　　　　　　　――――税関総署による障碍者専用品の輸入に係る税金の免除に関する暫行法規の
　　　　　　　　　　　　実施弁法第四～六，八条

⒆　ダイヤモンド

　納税者が上海ダイヤモンド取引所を通じて輸入し，国内市場へ販売するダイヤモンド原石については，輸入増値税は免除される。　　――――財税【2006】65号

2　即徴収・即還付方式

ダイヤモンド

　納税者が上海ダイヤモンド取引所を通じて輸入し，国内市場へ販売するダイヤモンド完成品については，輸入増値税実際税負担が4％を超える部分は税関において即徴収・即還付方式により還付する。　　――――財税【2006】65号

3　先徴収・後還付方式

⑴　高速噴気織機及び自動ワインダーの重要部品

　国内企業が，一定の基準を満たす高速噴気織機及び自動ワインダーを開発または製造するための重要な部品を輸入した場合，輸入に係る関税及び増値税につき先徴収・後還付方式により還付を受けることができる。
　なお，適用を受けようとする国内企業は一定の基準を満たす高速噴気織機を年間100台以上，または一定の基準を満たす自動ワインダーを年間50台以上販売していなければならない。　　――――税関総署公告【2007】36号

⑵　大型全断面トンネル掘進機の重要部品

　国内企業が，一定の基準を満たす大型全断面トンネル掘進機を開発または製造するための重要な部品を輸入した場合，輸入に係る関税及び増値税につき先

徴収・後還付方式により還付を受けることができる。

　なお，ここにいう大型全断面トンネル掘進機とは，カッターディスクの直径が5メートル以上ものをいう。また，先徴収・後還付方式の適用対象となる重要な部品は，税関総署公告【2007】54号に定める「大型全断面トンネル掘進機の重要部品の輸入還付対象商品リスト」に掲載されている。

————税関総署公告【2007】54号

越境電子商取引

1 概　要

　中国の税務上，海外から輸入される商品は，**「輸入貨物」**と**「輸入物品」**に区分される。「輸入貨物」とは一般貿易により輸入される貨物のことをいい，通常，輸入時において関税，増値税及び消費税（消費税については，一定の嗜好品等に限る）が課税される。一方，「輸入物品」とは個人旅客の入国時の携帯物品または郵送物品のことを指し，これには**「行郵税」**が課税される。

　「行郵税」とは，関税，増値税及び消費税を合わせた総合輸入税であるが，個人が自己使用のために合理的数量の範囲内で輸入する非貿易性物品を対象とする簡便的な課税方式であるため，行郵税の税率は，従来，関税，増値税及び消費税の総合税率よりも低く設定されており，かつ，税額50元以下の場合は免税とされている。即ち，同一種類の商品でも，一般貿易により輸入するよりも，非貿易商品として個人輸入したほうが税負担が小さいのである。

　近年の中国においては，国内の消費者がインターネット上のショッピングプラットフォーム等を通じて，海外から商品を購入するいわゆる「越境電子商取引」の市場が急速に拡大し，中でも特に海外企業から中国国内の個人消費者に商品を直接的に販売するB2C取引が著しく増加している。このような越境電子商による小売商品の輸入は，個人消費者による輸入とはいえ一定の貿易属性が認められ，行郵税の本来の適用範囲に含めるべきではないとの考え方に基づいて，2016年3月に財政部，税関総署及び国家税務総局から「越境電子商の小売輸入に係る租税政策についての通知（財関税【2016】18号通達）が公布され，2016年4月8日から，越境電子商による小売商品の輸入は行郵税の課税対象である「輸入物品」ではなく，関税，増値税及び消費税の課税対象である「輸入貨物」として扱うべきことが明確化された。

　また，一般貿易による商品輸入（B2B取引）の場合と非貿易性輸入（B2C）の場合との税負担の差異が後者に価格優位性を持たせていると考えられ，これを一因とする企業競争の不公平を是正すべく，財関税【2016】18号通達の公布に伴い，行郵税の課税対象項目の分類及び税率についても調整が行われた。当該調整により，行郵税の税率は同種類の商品に係る関税，増値税及び消費税の総合税率とほぼ同じ水準に引き上げられた。

2 適用範囲

　関税，増値税及び消費税の課税対象である「輸入貨物」として扱うべき越境電子商取引による小売輸入商品の範囲は，「越境電子商小売輸入商品リスト」に列挙される商品で，かつ，以下のいずれかの要件に該当するものとされている。

> (1) 税関とネットワーク化されたプラットフォームを通じて行われる電子商取引で，取引，支払及び物流の電子情報の照合が実現できるもの。
> (2) 税関とネットワーク化されたプラットフォームを通さないが，配達や郵便業者が取引，支払及び物流の電子情報を統一的に提供することができ，かつ相応の法的責任を負うことを承諾するもの。

………財関税【2016】18号第二条

　なお，「越境電子商小売輸入商品リスト」は財政部，税関総署，国家税務総局のほかに商務部，農業部など多数の関連部門による共同公布となっており，今後の越境電子商取引の発展状況や消費者需要の変化等に応じて適宜調整される。

3 課税方法

　上記2の適用範囲に属する越境電子商取引による小売輸入商品は，一般貿易による「輸入貨物」として関税，増値税及び消費税が課税される。課税標準はその実際取引価格（貨物の小売価格，運送費及び保険料を含む）とされており，本来の納税義務者である購入者の代わりに，電子商務企業，電子商務取引プラットフォーム企業または物流業者が納税を代行することができる。

　また，上記2の適用範囲に属する越境電子商取引による小売輸入商品のうち，1回の取引金額が2,000人民元以下，かつ，年間の取引金額が20,000元以下の場合は，暫定的に関税が免除され，増値税と消費税は通常の場合の適用税率の70％により課税することとされている。

　なお，越境電子商取引による小売輸入商品でも，取引，支払及び物流の電子情報を統一的に提供できないなどの理由により上記2の適用範囲に該当しないものは，個人が自己使用目的で輸入する合理的数量のものであれば行郵税の課税対象とし，一般貿易のものであれば通常の輸入貨物として扱われる。

図表4-1 越境電子商取引による小売輸入商品の課税方法

取 引 種 類	課 税 方 法
(1) 上記2の適用範囲に属する越境電子商による小売輸入商品	
① 1回の取引金額が2,000人民元以下，かつ，年間の取引金額が20,000元以下	関税は免税，増値税と消費税は通常の場合の適用税率の70%により課税。
② ①以外	商品の種類に応じて適用されるべき関税，増値税と消費税の税率により課税。
(2) 上記2の適用範囲に属さない越境電子商による小売輸入商品	
① 個人が自己使用目的で輸入する合理的数量のもの	行郵税が課税される。ただし，計算された行郵税の税額が50元以下の場合は課税が免除される。
② ①以外	商品の種類に応じて適用されるべき関税，増値税と消費税の税率により課税。

────財関税【2016】18号第一，三条

なお，行郵税には3種類の税率があり，それぞれの適用対象商品は**図表4-2**の通りである。

図表4-2 行郵税の税率と適用対象商品

行郵税税率		適 用 対 象 商 品
①	15%	・書籍新聞，発刊物，教育用映像資料 ・コンピューター，動画撮影録画一体機，デジタルカメラなどの情報技術製品 ・食品，飲料 ・金，銀 ・家具 ・玩具，ゲーム用品その他娯楽用品
②	30%	・運動用品（ゴルフ用具を除く），釣り用品 ・紡績製品 ・テレビカメラその他機器 ・自転車 ・その他の①及び③以外の物品
③	60%	・タバコ ・酒 ・ハイジュエリー及び真珠や宝石 ・ゴルフ用具 ・高級時計 ・化粧品

────税委会【2016】2号

第5章

輸出取引に係る増値税

第1節

輸出取引に係る増値税の概要

　輸出取引に係る増値税の取扱いは，大きく4パターンに区分できる（**図表5-1**）。いずれのパターンを適用するかは，納税者である企業の種類や取引の性質に基づいて判断する。詳細は第2節以降において説明する。

図表5-1　輸出取引の4つのパターン

```
輸出取引
 ├─ パターン1：
 │   還付（免除）制度適用
 │    ├─ 免除・控除・還付方式
 │    │   ・貨物等の輸出により発生する売上については，増値税を免除する。
 │    │   ・輸出した貨物等に係る仕入増値税額は，控除することができる。
 │    │   ・輸出した貨物等に係る仕入増値税額につき控除しきれない金額があれば，
 │    │     還付を受けることができる。
 │    └─ 免除・還付方式
 │        ・貨物等の輸出により発生する売上については，増値税を免除する。
 │        ・輸出した貨物等に係る仕入増値税額は，還付を受けることができる。
 ├─ パターン2：
 │   免税制度適用
 │    ・貨物等の輸出により発生する売上については，増値税を免除する。
 ├─ パターン3：
 │   課税制度適用
 │    ・貨物等の輸出により発生する売上に対して増値税を課税する。
 └─ パターン4：
     ファイナンスリース貨物の輸出還付
      ・一定の輸出ファイナンスリース貨物に係る仕入増値税額につき，還付を受ける
        ことができる。
```

※図表にある「貨物等」とは，一定の貨物，労務及びサービス等を指す。

第2節

輸出還付（免除）制度

1 適用対象

1 輸出還付（免除）制度

　中国における輸出税還付制度は1985年4月1日施行の「国務院による輸出入製品の製品税または増値税の徴収，還付についての規定」によって最初に確立された。その後，経済環境の変化や増値税改革による段階的な税制改正の施行に伴い，今日まで幾度となく制度内容が調整，再構築されてきた。現在では，適用方法や計算方式などの基本的な事項は2012年5月に施行された「輸出貨物労務に係る増値税及び消費税政策に関する通知」（財税【2012】39号文）に，適用範囲に関しては，主に財税【2012】39号文と財税【2016】36号文の付属文書4において定められている。

　また，輸出税還付制度は一般に「輸出還付（免除）制度」と呼ばれ，「免除・控除・還付方式」と「免除・還付方式」の2種類の適用方法がある。適用対象となる取引の範囲及び「免除・控除・還付」方式と「免除・還付」方式のいずれを適用すべきかの判定基準は本節 1 2以降において説明する。

2 具体的な適用範囲

　「輸出還付（免除）制度」を適用できる取引の範囲は，**図表5-2**の通りである。

　なお，一の納税者において(1)と(2)の取引が両方発生している場合は，原則として，それぞれを区分して税額計算しなければならない。区分していない場合は，いったん合わせて免除・控除・還付の金額を計算し，税務機関が審査の際に(1)と(2)の割合に応じて按分する。

図表5−2 「輸出還付（免除）制度」を適用できる取引の範囲

(1)	貨物または労務の輸出	
	①	輸出企業による輸出貨物
	②	輸出企業またはその他の単位によるみなし輸出貨物
	③	輸出企業が国外に対して提供する加工修理労務
(2)	サービス等の輸出	
	①	国際運輸サービス ✓旅客または貨物の国内から国外への運送 ✓旅客または貨物の国外から国内への運送 ✓国外における旅客または貨物の運送
	②	宇宙運輸サービス
	③	以下に掲げるサービスで，国外の単位に提供し，かつ，完全に国外で消費されるもの ✓研究開発サービス ✓契約に基づく省エネ管理サービス ✓設計サービス ✓放送映像番組作品等の制作及び発行サービス ✓ソフトウェアサービス ✓電路設計及びテストサービス ✓情報システムサービス ✓業務プロセス管理サービス ✓オフショアアウトソーシングサービス ✓技術の譲渡
	④	財政部及び国家税務総局が規定するその他のサービス

　　　　　　　　　　　　　　　　………財税【2012】39号の一（一）〜（三）
　　　　　　　　　　　　　　　　………国税公【2014】11号第四条
　　　　　　　　　　　　　　　　………財税【2016】36号付属文書4第一条

用語の説明

《オフショアアウトソーシングサービス》

　情報技術アウトソーシングサービス（ITO），技術性業務プロセスアウトソーシングサービス（BPO），技術性知識プロセスアウトソーシングプロセス（KPO）を含む。　　　　　　　　　　　　　　………財税【2016】36号付属文書4第一条

《輸出企業》

　輸出企業とは，以下の単位または個人事業者をいう。

　㈎　法律に従って工商登記，税務登記，対外貿易経営者備案登記を行っており，自ら輸出するまたは他者に貨物の輸出を委託する単位または個体工商戸。

　㈏　法律に従って工商登記，税務登記を行っており，対外貿易経営者備案登記

はしていないが，他者に貨物の輸出を委託する生産企業。
　なお，上記の貨物の輸出とは，税関通関後に実際に輸出され，国外の単位または個人に販売される貨物を指す。　　　　　　　　　………財税【2012】39の一（一）

《生産企業》
　生産企業とは，生産能力（加工修理の能力を含む）のある単位または個人事業者をいう。　　　　　　　　　　　　　　　………財税【2012】39の一（一）

《みなし輸出貨物》
　みなし輸出貨物とは，具体的には以下のものを指す。
　(ｱ)　輸出企業が対外的に援助，請負，または国外投資するために輸出する貨物。
　(ｲ)　輸出企業が通関申告を経て，国家が承認する輸出加工区，保税物流園区，保税港区，総合保税区，マカオ登記のクロスボーダー工業区（珠海園区），中国イリカザフ国際辺境合作センター（中方配套区域），保税物流センター（B型）（以下，全て「特殊区域」という）に搬入し，特殊区域内または国外の単位もしくは個人に販売する貨物。
　(ｳ)　免税経営企業（中国免税品（集団）有限公司その他免税品経営につき国家の許可を得ている企業）が販売する貨物（国家が規定する経営禁止の貨物，輸出規制されている貨物，巻きたばこ及び免税経営企業の「企業法人営業免許」に定める経営範囲以外の貨物は除く）。
　(ｴ)　輸出企業またはその他の単位が国際金融組織または外国政府貸付国際入札建設プロジェクトで落札決定した機電製品（以下，「落札機電製品」という。外国企業が落札し，輸出企業またはその他の単位に下請させた機電製品を含む）。
　(ｵ)　輸出企業が自己生産し，一定の海上石油天然ガス採取企業に販売する海洋工程構築物。
　(ｶ)　輸出企業またはその他の単位が国際運輸企業に販売する国際運輸工具に使用される貨物。
　　なお，ここにいう貨物は，暫定的に以下のものに限定されている。
　　A　外輪供給公司，遠洋運輸供給公司が外国船舶又は遠洋の中国船舶に販売する貨物
　　B　国内の航空供給公司が生産し，国内及び国外航空会社の国際便に販売する航空食品
　(ｷ)　輸出企業またはその他の単位が特殊区域内の生産企業に対して，その生産消耗用に販売する以下のもので，税関に通関申告しないもの。
　　A　水（蒸気を含む）
　　B　電力

C　ガス

　　　　　　　　　　　　　　　　　　　………財税【2012】39の一(二)

《輸出企業が国外に対して提供する加工修理労務》
　具体的には，一度入国してから再出国する貨物または国際運輸業で使用される運輸道具に対して，加工や修理を行う行為をいう。　………財税【2012】39の一(三)

3　適用外とされる取引

　上記**2**の適用範囲の取引を行った納税者が簡易方式を適用している場合は，輸出還付（免除）制度の適用はなく，輸出免税制度を適用することとなる。

　また，納税者が，税関特殊監督管理区域等内の単位または個人に対するサービスの提供及び無形資産の譲渡については，輸出はなかったものとして取り扱うものとされている。よって，輸出還付（免除）制度の適用は受けられず，通常通り増値税課税を受けることとなる。

　さらに，納税者が，税関特殊監督管理区域等内の単位または個人に対して貨物の販売を行った場合は，基本的にはみなし輸出があったものとして輸出還付（免除）制度の適用対象となるが，生活消費用品や交通運輸道具その他一定の物資は輸出還付（免除）制度の適用対象とならない。

　　　　　　　　　　　　　　　………財税【2016】36号付属文書4第四条
　　　　　　　　　　　　　　　………国税公【2016】29号第三条

4　一部商品の輸出還付（免除）の適用取消

　中国では，本来は輸出還付（免除）の適用対象となる貨物のうち，絶滅危惧動植物製品，鋼，有色金属，銀粉その他一部の商品については，生態系の維持や環境汚染の抑制などの政策的な理由により，輸出還付（免除）制度の適用が取り消されている。取消の対象となった具体的な商品品目は，「輸出税額還付取消商品リスト」に列挙されており，当該商品リストは国家税務総局及び財政部より2007年に初めて発布され，2010年に更新されている。

　　　　　　　　　　　　　　　　　　　………財税【2007】90号
　　　　　　　　　　　　　　　　　　　………財税【2010】57号

5　「免除・控除・還付」方式と「免除・還付」方式

　輸出還付（免除）制度には，「免除・控除・還付方式」と「免除・還付方式」の2種類の適用方法がある。どちらの方式を適用するかは，**図表5-3**の通り，納税者の種類と取引内容の性質によって判断することとなる。

図表5-3　「免除・控除・還付」方式と「免除・還付」方式

輸出取引の区分	納税者の種類	取引の内容	適用方式
貨物または労務の輸出	生産企業	自己生産貨物及びみなし自己生産貨物の輸出	免除・控除・還付方式
		海外に対して提供する加工修理労務	免除・控除・還付方式
		限定列挙された生産企業が輸出する非自己生産貨物	免除・控除・還付方式
	外貿企業（生産能力のない輸出企業）	輸出する貨物または労務	免除・還付方式
サービス等の輸出	生産企業	前記【図表5-2】の(2)①～③の取引	免除・控除・還付方式
	外貿企業（生産能力のない輸出企業）	第三者から購入してきた前記【図表5-2】の(2)①～③のサービスまたは無形資産を輸出した場合	免除・還付方式
		自ら前記【図表5-2】の(2)①～③のサービスを国外へ提供し，または自ら研究開発した無形資産を輸出した場合	免除・控除・還付方式

　　　　　　　　　　　　　　　　　　　　………財税【2012】39号第二条
　　　　　　　　　　　　　　　　………財税【2016】36号付属文書4第四条

用語の説明

《みなし自己生産貨物》
　みなし自己生産貨物とは，以下のものをいう。
(ア)　経営を開始して以来，輸出税額還付の詐取，増値税専用発票または農産物収用発票の虚偽発行，虚偽発行された増値税専用発票の受入行為（善意取得の場合を除く）を行ったことがなく，かつ，以下の全ての要件を満たす生産企業が，外部から購入した貨物を自己生産貨物と見做して免除・控除・還付方式を適用することができる。

A 増値税一般納税人資格を取得している。
B 2年以上継続して経営している。
C 納税信用ランクがAランクである。
D 前年の売上額が5億元以上である。
E 外部からの購入貨物が自己生産貨物と同種類であるか,相互に関連性がある。

(イ) 経営を開始して以来,輸出税額還付の詐取,増値税専用発票または農産物収用発票の虚偽発行,虚偽発行された増値税専用発票の受入(善意取得の場合を除く)を行ったことがないが,上記(ア)のA〜Eを全て満たすことができない生産企業については,以下のa〜iのいずれかの要件を満たしている場合は,外部から購入した貨物を自己生産貨物と見做して免除・控除・還付方式を適用することができる。

　　a 以下の全ての要件を満たす外部から購入した貨物
　　　ⅰ 企業が生産する貨物と,名称及び性能が同じである。
　　　ⅱ 企業が登記した商標または国外の単位もしくは個人が企業に使用させている商標を使用している。
　　　ⅲ 当該貨物は,企業の自己生産の貨物を輸入している国外の単位または個人に輸出していること。
　　b 当該企業が生産する貨物に付属して輸出される購入貨物で,かつ,当該企業の自己生産貨物を輸入する国外の単位または個人に輸出されるもののうち,以下のいずれかの要件を満たすもの。
　　　ⅰ 当該企業が輸出する自己生産の貨物を修理するための器具,部品及び付属品
　　　ⅱ 当該企業の加工又は組立てを必要とせず,輸出後に当該企業の自己生産の貨物とセットになるような貨物
　　c グループ企業で,当該グループ企業の本部所在地の地級以上の国家税務局から認定を受け,その傘下(「公司法」第217条に規定するもの)の生産企業の間で売買される自己生産の貨物及びグループ企業とその傘下の生産企業の間で売買される自己生産の貨物。
　　d 以下の条件を全て満たす委託加工貨物
　　　ⅰ 当該企業が生産する貨物と名称及び機能が同じ,もしくは,当該企業が生産する貨物の更なる加工を委託する貨物である。
　　　ⅱ 当該企業の自己生産貨物を輸入する国外の単位または個人に輸出されるものである。
　　　ⅲ 委託側と受託側は委託加工契約を必ず締結し,かつ,主要な原材料

は必ず委託側から提供するものとし，受託側は金銭の立替などはせず，加工費のみを収受すること。また，加工費（補助材料の費用の立替を含む）について増値税専用発票を発行すること。
e　企業が落札業者に決まった入札プロジェクトに使用される機電製品
f　海外請負工事に使用される貨物
g　国外投資に使用される貨物
h　海外への援助用貨物
i　貨物を自己生産するために購入した設備及び原材料（農産物を除く）。

………財税【2012】39号付属文書4

2　輸出還付（免除）制度適用企業に対する格付け管理

　中国では，輸出に関する税額還付制度の管理と社会信用体系の推進を目的として，2015年1月に「輸出還付（免除）企業の分類管理方法」が公布され，輸出還付（免除）制度を適用する企業を対象に，一類から四類までの四つのランクに格付けした上で差別化管理が実施されることとなった。当該管理弁法は2016年7月に更新され，最も良いランクである一類企業に選定されるための条件の緩和，信用度の高い企業の手続日数の短縮などの調整が行われた。

　格付けは，企業の種類ごと（生産企業，外貿企業，外貿総合サービス企業）に，その輸出還付金額の規模や所轄税務機関における納税者信用ランク（外貿企業に関しては外貨管理局における分類管理ランク），過去の税務処罰の状況など一定の判断基準に基づいて，各省，自治区，直轄市，計画単列市の国家税務局が決めることとされている。

　一類から四類までの各ランクの企業のそれぞれの管理方法は**図表5-4**の通りである。

図表5-4　各ランクの管理方法

ランク	管理方法
一類企業	主管国税機関では，一類の輸出企業向けに「グリーン税務通路」という特約サービス区を設置している。そこでは優先的に輸出還付手続を処理してもらうことができ，かつ，還付の際に生じた問題を速やかに解決できるように，重点連絡制度が設けられている。 また，一類の輸出企業に関しては，国税機関の審査を経て，一定の条件を全て

	満たす場合は，適用申告を受理した日から5営業日以内に手続が完了する。
二類企業	二類の輸出企業に関しては，国税機関の審査を経て，一定の条件を全て満たす場合は，適用申告を受理した日から10営業日以内に手続が完了する。
三類企業	三類の輸出企業に関しては，国税機関の審査を経て，一定の条件を全て満たす場合は，適用申告を受理した日から15営業日以内に手続が完了する。
四類企業	四類の輸出企業に関しては，国税機関から以下の審査を受けなければならない。 ① 申告に係る紙ベースの証憑，資料と電子データとの一致性及びロジックの確認。 ② 申告した電子データと税関輸出貨物の通関書情報及び増値税専用発票の情報とが一致しているかの審査。 ③ 四類企業が申告した外部仕入の輸出貨物またはみなし自己生産貨物について，それらのサプライヤーから取得した増値税発票からサンプリングして審査する。 ④ 生産企業の場合，その申告に係る自己生産貨物の生産能力及び納税状況についての評価。 上記審査を終え，全ての問題が解決した場合は，適用申告を受理した日から20営業日以内に手続が完了する。

………国税公【2016】46号第十六～二十条

用語の説明

《外貿総合サービス企業》

外貿総合サービス業務に従事する企業のことをいう。外貿総合サービス業務とは，以下の全ての要件を満たす業務のことを指す。

① 輸出する貨物が，国内の生産企業が自己生産した貨物であること。
② 国内の生産企業が，輸出する貨物を外貿総合サービス企業に販売済であること。
③ 貨物は外貿総合サービス企業が国外へ輸出し，代金が国外の単位または個人が外貿総合サービス企業に支払うことにつき，国内の生産企業と国外の単位または個人の間で締結した輸出契約において約定されていること。
④ 外貿総合サービス企業は自営方式により輸出すること。
⑤ 外貿総合サービス企業が輸出還付（免除）制度の適用申告をする際に，「外外貿企業の輸出還付に係る仕入貨物明細申告書」の第15欄（業務類型）及び「外貿企業の輸出還付に係る輸出明細申告書」の第19欄（還付・免税に係る業務類型）において，「WMZHFW」と記入すること。

………国税公【2016】46号第二十三条

3 輸出還付（免除）制度適用のための届出

　貨物の輸出（みなし輸出を含む），加工修理等労務及びサービスの輸出につき輸出還付（免除）制度の適用を受けようとする輸出企業またはその他の単位は，その主管国家税務機関にて事前に「輸出還付（免除）制度適用の届出書」及び一定の資料を提供し，届出を行わなければならない。
　なお，届出については以下の事項に留意する必要がある。

① 一度提出した「輸出還付（免除）制度適用の届出書」の内容に変更が生じた場合は，輸出企業及びその他の単位は当該変更があった日から30日以内に変更後の内容に基づいて再届出を行わなければならない。その場合，主管国家税務機関はまずそれまでの輸出還付（免除）制度適用税額を精算してから，変更手続を進めることとされている。

② 輸出企業及びその他の単位が輸出還付（免除）制度適用の届出を撤回しようとする場合は，主管国家税務機関はまずそれまでの輸出還付（免除）制度適用税額を精算してから，変更手続を行う。また，輸出企業及びその他の単位が税務登記の抹消を行う場合は，まず先に主管国家税務機関にて輸出還付（免除）制度適用の届出の撤回申請をしなければならない。

③ 従来，企業が輸出還付（免除）制度を適用しようとする場合はまず「輸出還付（免除）制度適用に係る資格認定」という税務機関からの認定を受ける必要があった。しかし，行政手続の簡素化を図り，2015年9月に国家税務総局は「国税公2015年第56号」を発布し，これにより煩雑だった認定制度が撤廃された。代わりに設けられたのが現行の事前届出制度である。ただし，経過措置として，過去に資格認定を既に受けた輸出企業及びその他の単位は引き続き認定の効果を享受できるものとし，改めて届出を行う必要はないこととされている。

④ 辺境少額貿易方式により国外企業または国外自然人のために貨物の輸出を代理する輸出企業の場合は，貨物の通関日（輸出貨物の通関書に記載された日）の属する月の翌月から翌年4月30日までの各増値税申告期限までに，「辺境少額貿易方式により外国企業または外国自然人の貨物輸出通関の代理に係る届出表」その他一定の資料を主管国家税務機関に提出し，届出を行わなければならない。
　当該届出を行った輸出企業の貨物の輸出については増値税の課税対象外とし，代理費用についてのみ増値税の納税申告を行うものとする。

4 輸出還付（免除）制度の適用の放棄

輸出還付（免除）制度が適用可能な取引でも，納税者の選択によりその適用を放棄し，免税を適用または通常通り課税取引として処理することができる。輸出還付（免除）制度の適用を放棄する場合は，主管税務機関に対して規定フォームにより放棄に係る声明書を提出する必要がある。

なお，提出日の属する月の翌月から36か月間は，再び輸出還付（免除）制度の適用申請を行うことができない。

--------国税公【2013】65号第二条
--------財税【2016】36号付属文書4第五条

5 計算方法

1 「免除・控除・還付」方式の場合の計算

(1) 内容説明

「免除・控除・還付」方式は，輸出に係る売上については増値税を免除し，当該売上に係る仕入については増値税の仕入税額控除を認め，かつ，控除しきれない金額がある場合は還付するというロジックに基づいた方法である。売上増値税額から仕入増値税額を控除するというところまでは国内取引と考え方が同じであり，控除しきれない部分について，輸出の場合は還付を受けられるのに対して，国内取引の場合は還付は受けられず次期繰越しとなる点において異なる。

具体的な計算式は，以下の通りである。また，手順としては，まず①により計算した納付すべき増値税額を税務機関に納めたのちに，③により計算された還付税額につき還付を受けることとなる。

① **当期納付すべき増値税額**

「免除・控除・還付」のうちの「免除」及び「控除」はこの段階で反映される。即ち，当期売上増値税額の計算上，輸出売上に係る増値税額を含めないことで「免除」を実現し，輸出売上以外の売上（即ち国内売上）に係る増値税額から輸出貨物に係る仕入増値税額をも控除することにより「控除」を実現する。

> 当期納付すべき増値税額 ＝ 当期売上増値税額 － （当期仕入増値税額 － <u>当期免除・控除不可税額</u>）

> <u>当期免除・控除不可税額</u> ＝ 当期輸出貨物のFOB × 外貨人民元為替レート × （輸出貨物の仕入時適用増値税率 － 輸出貨物の還付税率） － <u>当期免除・控除不可税額の控除額</u>

> <u>当期免除・控除不可税額の控除額</u> ＝ 当期免税仕入原材料価額 × （輸出貨物の仕入時適用増値税率 － 輸出貨物の還付税率）

② **当期免除・控除・還付税額**

「免除・控除・還付」のうちの「還付」を計算するための第1段階（以下③の計算が第2段階に当たる）である。規定上「当期免除・控除・還付税額」という名称になっており，規定との照合ができるように本書でもそのままの文言を使用しているが，「免除」及び「控除」の部分は既に①の算出過程において考慮されたため，ここで算出されるのは，還付を受けることが可能な税額である。

なお，実際に還付を受ける税額は，③で計算する。

> 当期免除・控除・還付税額 ＝ 当期輸出貨物のFOB × 外貨人民元為替レート × 輸出貨物還付税率 － <u>当期免除・控除・還付税額の控除額</u>

> <u>当期免除・控除・還付税額の控除額</u> ＝ 当期免税仕入原材料価格 × 輸出貨物還付税率

③ **当期の実際還付税額**

冒頭で説明した通り，「免除・控除・還付」方式とは，輸出に係る売上に

ついては増値税を免除し，当該売上に係る仕入については増値税の仕入税額控除を認め，かつ，控除しきれない金額がある場合は還付するという方法である。したがって，当期に控除しきれない仕入税額があって初めて，実際に還付を受けることができるのである。

具体的には以下の算式に従って計算する。

(ア) 当期控除しきれない仕入増値税額≦当期免除・控除・還付税額の場合：

> 当期実際に還付を受けられる税額 ＝ 当期控除しきれない仕入増値税額

> 当期免除・控除税額 ＝ 当期免除・控除・還付税額 － 当期実際に還付を受けられる税額
> ※当期免除・控除税額が算出された場合は，当該金額は都市維持建設税及び教育費付加の課税対象となる。

(イ) 当期控除しきれない仕入増値税額＞当期免除・控除・還付税額の場合：

> 当期実際に還付を受けられる税額 ＝ 当期免除・控除・還付税額

この場合，「当期免除・控除税額」は発生しない。

(2) 計算例

(1)を踏まえて，実際に数字を当てはめて計算を行ってみる。

【計算例1―控除しきれない仕入税額が発生しないケース】
《前提条件》

A社はモダン装飾品の生産企業である。免税により国内で調達したダイヤモンドを自社で生産したプラスティックやセラミックなどの素材に嵌め込んで装飾品を製造し，国内及び海外に販売している。2016年11月の同社の仕入及び販売の状況は以下の通りである。

- 装飾品の国内販売高及び適用増値税率：5,000,000人民元/17%
- 装飾品の海外輸出高（FOB）及び外貨人民元為替レート：300,000米ドル/6.7
- 還付税率：13%
- 免税原材料（ダイヤモンド）に係る仕入金額：2,000,000人民元
- 課税原材料に係る仕入金額及び仕入時適用増値税率：1,200,000人民元/17%
- 前期からの繰越仕入税額控除税額はない。

- 課税仕入については増値税専用発票を取得している。
- 増値税は月次申告している。

《当期納付すべき増値税額の計算》

| Step 1 | 当期免除・控除不可税額の控除額を算出 |

➡ 当期免除・控除不可税額の控除額＝当期免税仕入原材料価額×(輸出貨物の仕入時適用増値税率－輸出貨物の還付税率)

$2,000,000 \times (17\% - 13\%) = 80,000$

| Step 2 | 当期免除・控除不可税額を算出 |

➡ 当期免除・控除不可税額＝当期輸出貨物のFOB×外貨人民元為替レート×(輸出貨物の仕入時適用増値税率－輸出貨物の還付税率)－当期免除・控除不可税額の控除額

$300,000 \times 6.7 \times (17\% - 13\%) - 80,000 = 400$

| Step 3 | 2016年11月期の納付すべき増値税額を算出 |

➡ 当期納付すべき増値税額＝当期売上増値税額－(当期仕入増値税額－当期免除・控除不可税額)

$5,000,000 \times 17\% - (1,200,000 \times 17\% - 400) = \boxed{646,400}$

↑
納付税額発生，よって控除しきれない仕入税額なし

図表 5 - 5 計算例1の場合の当期納付すべき増値税額の計算

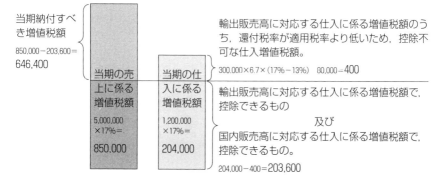

《当期免除・控除・還付税額の計算》

| Step 1 | 当期免除・控除・還付税額の控除額の算出 |

➡ 当期免除・控除・還付税額の控除額＝当期免税仕入原材料価格×輸出貨物還付税率
 2,000,000×13％＝260,000

| Step 2 | 当期免除・控除・還付税額の算出 |

➡ 当期免除・控除・還付税額＝当期輸出貨物のFOB×外貨人民元為替レート×輸出貨物還付税率－当期免除・控除・還付税額の控除額
 300,000×6.7×13％－260,000＝1,300

《当期の実際還付税額》

　当期控除しきれない仕入増値税額と当期免除・控除・還付税額を比較する。

　本ケースの場合，当期控除しきれない仕入増値税額は発生していないので，ゼロ。一方で当期免除・控除・還付税額は1,300算出された。したがって，当期控除しきれない仕入増値税額≦当期免除・控除・還付税額で，実際に還付を受けられる金額は当期控除しきれない仕入増値税額相当額，即ちゼロである。

　ただし，当期免除・控除・還付税額1,300－当期実際に還付を受けられる税額0により，1,300の当期免除・控除税額が算出され，当該金額は都市維持建設税及び教育費付加の課税対象となる。

図表5-6　計算例1の場合の当期の実際還付金額の計算

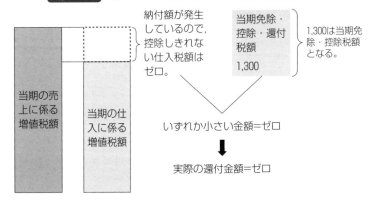

【計算例2―控除しきれない仕入税額が発生するケース】
《前提条件》

B社はキッチン用紡績品の生産企業である。国内で調達した原材料を用いて自社で生産したミトンやタオル等の製品を国内及び海外に販売している。2016年7月の同社の仕入及び販売の状況は以下の通りである。

- 製品の国内販売高及び適用増値税率：1,000,000人民元/17%
- 製品の海外輸出高（FOB）及び外貨人民元為替レート：250,000米ドル/6.7
- 還付税率：17%
- 免税原材料に係る仕入金額：なし
- 課税原材料に係る仕入金額及び仕入時適用増値税率：1,500,000人民元/17%
- 前期からの繰越仕入税額控除税額はない。
- 課税仕入については増値税専用発票を取得している。
- 増値税は月次申告している。

《当期納付すべき増値税額の計算》

Step 1　当期免除・控除不可税額の控除額

➡ 当期免除・控除不可税額の控除額＝当期免税仕入原材料価額×(輸出貨物の仕入時適用増値税率−輸出貨物の還付税率)

　0×(17%−17%)＝0

Step 2　当期免除・控除不可税額

➡ 当期免除・控除不可税額＝当期輸出貨物のFOB×外貨人民元為替レート×(輸出貨物の仕入時適用増値税率−輸出貨物の還付税率)−当期免除・控除不可税額の控除額

　250,000×6.7×(17%−17%)−0＝0

Step 3　2016年7月期の納付すべき増値税額

➡ 当期納付すべき増値税額＝当期売上増値税額−(当期仕入増値税額−当期免除・控除不可税額)

　1,000,000×17%−(1,500,000×17%−0)＝−85,000

　　　　　　　　　　　↑
　　　　　納付税額なし，控除しきれない仕入税額発生

図表5-7　計算例2の場合の当期納付すべき増値税額の計算

当期納付すべき増値税額はゼロ。

控除しきれない仕入税額が 255,000−170,000=85,000発生

当期の売上に係る増値税 1,000,000×17%＝170,000

当期の仕入に係る増値税額 1,500,000×17%＝255,000

輸出販売高に対応する仕入に係る増値税額で，控除できるもの

及び

国内販売高に対応する仕入に係る増値税額で，控除できるもの。

255,000−0=255,000

《当期免除・控除・還付税額の計算》

| Step 1 | 当期免除・控除・還付税額の控除額の算出 |

➡ 当期免除・控除・還付税額の控除額＝当期免税仕入原材料価格×輸出貨物還付税率

$0 \times 17\% = 0$

| Step 2 | 当期免除・控除・還付税額の算出 |

➡ 当期免除・控除・還付税額＝当期輸出貨物のFOB×外貨人民元為替レート×輸出貨物還付税率−当期免除・控除・還付税額の控除額

$250,000 \times 6.7 \times 17\% - 0 = \boxed{284,750}$

《当期の実際還付税額》

| Step 1 | 当期控除しきれない仕入増値税額と当期免除・控除・還付税額を比較する。 |

➡ 85,000≦284,750 ∴ $\boxed{85,000}$ が実際の還付税額となる。

| Step 2 | 当期免除・控除税額の計算 |

➡ 284,750−85,000=199,750

図表5-8 計算例2の場合の当期実際還付金額の計算

```
                                    ┐当期免除・控除税額
                    当期免除・       │284,750-85,000=199,750
         控除しきれ  控除・還付       ┘
         ない仕入税額 税額
         85,000     284,750
当期の仕
入に係る
増値税額

当期の売
上に係る
増値税額

            いずれか小さい金額=85,000
                    ↓
            実際の還付金額=85,000
```

············財税【2012】39号第五条(一)1，2，3

2 「免除・還付」税額の計算

(1) 内容説明

「免除・還付」方式とは，輸出に係る売上については増値税を免除し，当該売上に係る仕入について増値税を還付するという方法である。

「免除・還付」方式が適用される外貿企業において発生するのは本来全て対外貿易による輸出売上であると想定した場合，売上増値税が免除されるため，納付すべき増値税はない。よって，理論上，輸出貨物等の仕入に係る増値税は全額控除できないこととなるので，これを一定の方法により計算した金額を還付してもらうこととなる。

なお，実際には外貿企業において国内販売による売上と対外貿易による輸出売上が両方発生することがある。その場合は，両者を必ず区別して記帳及び管理しなければならず，輸出貨物等の仕入に係る増値税額を国内販売による売上に係る増値税額から控除してはならないとされている。

具体的な計算式は以下の通りである。

① 外貿企業が輸出する委託加工修理貨物以外の貨物

> 当期還付税額 ＝ 増値税還付（免除）計算標準 × 輸出貨物還付税率

　　ここにいう「増値税還付（免除）計算標準」とは，輸出貨物等の購入により入手した増値税専用発票に明記された価額や，税関輸入増値税専用納付書に明記された関税課税価格などを指す。

② 外貿企業が輸出する委託加工修理貨物

> 輸出する委託加工　　　委託加工修理に係る
> 修理貨物に係る当　＝　増値税還付（免除） × 輸出貨物還付税率
> 期還付税額　　　　　　計算標準

　　「委託加工修理に係る増値税還付（免除）計算標準」とは，加工修理の提供に係る増値税専用発票に明記された加工修理金額を指す。

(2) 計 算 例

《前提条件》
　　外貿企業であるC社は，国内で仕入れた文房具パーツを外部に委託して加工させた上で，海外で販売している。また，海外から寝具を仕入れて国内で販売している。2016年9月の同社の仕入及び販売の状況は以下の通りである。
- 寝具の輸入価額（FOB），外貨人民元為替レート及び輸入に係る増値税額：100,000米ドル ／ 6.7 ／ 113,900（税率17％）
- 寝具の国内販売高及び売上増値税額：1,700,000人民元 ／ 289,000（税率17％）
- 文房具の海外輸出高（FOB）及び外貨人民元為替レート：200,000米ドル ／ 6.7
- 還付税率：15％
- 文房具パーツ係る仕入金額及び仕入増値税額：500,000人民元 ／ 102,000（税率17％）
- 委託加工代金及びその仕入増値税額：400,000人民元 ／ 68,000（税率17％）
- 前期からの繰越仕入税額控除税額はない。
- 課税仕入及び委託加工代金については増値税専用発票を取得しており，輸入した寝具については税関輸入増値税専用納付書を取得している。

《納付すべき増値税額の計算》

国内販売に係る増値税額の計算と輸出取引に係る増値税額の計算は区分する。
（国内販売に係る納付すべき増値税額の算出）
➡　289,000 − 113,900 = 175,100
（輸出販売に係る納付すべき増値税額の算出）
➡　0 −（102,000 + 68,000）≦ 0 ∴納付すべき増値税額はなし（輸出商品に係る仕入増値税額を，国内販売に係る売上増値税額から控除してはならない）。

《当期還付税額の計算》
➡　（500,000 + 400,000）× 15％ = 135,000

————財税【2012】39号第五条（二）1，2

3　その他計算上の留意点

　還付税率が輸出貨物の仕入時適用税率よりも低いことによる控除・還付しきれない税額は，輸出貨物の原価として，企業所得税の計算上損金算入される。
　また，輸出企業が，輸出還付（免除）制度を適用すると同時に，増値税即徴収・即還付，先徴収後還付の優遇税制も適用している場合は，輸出還付（免除）等の控除・還付税額の計算上，即徴収・即還付，先徴収後還付項目は参与しない。
　なお，輸出企業は，輸出還付（免除）と増値税即徴収・即還付，先徴収後還付の優遇政策を適用するにあたり，それぞれ区分して申請及び税額計算をしなければならない。増値税即徴収・即還付，先徴収後還付に係る仕入増値税額を全体の仕入増値税額から区分できない場合は，以下の算式により按分する。

| 区分できない増値税即徴収・即還付，先徴収後還付に係る仕入増値税額 | = | 当月における仕入増値税額総額 | × | 当月の増値税即徴収・即還付，先徴収後還付に係る売上額 | ÷ | 当月の売上額総額 |

————国税公【2011】69号

6　計算標準

1　貨物または労務の輸出

「免除・控除・還付」方式または「免除・還付」方式の適用により税額の計算要素となる各金額は，輸出する貨物または労務の輸出発票（海外販売発票），普通発票，輸出貨物またはサービスを購入したことにより取得する増値税専用発票，税関輸入増値税専用納付書などの合法的な根拠証憑に明記された金額に基づくものでなければならない。

なお，具体的には**図表5-9**の通りである。

図表5-9　取引別の計算標準

	取引種類	計算標準	留意点
1	生産企業が輸出する貨物または労務（進料加工再輸出貨物を除く）	輸出する貨物または労務のFOB。	FOBは，原則として輸出発票に記載された金額とされるが，輸出発票が実際のFOBを反映できない場合は，主管税務機関の権限によりFOBを認定することができる。
2	生産企業が進料加工方式により再輸出する貨物	輸出貨物のFOB－当該輸出貨物の価額に含まれる保税により輸入した材料等の金額。	「保税により輸入した材料の金額」とは，輸出企業が進料加工貿易方式により保税状態で海外または特殊区域から輸入する材料等をいう。
3	生産企業が免税により国内調達した原材料に加工を施して輸出する貨物	輸出貨物のFOB－当該輸出貨物に含まれる免税により仕入れた原材料の金額。	
4	外貿企業が輸出する貨物（委託加工修理貨物を除く）	輸出貨物等の購入により入手した増値税専用発票に明記された売上金額または税関輸入増値税専用納付書に明記された関税課税価格。	
5	外貿企業が輸出する委託加工修理貨物	加工修理費用に係る増値税専用発票に明記された金額。	外貿企業は，加工修理の対象となる原材料をいったん加工修理の受託者である生産企業に売却する。生産企業は，当該原材料の価格に加工修理の

			料金を載せた金額につき専用発票を発行し，加工修理費用として外貿企業に請求するものとする（【図表5-12】を参照）。
6	免税品経営企業が販売する貨物	当該輸出貨物の仕入に係る増値税専用発票に明記された金額または税関輸入増値税専用納付書に明記された関税課税価格。	
7	機電製品入札において落札された機電製品	<u>生産企業の場合</u>： 当該落札機電製品につき発行した増値税普通発票に明記された金額。 <u>外貿企業の場合</u>： 当該落札機電製品の購入により取得した増値税専用発票に明記された金額または税関輸入増値税専用納付書に明記された関税課税価格。	
8	生産企業が一定の海上石油天然ガス採取企業に販売する自己生産した海洋プロジェクト構築物	当該自己生産の海洋工事構築物の販売に係る増値税普通発票に明記された金額。	
9	特殊区域へ輸出する水，電気及びガス	購入者である特殊区域内の生産企業が，水，電気及びガスの購入により取得する増値税専用発票に明記された金額。	

図表 5-10 外貿企業が輸出する委託加工修理貨物の場合の「免除・還付」方式に係る計算標準

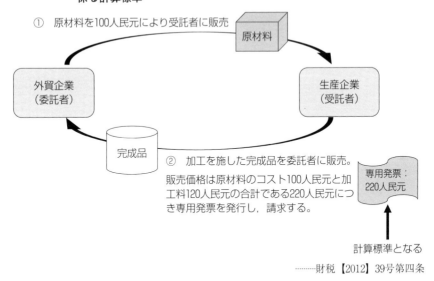

……財税【2012】39号第四条

2 サービス等の輸出

(1) 「免除・控除・還付」方式適用の場合

原則として,「免除・控除・還付」方式が適用される課税サービスの提供により取得すべき収入の金額が計算標準となる。

なお,以下の**図表5-11**に掲げる課税サービスについては,計算標準となる金額につき具体的な定めが設けられている。

図表5-11 取引別計算標準

	取引の種類	計算標準となる金額
1	鉄道による旅客の運送	「鉄路合作組織清算規則」により精算した後の実際運輸収入
2	鉄道による貨物の運送	「鉄路運輸進款清算弁法」により,「貨票」(＝運送料の領収書の一種)に明記された運送料及び直接関連する国際聯運雑費を精算した後の実際運輸収入。
3	空運による旅客または貨物の運送	国際(香港,マカオ,台湾を含む)航路において複数の運送者により運送される場合は,「中国航空結算有限責任公司」により精算した後の実際収入。

| | 国際(香港, マカオ, 台湾を含む)航路において単独の運送者により運送される場合は, 当該航空運輸サービスを提供したことにより取得した収入の金額。 |

……国税公【2014】11号第六条(一)

(2) 「免除・還付」方式適用の場合

購入した課税サービスにつき取得する増値税専用発票または納税に係る中華人民共和国税収納付証憑に明記された金額が計算標準となる。

……国税公【2014】11号第六条(二)

7 還付税率

1 貨物及び労務の輸出

(1) 基本規定

輸出還付税率は,財政部または国家税務総局が国務院の決定に基づき別途定めがあるもの(「輸出貨物労務還付税率文庫」というデータベース上で公布しており,毎年更新される。また,中国国家税務総局の公式サイト http://hd.chinatax.gov.cn/fagui/action/InitChukou.do で貨物名により検索することも可能である)以外は,輸出する貨物の適用増値税率と同じである。

なお,輸出還付税率は調整されることがあるが,「輸出貨物の通関書」に明記された輸出期日が輸出還付税率の調整前か後かにより,調整前の輸出還付税率を適用するか調整後の輸出還付税率を適用するかを判断することとなる。

また,異なる還付税率を適用する貨物または労務は,区分して通関申告及び免除・控除・還付申告を行い,区分しなかったものについては,低いほうの還付税率が適用される。

……財税【2012】39号三(一)

(2) 特別規定

図表5-12に掲げる取引は，輸出還付税率について特別規定が設けられている。

図表5-12　輸出還付税率の特別規定

取　　引	適用する輸出還付税率
① 外貿企業が簡易方式を適用する輸出貨物を購入した，または，輸出貨物を小規模納税人から購入した場合	簡易方式で実際適用した徴収税率，または，小規模納税人の徴収税率
② 輸出企業が貨物の加工修理を委託した場合	加工修理費用の還付税率は，輸出貨物の還付税率と同じ
③ 落札機電製品，輸出企業が税関申告をして特殊区域内の生産企業の生産消耗用に販売する一定の原材料，特殊区域へ輸出する水，電気及びガス	還付税率は適用税率と同じ
④ 海洋プロジェクト構築物	その構築物の種類に応じて，15％または17％の還付税率が適用される
⑤ 貴金属または宝石が原材料となる貨物	原材料の80％以上を占めるものの還付税率を適用する

………財税【2012】39号三(二)
………財税【2014】98号

2　サービス等の輸出

原則として，当該サービス等が国内の単位に提供された場合に適用される増値税率を，還付税率とする。　　　　　　　　　………国税公【2014】11号第五条

8 輸出還付（免除）制度適用の申告に係る手続及び期限

「輸出還付（免除）制度」適用の基本的な申告手続は，**図表5-13**のフローチャートの通りである。

なお，現在中国では，各種申告手続は基本的には税務機関から指定されたソフトウェアをダウンロードし，インターネットシステムを通じて電子申告によ

り行うこととされている。

図表5-13 「輸出還付（免除）制度」適用の基本的な申告手続

	輸出し，かつ会計上売上を認識
	【留意点】
通常の増値税納税申告	・「輸出還付（免除）制度」を適用する企業は，輸出し，かつ会計上売上を認識した月の翌月（四半期申告を適用する場合は，翌四半期の最初の月）の通常の増値税申告において，輸出売上の金額等の必要情報を申告書に記入した上で，一定の資料を添付しなければならない。 ・通常の増値税申告は，納税期間終了日の翌月（四半期申告の場合は，売上を認識した四半期の翌四半期の最初の月）15日までに行うものとされている。 ・委託輸出の場合は，委託するほうの企業が一連の手続を行う。 ・特殊区域へ輸出する水，電気及びガスの場合は，購入側が一連の手続を行う。
事前申告	・事前申告とは，輸出還付（免除）制度の適用を受ける企業が正式な「輸出還付（免除）制度適用申告」の期限より前に，一定の必要情報を税務機関が指定するシステムに入力し，税務機関が早期にデータの照合及び確認ができるようにするための手続である。正式な「輸出還付（免除）制度適用申告」の前倒し作業的な制度といえる。問題なければ事前申告完了となるが，データに照合不一致などの問題が発生した場合は，納税者は関連資料を提出し，税務機関がその原因を究明する。 ・事前申告は，輸出還付（免除）制度の適用時に生じる間違いを減少し，申告および審査手続の効率化を図るために設けられた制度であり，原則として，事前申告完了後でなければ正式な「輸出還付（免除）制度適用申告」を行うことができない。 ・一定の条件を満たす生産企業が輸出する交通運輸工具及び機械設備について「仮申告」を行っている場合は，事前申告は不要である。
仮申告	・一定の条件を満たす生産企業が輸出する交通運輸工具及び機械設備については，正式な「輸出還付（免除）制度適用申告」に必要な資料が全て揃う前に，輸出契約書など一定の資料を以て「先退税後核销」（＝限られた資料で先に還付を受けてから，正式な輸出還付（免除）制度適用申告を行うという制度，以下「仮申告」という）を行うことができる。 ・当該制度の適用は税務機関の承認が必要である。

	● 貨物が通関して輸出された後に正式な「輸出還付（免除）制度適用申告」を行い，仮申告時の還付（免除）額が過大だった場合は過大額を税務機関に返還しなければならない。
正式な「輸出還付（免除）政策適用申告」	① 生産企業が輸出する貨物（通関申告を経て特殊区域内へ輸出するものを含む）： 　輸出通関の日の翌月から翌年の4月30日までの各通常の増値税申告期限までに，一定の必要資料を収集し添付した正式な「輸出還付（免除）制度適用申告」を行わなければならない。期限を過ぎたものについては，輸出還付（免除）制度は適用できない。 ② 外貿企業が輸出する貨物（通関申告を経て特殊区域内へ輸出するものを含む）： 　輸出通関の日の翌月から翌年の4月30日までの各通常の増値税申告期限までに，一定の必要資料を収集し添付した正式な「輸出還付（免除）制度適用申告」を行わなければならない。期限を過ぎたものについては輸出還付（免除）制度は適用できない。 　なお，主管税務機関の承認を受けた場合は，期限内であれば，通常の増値税申告と異なる日に正式な「輸出還付（免除）制度適用申告」を行うことができる。 ③ 輸出還付（免除）制度が適用されるサービスの提供等（集成電路設計・ソフトウェア設計・動画アニメ設計及びその他のハイテク企業が対外提供するサービスを含む）： 　①及び②の取扱いに準ずる。 ④ 特殊区域へ輸出する水，電気及びガス： 　購入側が購入に係る増値税専用発票の発行日の翌月から翌年の4月30日までの各通常の増値税申告期限までに一定の必要資料を収集し，正式な「輸出還付（免除）制度適用申告」を行わなければならない。期限を過ぎたものについては，輸出還付（免除）制度は適用できない。 ⑤ 上記以外の輸出企業及びその他の単位が行うみなし輸出及び対外加工修理労務： 　輸出通関を経ているものは輸出通関の日，輸出通関を経ていないものは輸出発票または普通発票の発行の日の翌月から翌年の4月30日までの各通常の増値税申告期限までに，一定の書類を収集し，正式な「輸出還付（免除）制度適用申告」を行わなければならない。期限を過ぎたものについては，輸出還付（免除）制度は適用できない。 ⑥ 生産企業が輸出する交通運輸工具及び機械設備で仮申告を行ったもの： 　仮申告により先に還付を受けている場合は，輸出通関の日から3か月以内に正式な「輸出還付（免除）制度適用申告」を行わなければならない。 ※正式な「輸出還付（免除）制度適用申告」の申告期限までに事前申告を無事完了している場合は，上記①〜⑥の期限の制限を受けないことができる。

また，事前申告をしていない場合の輸出還付（免除）制度適用申告の期限例は**図表5-14**の通りである。

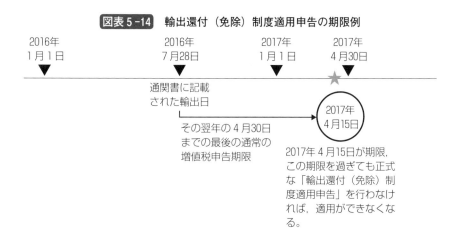

図表5-14 輸出還付（免除）制度適用申告の期限例

なお，従来，輸出還付を受けるためには税関から「輸出貨物申告票証明綴」という紙ベースの証憑を入手して税務機関に交付する必要があったが，2015年5月1日よりペーパーレス化され，必要情報はデータで税関から税務機関に直接送られるようになった。

………国税公【2012】24号第四，五，六，七条
………財税【2012】39号第九条(四)
………国税公【2013】12号第二条(八)，(十一)
………国税公【2013】61号第一，二，四，五条
………国税公【2014】11号第四，十二条
………国税公【2015】88号第三条
………税関総署公告【2015】14号

第3節 輸出免税適用取引

1 適用対象

1 貨物及び労務の輸出免税

以下に掲げる貨物または労務の輸出について，その売上につき，増値税の輸出免税を受けることができる。

(1) 輸出企業及びその他の単位が輸出する以下の貨物
① 増値税小規模納税人が輸出する貨物
② 避妊薬及び避妊用具，中古図書
③ ソフトウェア製品（漫画アニメソフトを含む）
④ 黄金，プラチナ成分を含む貨物，ダイヤモンド及びこれらを使用した装飾品
⑤ 国家の輸出計画に定める煙草
⑥ 使用済の設備で，購入時に増値税専用発票または税関輸入増値税専用納付書を取得していないが，その他の関連証憑が全て揃っているもの
⑦ 非輸出企業が委託輸出する貨物
⑧ 非列挙生産企業が輸出する非みなし自己生産貨物
⑨ 農業生産者が自己生産した農産物
⑩ 油絵，落花生その他の木の実，黒豆等の財政部及び国家税務総局が規定する輸出免税貨物
⑪ 外貿企業が輸出する貨物で，普通発票，廃旧物資購入証憑，農産品購入発票，政府非税金収入証憑を取得しているもの
⑫ 来料加工再輸出の貨物
⑬ 特殊区域内の企業が輸出する特殊区域内の貨物
⑭ 辺境地区輸出企業がその所在する省（自治区）の辺境口岸から近隣国家へ輸出する一般貿易及び辺境少額貿易による輸出貨物で，人民元の現金により決済するもの
⑮ 旅行購入貿易方式により通関輸出した貨物
(2) 輸出企業等の以下のみなし輸出貨物労務
① 国家の承認を得て設立した免税店が販売する免税貨物
② 特殊区域内の企業が海外の単位または個人に対して提供する加工修理労務
③ 同一の特殊区域または異なる特殊区域の企業の間で販売される特殊区域内の貨物

(3) 輸出企業等が期限内に「輸出還付（免除）制度適用申告」を完了しなかった輸出貨物または労務

① 規定の期限内に「輸出還付（免除）制度適用申告」を完了しなかった輸出貨物または労務
② 規定の期限内に「代理輸出貨物証明」を申告発行しなかった輸出貨物または労務
③ 「輸出還付（免除）制度適用申告」を行ったが，規定の期限内に必要な資料を全て税務機関に提出できなかった輸出貨物または労務

(4) 輸出還付（免除）制度適用放棄の場合

輸出還付（免除）制度が適用可能な輸出貨物または労務について，その適用を放棄し，免税適用または通常課税を選択することができる。その場合，主管税務機関にて一定の届出を行わなければいけない。
なお，いったん放棄すると，36月以内は輸出還付（免除）制度を適用することができない。

………財税【2012】39号第6条（一）
………国税公【2013】65号第二条
………財税【2016】36号付属文書4第五条

2　サービス等の輸出免税

(1) 適用範囲

国内の単位及び個人が，図表5-15に掲げるサービスを提供し，または無形資産を譲渡した場合は増値税が免除される。

図表5-15　増値税が免除されるサービス

① 以下のサービス
・国外に工事現場がある建設サービス ・国外に工事現場がある工事監督管理サービス ・国外に工事現場や鉱産物資源がある工事探察サービス ・国外に会議や展覧の場所がある会議や展覧サービス ・国外に貯蔵場所がある倉庫サービス。 ・有形動産のリースサービスで，目的物が国外で使用されるもの ・国外で提供される映像番組放送作品の放送サービス ・国外で提供される文化体育サービス，教育医療サービス及び旅行サービス
② 輸出貨物のために提供する郵政サービス，配達集荷サービス及び保険サービス（再保険サービスを含む）

③	国外に対して提供する完全に国外で消費される以下のサービス及び無形資産（技術を除く）の譲渡
	・電信サービス ・知的財産権サービス ・物流補助サービス（倉庫サービス及び配達集荷サービスを除く） ・鑑定コンサルティングサービス ・専門的技術サービス ・商業補助サービス ・宣伝地が国外である広告宣伝サービス ・無形資産（技術を除く）の譲渡
④	以下の国際運輸サービス
	・無運輸道具請負方式により提供する国際運輸サービス ・水路運輸方式により提供する国際運輸サービスで，「国際船舶運輸経営許可証」を取得していないもの ・公路運輸方式により提供する国際運輸サービスで，「道路運輸経営許可証」または「国際汽車運輸行車許可証」を取得していない，もしくは取得した「道路運輸経営許可証」の経営範囲に国際運輸業務が含まれていないもの ・航空運輸方式により提供する国際運輸サービスで，「公共航空運輸企業経営許可証」を取得していない，またはその経営範囲に国際航空旅客・貨物・郵便運輸業務が含まれていないもの ・航空運輸方式により提供する国際運輸サービスで，「通用航空経営許可証」を取得していない，またはその経営範囲に公務飛行業務が含まれていないもの
⑤	国外企業間で行われる貨幣資金融資その他金融業務に対して提供する直接料金を徴収する金融サービスで，国内の貨物，無形資産及び不動産と関連性のないもの
⑥	輸出還付（免税）制度の適用対象取引につき輸出還付（免税）の適用を放棄し輸出免税の適用を選択した場合，または，簡易方式を適用しているため輸出還付（免税）制度の適用がないことから輸出免税の適用を受ける場合
⑦	財政部及び国家税務総局が規定するその他のサービス

………財税【2016】36号付属文書4第二条(一)～(六)
………国税公【2016】29号第二条
………財税【2016】68号一(1)

用語の説明

《「国外」及び「国際」》
　ここにいう「国外」や「国際」は，香港，マカオ及び台湾を含む概念となっている。　　　　　　　　　　　　　　　………国税公【2016】29号第十八条
《国外に工事現場がある建設サービス》
　工事の直接請負業者による工事施工地が国外の場合，または，その下請業者による工事施工地が国外である場合は，国外に工事現場がある建設サービスに該当する。　　　　　　　　　　　　　　　………国税公【2016】29号第二条(一)

《国外に会議や展覧の場所がある会議や展覧サービス》

　国外で開催される会議や展覧に参加する顧客のために提供するアレンジメントサービスを含む。　　　　　　　　　　………国税公【2016】29号第二条(四)

《国外で提供される映像番組放送作品の放送サービス》

　国外で提供される映像番組放送作品の放送サービスとは，国外の映画館，劇場，ビデオ館その他の場所で放映される映像番組放送作品の放送サービスをいい，国内のラジオ，テレビ，衛星通信，インターネット，ケーブルテレビその他無線または有線装置を通じて国外へ映像番組放送作品を放送することはこれに該当しない。　　　　　　　　　　　　　　　………国税公【2016】29号第二条(七)

《国外で提供される文化体育サービス，教育医療サービス及び旅行サービス》

　国外で提供される文化体育サービス，教育医療サービス及び旅行サービスとは，納税者が国外で現場提供するこれらのサービスをいい，国外で開催される科学技術活動，文化活動，文化競技，体育競技及び体育演目のために提供するアレンジメントサービスを含む。

　なお，国内のラジオ，テレビ，衛星通信，インターネット，ケーブルテレビその他無線または有線装置を通じて提供するものはこれに該当しない。
　　　　　　　　　　　　　　　　　　　………国税公【2016】29号第二条(八)

《輸出貨物のために提供する郵政サービス》

　「輸出貨物のために提供する郵政サービス」とは，以下の場合を指す。

　　(ア)　信書物や荷物等の国外郵便
　　(イ)　国外への切手の発行
　　(ウ)　郵便切手専用冊等の郵便物品の輸出
　　　　　　　　　　　　　　　………国税公【2016】29号第二条(九) 1

《輸出貨物のために提供する配達集荷サービス》

　「輸出貨物のために提供する配達集荷サービス」とは，出国する信書物や荷物に対して提供する集荷，分別，配達サービスをいう。この場合の免税となる売上額とは，貨物の発送者から収受する全ての金額及びその付随費用とする。
　　　　　　　　　　　　　　　　　　………国税公【2016】29号第二条(九) 2

《輸出貨物のために提供する保険サービス》

　輸出貨物保険及び輸出信用保険を含む。　………国税公【2016】29号第二条(九) 3

《宣伝地が国外である広告宣伝サービス》

　国外で公表される広告のために提供する広告宣伝サービスをいう。
　　　　　　　　　　　　　　　　　　………国税公【2016】29号第二条(十六)

《国外企業間で行われる貨幣資金融資その他金融業務に対して提供するサービス》

国外企業間または国外企業と国外の個人間の外貨または人民元資金融通に対して提供する資金精算，資金決済，金融支払，口座管理サービスを含む。

────国税公【2016】29号第二条(十八)

《完全に国外で消費される》

「完全に国外で消費される」とは，以下の場合を指す。

(ｱ) サービスの実質的な享受者が国外におり，かつ，国内にある貨物及び不動産と関連性がない場合。

(ｲ) 無形資産が完全に国外で使用され，かつ，国内にある貨物及び不動産と関連性がない場合。

(ｳ) その他財政部及び国家税務総局が定める一定の場合。

なお，国外で消費されることの判断につき，各種サービスごとに以下の点に留意する必要がある。

サービスの種類	留　意　点
電信サービス	国外の単位または個人に対して提供する電信サービスで国外の電信業者を通じて費用の決済を行っている，またはサービス享受者が国外の電信業者であるものは，「完全に国外で消費される」に該当する。
知的財産権サービス	サービスの実質的な享受者が国内の単位または個人である場合は，「完全に国外で消費される」に該当しない。
物流補助サービス（倉庫サービス及び配達集荷サービスを除く）	国際運輸業務または香港・マカオ・台湾の運輸業務に従事する国外の単位が，中国国内の空港，港，駅，領空，海域等に一時停留する際に提供を受ける地上サービス，港湾サービス，貨物及び旅客ターミナルサービス，救助サービス，荷卸しサービス等は，「完全に国外で消費される」に該当する。
鑑定コンサルティングサービス	以下に掲げるものは，「完全に国外で消費される」に該当しない。 A　サービスの実質的な享受者が国内の単位または個人である場合 B　国内にある貨物または不動産に対して行う認証，鑑定及びコンサルティングサービス
専門的技術サービス	以下に掲げるものは，「完全に国外で消費される」に該当しない。 A　サービスの実質的な享受者が国内の単位または個人である場合 B　国内の気象状況，地震状況，海洋状況，環境及び生態系状況に関するサービス

	C 国内の地形，地質構造，水文学，鉱脈などに対する測量製図サービス D 国内の城，郷，鎮に対して提供する都市計画サービス
商業補助サービス	●以下に掲げるものは，「完全に国外で消費される」に該当する。 A 国外の単位に対して提供する通関代理サービス及び貨物運輸代理サービス B 国外の単位に対して提供する船員派遣サービス。なお，ここにいう船員派遣サービスとは，国内の単位が自己に所属する船員を国外の単位に派遣し，国外での船舶の運転及び管理等の業務を提供させるサービスをいう。 C 対外労務提携方式により，国外の単位に対して提供するヒューマンリソースサービス。なお，ここにいう対外労務提携方式とは，国内の単位が国外の単位と労務提携契約を締結し，当該契約に従って中国公民の国外就労活動の実施をサポートすることをいう。 ●以下に掲げるものは，「完全に国外で消費される」に該当しない。 A サービスの実質的な享受者が国内の単位または個人である場合 B 国内にある不動産に対する投資及びアセットマネジメントサービス，プロパティーマネジメントサービス，不動産仲介サービス C 国内にある貨物または不動産の競売の過程において提供するマネジメント代理サービス D 国内にある貨物または不動産の権利紛争に関して提供する法務代理サービス E 国内にある貨物または不動産に対して提供する安全保護サービス
無形資産（技術を除く）の譲渡	以下に掲げるものは，「完全に国外で消費される」に該当しない。 A 無形資産が完全に国外で使用されていないもの B 自然資源使用権の譲渡の場合，当該自然資源使用権が国内の自然資源と関連している C 基礎施設資産経営権，公共事業特許権の譲渡の場合，当該基礎施設資産経営権，公共事業特許権が国内の貨物または不動産に関連している D 国外の単位に対して譲渡する国内の貨物，課税労務及びサービス，無形資産または不動産に係る割当額，経営権，販売権，小売権，代理権

　　　　　　　　　　　　………財税【2016】36号付属文書4の七
　　　　　　　　　　　　………国税公【2016】29号第二条（十）〜（十七）

《無運輸道具方式》
　運送請負人として運送の依頼人と運送サービス契約を締結し，運送費を受領し，かつ，運送請負人としての責任を負う者は実際の運送を行わず，運送業務を他の運送者（実際運送人）に委託するビジネス形態をいう。

(2) 適用範囲外とされる取引

　納税者が国内税関特殊監督管理区域等内の単位または個人に対して提供する課税サービスは，輸出はなかったものとして，通常通り増値税が課税される。
………国税公【2016】29号第三条

(3) 契約書の締結

　納税者が行った輸出免税の適用対象となるサービスの輸出または無形資産の譲渡（**図表5-15の②及び⑥を除く**）につき，輸出免税の適用を受けようとするときは，書面により輸出に係るサービス提供契約または無形資産の譲渡契約を締結しなければならない。原則として，契約のないものは輸出免税の適用を受けることができない。
………国税公【2016】29号第五条

(4) 輸出免税取引に係る対価の支払い

　納税者が行った輸出免税の適用対象となるサービスの輸出または無形資産の譲渡について，当該サービスに係る収入の全てを国外から取得している場合に限り，輸出免税の適用を受けることができる。
　なお，以下に掲げる収入は，国外から取得しているものとみなされる。

> ① 納税者が外国航空運輸企業に対して物流補助サービスを提供したことにより，中国民用航空局清算センター，中国航空結算有限責任公司または中国民用航空局が設立を承認した外国航空運輸企業の常設代表機構を通じて取得する収入。
> 　なお，中国民用航空局清算センター及び中国航空結算有限責任公司とは，航空収入の管理や決済業務等に従事する機構である。
> ② 納税者が国外の関連者単位に対してサービスの輸出または無形資産の譲渡を行った場合において，国内の第三者決済会社を通じて取得する収入。

なお，ここにいう第三者決済会社とは，グローバル企業グループのメンバー企業の資金集中運営を管理する機能を持つ資金決済会社をいい，財務公司，キャッシュプーリング，資金決済センターを含む。
③ 納税者が外国船舶運輸企業に対して物流補助サービスを提供したことにより，当該外国船舶運輸企業が指定する国内の代理会社を通じて決済して取得する収入。
④ 国家税務総局が定めるその他の場合。

………国税公【2016】29号第六条

2 免税適用の放棄

　輸出企業等は，輸出免税の対象となるものについて一定の手続により免税適用を放棄し，これらを課税対象として申告納税することができる。
　なお，一度放棄すると，36か月以内は再び免税を申請することができない。

………財税【2012】39号第六条(一)
………国税公【2012】24号第十一条(八)
………財税【2016】36号付属文書1第四十八条

3 免税適用のための手続

1 輸出免税制度適用のための届出

　サービス等の輸出につき免税制度の適用を受けようとする場合は，初めて免税を適用しようとする納税期間に係る申告期限または各省，自治区，直轄市及び計画単列市の国家税務局が規定する期限までに，その主管税務機関において「クロスボーダー課税取引に係る免税届出表」その他一定の資料を提出し，免税に係る届出手続を行わなければならない。
　なお，貨物及び労務の輸出につき免税制度を適用する場合は特に届出を行う必要はないが，輸出に係る一定の合法的証憑を納税者において保存管理しておかなければならない。

………国税公【2013】65号第八条
………国税公【2016】29号第八条

2 申告に係る手続及び期限

(1) 貨物または労務の輸出

原則として，輸出が行われた納税期間に係る通常の増値税納税申告において免税申告を行うこととなる。

図表5-16 貨物または労務の輸出の免税申告

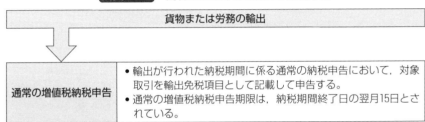

————国税公【2012】24号第九条(一)，(二)

(2) サービス等の輸出

サービス等が発生した納税期間に係る通常の増値税納税申告において免税申告を行うこととなるが，これ以外に，初めて免税を適用しようとする納税期間に係る申告期限または各省，自治区，直轄市及び計画単列市の国家税務局が規定するその他の期限までに，その主管税務機関において免税に係る届出手続を行わなければならない。

図表5-17 サービス等の輸出の免税申告

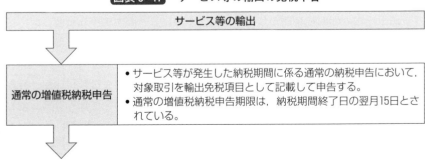

第5章 輸出取引に係る増値税　181

クロスボーダー課税取引に係る免税届出	・初めて輸出免税を適用しようとする納税期間に係る納税申告期限，または，各省，自治区，直轄市及び計画単列市の国家税務局が別段の定めを設けている場合は，その定める期限までに，「跨境応税行為免税備案表」（＝クロスボーダー課税取引に係る免税届出表，参考資料13に様式を掲載している）に一定の資料を添付して行う。 ・輸出還付（免税）制度の適用を放棄して，免税を適用している場合は，合わせて，「放棄適用増値税零税率声明」（＝増値税に係るゼロ税率適用を放棄する声明）に一定の資料を添付して，放棄の声明もしなければならない。

………国税公【2016】29号第八，九条

4 免税適用の場合の仕入増値税額控除できない金額の計算

輸出免税適用を受ける貨物，労務及びサービス等に係る仕入増値税額は，仕入税額控除はできないものとされており，企業所得税の計算上損金に算入することとなる。

なお，仕入税額控除できない金額は，**図表5-18**の算式により計算する。

図表5-18 仕入税額控除できない金額の計算

取引種類	計算方法
(1) 輸出煙草	仕入額控除不可金額 ＝ 輸出煙草の消費税込金額 ÷ (輸出煙草の消費税＋煙草の国内販売金額) × 当期仕入増値税額総額
(2) 上記以外の輸出貨物または労務	① 仕入増値税額が免税売上項目に紐付けできる場合はその仕入増値税額 ② 仕入増値税額が免税売上項目に紐付けできない場合は以下の算式により計算する。 仕入額控除不可金額 ＝ 当納税期間における個別の売上項目への紐付けができない仕入増値税額合計 × (簡易方式適用項目売上＋増値税免税項目売上) ／ 当納税期間の売上額合計 ※増値税免税項目売上の金額について，来料加工再輸出の貨物の場合はその加工料収入とし，それ以外のものはその輸出FOBまたは販売価額とする。

………財税【2012】39号第六条(二)
………増値税暫行条例第十条(一)
………増値税暫行条例実施細則の第二十六条

第 4 節

課税となる輸出取引

1 　適用対象

以下に掲げる貨物または労務の輸出については，増値税が課税される。

① 　輸出企業が輸出またはみなし輸出をした，財政部及び国家税務総局が国務院の決定により増値税還付（免除）制度または免税制度の適用を取り消された貨物（来料加工再輸出貨物，落札機電製品，指定原材料，特殊区域へ輸出する水，電気及びガス，海洋工事構築物を除く）。
② 　輸出企業等が特殊区域に販売する生活消費用品及び交通運輸工具。
③ 　輸出企業等が輸出に係る増値税還付（免除）制度または免税制度を詐欺行為により悪用したため，税務機関からこれらの適用を禁止されている期間中の輸出貨物。
④ 　虚偽の届出資料を提出した輸出企業等が輸出する貨物または労務。
⑤ 　輸出企業等が増値税還付（免除）制度または免税制度の適用に係る証憑を偽造し，またはその内容が真実でない場合の貨物または労務の輸出。
⑥ 　輸出企業等が国家税務総局の規定する期限内に「輸出巻タバコ免税確認申告書」の提出及び輸出免税に係る申告を行わなかった，または主管税務機関の審査の結果，当該申告が認められなかった場合の輸出巻タバコ。
⑦ 　以下のいずれかの場合に該当する輸出企業等が輸出する貨物または労務。
　(ア) 　空白の「輸出貨物申告票」，「輸出入金確認票」等の増値税還付（免除）制度または免税制度の適用に係る証憑を，委託契約を締結している貨物運輸代理業者，通関業者，海外の輸出先が指定した貨物運輸代理業者（契約等により証明ができるもの）以外の単位または個人に使用させた場合。
　(イ) 　企業が自営の名義で輸出したものにもかかわらず，その実態は当該企業及びその投資企業以外の単位または個人が，当該企業の名義を借りて行ったものである場合。
　(ウ) 　企業が自営の名義で輸出したもので，当該同一の輸出貨物につき売買契約を締結しているにもかかわらず，代理輸出契約も締結している場合。
　(エ) 　税関が輸出貨物につき輸出許可を出した後で，自己または貨物運輸代理業

者に依頼し，当該輸出貨物に係る海上運送状その他の運輸証憑等における品名等を改ざんし，通関申告書と海上運送状その他の運輸証憑等の内容に不一致が生じた場合。
(オ) 企業が自営の名義で輸出したものにもかかわらず，当該輸出貨物の品質，代金回収または税額還付に係るリスクのいずれも負わない場合。

具体的には，輸出貨物の品質に問題があっても賠償責任を負わない（契約書で品質問題の責任担当について約定がある場合を除く），期限通りに代金回収できなかったことにより必要な確認手続が不能となった場合の責任を負わない（契約書で代金回収責任担当について約定がある場合を除く），還付（免除）制度または免税制度の適用に係る申告に必要な資料に不備があることなどにより税額還付を受けられなかった場合の責任を負わないことをいう。
(カ) 実質的な輸出経営活動を行っておらず，中間業者からあっせんされた輸出の引受けに従事しているだけにもかかわらず，自営名義で輸出を行っている場合。

………財税【2012】39号第七条(一)

2 税額の計算方法，申告に係る手続及び期限

増値税の課税対象とされる上記①に掲げる輸出貨物または労務について，その納付すべき増値税額の計算，申告手続及び期限は，国内の課税取引の規定が準用される。　　　　　　　　　　　　　………国税公【2012】24号第十二条

第5節

ファイナンスリース貨物に係る輸出の税額還付

1 制度の概要

一定の輸出ファイナンスリース貨物について，輸出後に増値税及び消費税の税額還付が受けられるという優遇税制が設けられている。

2 適用対象

適用対象は以下の通りである。ただし，税関の監督管理期間中の貨物は対象外とされる。

① ファイナンスリース企業，金融リース公司びこれらが設立したプロジェクト子会社（以下「リース業者」という）がファイナンスリースにより国外の借入人に5年以上の期間でリースする貨物で，税関通関後実際に国外へ輸出されたもの。

　　ここにいうリースの対象となる貨物は基本的に「増値税暫行条例実施細則」の第二十一条に定める固定資産（即ち，使用期間が12か月以上の機器，機械，運輸道具その他生産経営と関連する設備，工具及び器具等）を指しており，飛行機，飛行機発動機，鉄道機車，旅客列車の車両及び船舶を含む。

　　なお，ファイナンスリース企業とは，商務部の承認のもと設立された外商投資ファイナンスリース公司，商務部と国家税務総局の共同承認のもと設立された内資ファイナンスリース公司，及び商務部が授権する省レベルの商務主管部門と国家経済技術開発区が承認するファイナンスリース公司に限られ，金融リース公司とは，銀監会の承認のもと設立されたものに限られる。

　　また，本制度が適用されるファイナンスリースとは，融資的性質があり，かつ，所有権が移転しうる有形動産のリースを指す。すなわち，リース業者は借入人の要求する規格や性能などの条件を満たす有形動産を購入して

借入人にリースし，契約期間内において当該有形資産の所有権はリース業者に帰属し，借入人は使用権のみを有するが，契約期間が満了しリース料を完済したあとは，借入人が当該リース有形動産を残存価値により購入できる権利がある（実際購入するか否かは任意）ものが該当する。

② リース業者が購入した国内生産企業が生産した海洋工程構築物で，ファイナンスリースにより一定の海上石油天然ガス採掘企業に5年以上の期間でリースするもの。

　　ここにいうリースの対象となる海洋工程構築物の範囲，還付税率及び海上石油天然ガス採掘企業の範囲は「財政部及び国家税務総局による輸出貨物及び労務の増値税及び消費税政策に関する通知」の付属文書において列挙されている。　　　　　　　……財税【2014】62号第一条(一)～(三)，第三条
　　　　　　　　　　　　　　　　　　　　　　　　……財税【2016】87号第一，二条

3　還付税額の計算

増値税還付税額　＝　リース貨物の購入により取得する増値税専用発票に明記された価額または税関輸入増値税専用納付書に明記された輸入価格　×　適用すべき増値税還付税率

増値税還付税率は貨物の種類に応じて異なる（本章第2節7を参照）。

なお，簡易方式を適用する増値税一般納税人または小規模納税人から購入した貨物については，その徴収税率と還付税率のいずれか低い税率を適用する。

消費税還付税額　＝　リース貨物の税収（輸出貨物専用）納付書または税関輸入消費税専用納付書に明記された消費税額

　　　　　　　　　　　　　　　　　　　　　　　　……財税【2014】62号第二条(二)

4　還付方法

リース業者は，上記2の適用対象を購入した際に課せられた増値税及び消費税につき，還付を受けることができる。還付手続は基本的には**図表5-19**の①～⑤の順番に従って行う。

なお，輸出還付を受けたリース貨物の購入に係る増値税額は，仕入税額控除

をしてはならない。

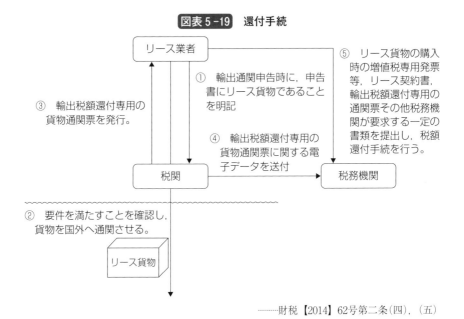

図表5-19 還付手続

………財税【2014】62号第二条(四),(五)

5 リース貨物が返却された場合

リース期間の満了前に中途解約によりリース貨物が返却された場合は、リース業者は速やかに税務機関に自主的に通知し、還付を受けた税額を税務機関に返還しなければならない。税額を返還することにより税務機関から納付証明を発行してもらうこととなるが、当該納付証明を税関に提示することにより、関税及び輸入増値税を課税されずにリース資産を再輸入することができる。

………財税【2014】62号第二条(六)

第6章 特殊区域における増値税の取扱い

第1節 概　　要

　税関特殊監督管理区域及び保税監督管理場所とは，輸入貨物について，税関の監督のもと保税制度その他優遇政策が適用される特殊区域の総称である。前者は国務院，後者は税関の許可を受けて中華人民共和国の国内に設立される。増値税関連規定において，両者を総じて**「特殊区域」**と表現されることが多い。

　税関特殊監督管理区域及び保税監督管理場所には具体的に**図表6-1**のような特殊区域が含まれる。

図表6-1　税関特殊監督管理区域及び保税監督管理場所

税関特殊監督管理区域	保税監督管理場所
国務院の許可のもと設立される	税関の許可のもと設立される
保税区（保税物流園区） 輸出加工区 保税港区 その他特殊監督管理区域	保税倉庫 保税物流センター 輸出監督管理倉庫 その他保税監督管理場所

第2節 各特殊区域の内容及び増値税の取扱い

特殊区域に関しては，数多くの規定が発行されており，そのうち，中国全土に通用する主要な増値税関連規定を抜粋し，各特殊区域ごとに整理したものを以下に紹介する。

1 共通的な増値税の取扱い

(1) 増値税の輸出免税

特殊区域内の企業が特殊区域内の貨物を国外へ輸出し，または国外の単位や個人に対して加工修理労務等を提供する場合，別段の定めがある場合を除き，増値税の輸出免税制度を適用することができる。

………財税【2012】39号第六条(一)1⒀,2(2)

(2) 増値税の輸出還付（免除）

輸出企業が税関通関を経て国内から特殊区域に搬入し，特殊区域内の単位または国外の単位もしくは個人に販売する貨物については，別段の定めがある場合を除き，増値税の輸出還付（免除）制度を適用することができる。

………財税【2012】39号第一条(二)2

2 保税物流園区

保税区内もしくは保税区の隣接特定港区内において設立される，現代国際物流業の発展促進のための税関特殊監督管理区域である。

税関は園区内において常駐機構を設置し，園区を出入りする貨物，運輸道具，個人携帯物及び園区内の施設に対して24時間体制での監督管理を実施している。

園区では，輸出入貨物その他税関手続が未完了な貨物の保存，保存貨物に対する簡単な加工その他付加価値サービスの提供，クロスボーダーの貨物仕入及び分配，三国間貿易，貨物の検査や保守修理，商品展示などの業務を行うことが可能であるが，小売や加工製造，分解などの業務は禁止されている。

──── 税関総署第190号令第二，三，七，八条

(1) 園区と国外との間の貨物の出入りに関する取扱い

① 園区から国外へ輸出する貨物については，原則として，輸出関税は免除される。

② 以下のものの国外から保税物流園区への輸入は，免税により行うことができる。

> (ア) 特殊区域の基礎設備建設に必要な設備や物資など
> (イ) 特殊区域内の企業がその業務を行うのに必要な機器，積卸設備，倉庫設備，管理設備及びこれらを保守修理するための消耗品，部品及び工具
> (ウ) 特殊区域行政管理機構及びその経営主体ならびに特殊区域内の企業が自己のために使用する合理的な数量のオフィス用品

③ 以下のものの国外から保税物流園区への輸入は，保税により行うことができる。

> (ア) 特殊区域内の企業がその業務を行うのに必要な貨物及びその包装材
> (イ) 加工貿易輸入貨物
> (ウ) 三国間貿易に係る貨物
> (エ) 外国企業が一時的に保存する貨物
> (オ) 国際便に使用する船舶及び航空機の原材料，維持修理用の部品
> (カ) 輸入委託販売に係る貨物
> (キ) 検測や修理のために入国した貨物及びその部品
> (ク) 展覧品，見本品
> (ケ) 税関手続を完了していない一般貿易貨物
> (コ) 税関の許可を受けたその他の貨物

④ 園区行政管理機構及びその経営主体ならびに園区企業が，自己の使用のために国外から輸入した交通運輸道具及び生活消費用品については，一般貿易

による輸入があったものとして税関にて申告手続を行うこととされている。
　　　　　　　　　　　　　　　　――――税関総署第190号令第二十～二十三条

(2) 園区と国内（＝園区外の中国国内）との間の貨物の出入りに関する取扱い

① 園区内の貨物の区外（中国国内）への搬出は，原則としてその時点で輸入があったものとみなし，園区企業または区外の貨物受取人もしくはその代理人が園区の主管税関において，通常の輸入に係る申告手続を行う。

② 区外（中国国内）の貨物の保税物流園区への搬入は，原則としてその時点で輸出があったものとみなし，園区企業または区外の荷送人しくはその代理人が園区の主管税関にて通常の輸出申告手続を行い，輸出還付（免除）制度の適用対象貨物であれば，その適用が可能である。

　ただし，園区行政管理機構及びその経営主体ならびに園区企業が自己の使用のために区外から調達した交通運輸道具及び生活消費用品については，輸出還付（免除）制度の適用はない。

　また，区外の企業が，もともと国外から輸入した貨物，包装材，設備及び基礎建設物資などを区内に搬入した場合も輸出還付（免除）制度の適用はなく，これらの輸入時に納付した税額については還付されない。
　　　　　　　　　　　　　　――――税関総署第190号令第二十六，二十九，三十条

(3) 園区と他の特殊区域との間の貨物の出入りに関する取扱い

　園区と他の特殊区域との間の貨物取引及び移転については，流通税は課税しないこととされている。　　　　　　　――――税関総署第190号令第四十九条

3　輸出加工区

　国務院の認可のもと，経済技術開発区内において設立される税関特殊監督管理区域である。区内では，加工区管理委員会，輸出貨物のために加工貿易を行う輸出加工企業，輸出加工企業の業務のためにサービスを提供する倉庫貯蔵企業及び税関の許可を受けて加工区の貨物の出入りに係る運送を行う運輸企業の

設置が可能であり，小売や一般貿易，三国間貿易その他加工区に関係のない業務は禁止されている。

　輸出加工貿易とは，輸出加工区内の企業が，国外または国内から原材料，部品，構成品，包装材などを購入し，加工や組立てを施し完成品にした後で，国外へ輸出する経済活動を指す。

　なお，区外から区内に搬入された貨物は，区内において実質的な加工を施した後でなければ，区外へ販売または国外へ輸出してはならないこととされている。

　また，加工区内で行われる加工については，増値税を課税しないこととされている。

　　　　　　　　　　　　　　………国務院令【2011】588号第五，六，十二条
　　　　　　　　　　　　　　………商務部令【2005】27号第三条

(1) 加工区と国外との間の貨物の出入りに関する取扱い

① 以下の貨物を国外から輸出加工区内（以下，「区内」）に輸入した場合は，輸入関税，増値税及び消費税が免除される。

> (ｱ) 区内における生産のための基礎設備建設プロジェクトに必要な機械及び設備ならびに生産用の工場家屋や備蓄設備の基礎建設に必要な物資。
> (ｲ) 区内の企業の生産に必要な機械，設備，モールド及びこれらの保守修理のために必要な部品。
> (ｳ) 区内の企業及び行政管理機構が自己の使用のための合理的な数量のオフィス用品。

② 区内の企業が輸出製品の加工を行う上で必要な原材料，部品，包装材及び消耗品を国外から区内に輸入した場合は，保税扱いを受けることができる。

③ 区内行政管理機構及び区内の企業が自己の使用のために国外から輸入した交通運輸道具及び生活消費用品については，通常の輸入があったものとして課税される。

④ 区内の企業が加工した製造品及びその加工生産の過程において発生した端材や廃棄品等を国外へ輸出する場合は，原則として輸出関税は免除される。

　　　　　　　　　　　　　　………国務院令【2011】588号第十七，十八条

(2) 加工区と国内（＝加工区外の中国国内）との間の貨物の出入りに関する取扱い

① 区内の貨物の区外（中国国内）への搬出は，原則としてその時点で輸入があったものとみなされ，税関にて納税申告を行わなければならない。ただし，商業的価値のない材料の切れ端や廃棄品で，区外へ搬送して破棄する必要があるものについては，一定の手続を経て免税により区外に搬出することができる。

また，区内の企業がその金型，半製品などを区外へ搬出して加工を受けさせる必要がある場合は，一定の手続を経て，かつ，委託を受けた区外の企業が輸入に係る関税及び増値税の税額相当額の保証金を支払うことにより，区外へ搬出することができる。所定の期限内において加工を終え区内に搬入されたことを主管税関が確認できた時点で，保証金は返還される。

② 区外（中国国内）から加工区への貨物の搬入は輸出があったものとみなして，輸出通関手続を行わなければならない。なお，下記のものについてはそれぞれ以下の通り処理することとされている。

> (ア) 区外から加工区内に搬入され，区内の企業の使用に供される国産機械，設備，原材料，部品，構成品，包装物及び基礎建設施設，加工企業及び行政管理部門の生産や業務用建物に必要な合理的な数量の基礎建設物資などについては，輸出還付（免除）制度の適用を受けることができる。
> (イ) 区内の企業及び行政管理機構が自己で使用する交通運輸道具及び生活消費用品等については，輸出還付（免除）制度の適用を受けることができない。
> (ウ) 区外の企業が，輸入した機械，設備，原材料，部品，包装材及び基礎設備を区内に搬入した場合，これらの輸入時に納付した税額については，還付されない。
> (エ) 国内の技術不足が原因で加工区で特定の加工を施すために商品を区内に搬入する場合において，当該商品が国が輸出を禁止する商品または統一経営する商品であるときは，輸出還付（免除）制度の適用を受けることができない。

……国務院令【2011】588号第十九～二十一，二十七条

4 保税港区

　国務院の認可のもと，国が対外的に開放している港区域内もしくはそれに隣接する特定区域内において設立される，港，物流，加工などの機能を備えている税関特殊監督管理区域である。

　港区では，輸出入貨物その他税関手続が未完了である貨物の保存，クロスボーダーの貨物仕入及び販売や配送，三国間貿易，貨物の検査や保守修理，商品展示，研究開発や加工，製造その他税関が承認する業務を行うことが可能とされている。ただし，国家が禁止する貨物や物品は，港区を出入りすることができない。

………税関総署第191号令第二，八，十三条

(1) 港区と国外との間の貨物の出入りに関する取扱い

① 以下の貨物を国外から保税港区内（以下，「区内」）に輸入した場合は，輸入関税，増値税及び消費税が免除される。

> (ア) 区内の生産用の基礎設備建設プロジェクトに必要な機械及び設備ならびに生産用の工場家屋や備蓄設備の基礎建設に必要な物資。
> (イ) 区内の企業の生産に必要な機械，設備，モールド及びこれらの保守修理のために必要な部品。
> (ウ) 区内の企業及び行政管理機構が自己の使用のための合理的な数量のオフィス用品。

② 区内行政管理機構及び区内の企業が自己の使用のために国外から輸入した交通運輸道具及び生活消費用品については，通常の輸入手続に従って輸入関税，増値税及び消費税を申告納付する必要がある。

③ 上記①及び②以外の貨物を国外から区内に輸入した場合は，原則として，保税扱いを受けることができる。

④ 区内の企業が区内の貨物を国外へ輸出する行為については，原則として輸出関税は免除される。

………税関総署第191号令第十六～十九条

(2) 港区と国内（＝港区外の中国国内）との間の貨物の出入りに関する取扱い

① 区内の貨物の区外（中国国内）への搬出は，原則としてその時点で輸入があったものとみなし，通常の輸入申告手続に従って税金を申告納付する。また，税関管理監督下の貨物の出入りについては，税関は担保の提供を要求することができる。

② 区外（中国国内）の貨物の区内への搬入は，原則としてその時点で輸出があったものとみなして輸出通関手続を行い，輸出還付（免除）制度の対象となるものについてはその適用を受けることができる。なお，下記のものについては，以下の通り処理する。

> (ア) 区外から区内に搬入され，区内の企業の業務展開のために使用される国産機械及びその包装物については，輸出還付（免除）制度の適用を受けることができる。
> (イ) 保税港区の行政管理機構及び区内企業の使用に供される国産基礎建設物資，機械，積卸設備，管理設備，オフィス用品等については，輸出還付（免除）制度の適用を受けることができる。
> (ウ) 区内の企業及び行政管理機構が自己で使用する交通運輸道具及び生活消費用品等については，輸出還付（免除）制度の適用を受けることができない。
> (エ) 区外の企業が，国外から輸入した貨物，包装材，設備及び基礎建設物資などを区内に搬入した場合，輸出還付（免除）制度の適用を受けることができず，これらの輸入時に納付した税額については還付されない。

―――税関総署第191号第二十一，二十二，二十六条

(3) 港区と他の特殊区域との間の貨物の出入りに関する取扱い

保税港区と他の特殊区域の間における貨物の流通について，輸出入に係る税金は課税されない。

―――税関総署第191号令第三十八条

5 保税倉庫

税関の認可のもと，保税貨物その他税関手続が未完了の貨物を保存するため

に設立される保税監督管理場所である。

ここにいう保税貨物とは、国外から輸入した貨物で税関の特別な許可のもと、輸入納税手続をいったん留保し、または一時的な保存の後再び輸出される貨物をいう。

その保存対象によって、保税倉庫は公用型と自用型に区分される。公用型保税倉庫は、主に倉庫貯蔵業務に従事する中国国内の独立企業法人が社会一般に対して保税倉庫貯蔵サービスを提供するために経営するものをいう。自用型保税倉庫は、特定の中国国内の独立企業法人が自らのための保税貨物を保存貯蔵するために経営するものをいう。

また、保税倉庫のうち、特定の用途があるものまたは特殊な貨物を保存するものは、専用型保税倉庫と呼ばれる。専用型保税倉庫には、液体危険品保税倉庫（国家の定める危険化学品倉庫貯蔵規定を満たすもの）、備料保税倉庫（加工貿易企業が、輸出する製品を加工するために輸入した原材料や部品等を保存するための保税倉庫で、保存する貨物は当該企業のみに供給されるもの）、委託販売保守修理保税倉庫（外国製品を保守修理するために輸入委託販売する部品を保存するための保税倉庫）などが含まれる。

正当な理由なく6か月間継続して業務を営まない場合は、保税倉庫経営企業は税関に倉庫経営の終了を申請すべきであり、申請しなかった場合は、税関によりその倉庫経営に係る登録を抹消される。

　　　　　………中華人民共和国税関の保税倉庫及びその保存貨物に対する管理規定
　　　　　　　　税関総署令第227号第三、四、二十条
　　　　　………中華人民共和国税関の保税倉庫及びその保存貨物に対する監督管理暫行弁法第二条

(1) 倉庫と国外との間の貨物の出入りに関する取扱い

原則として、国外から保税倉庫に輸入された貨物については保税扱いとし、再び国外へ輸出される際は輸出関連の税金は免除される。

ただし、保税倉庫が自己の使用のために国外から輸入する貨物棚、オフィス用品、管理道具、運輸車両、運搬設備、リフティング設備、包装設備及び改装用機械等については、有償または無償で取得しているかにかかわらず、輸入があったものとして輸入関税、増値税及び消費税を申告納付する必要がある。

なお、6か月以内に再び国外に輸出した場合は、納付した税金の還付を受け

ることができる。

(2) 倉庫と国内（＝倉庫外の中国国内）との間の貨物の出入りに関する取扱い

保税貨物を国内販売用等に転じた場合は，原則として通常の輸入があったものとして課税を受けることとなる。

ただし，以下の貨物の出庫に関しては，輸入関税，増値税及び消費税が免除される。

- (ア) 保証期間内につき無料で外国製品を修理するための部品で一定の要件を満たすもの。
- (イ) 国際便の船舶及び航空機に供給するための物資及び保守修理用部品。
- (ウ) その他国家に規定により免税となるもの。

　　　　　　　　　　　―――中華人民共和国税関の保税倉庫及びその保存貨物に対する管理規定
　　　　　　　　　　　　　　　　　　　　　　税関総署令第227号第二十三条
　　　　　　　　　　　―――中華人民共和国税関の保税貨物及び保税倉庫に対する監督管理暫行弁法第七，八条

6 保税物流センター

税関の認可のもと，港，空港，陸路交通ジャンクションなどの国内外の物流量が大きく，交通が便利でかつ税関機構の設置のある場所に設立される保税監督管理場所である。

保税物流センターでは，保税輸出入貨物その他税関手続が未完了な貨物の保存，保存貨物に対する簡単な加工その他付加価値サービスを提供，グローバルな貨物仕入及び分配，三国間貿易などの業務を行うことが可能とされている。

保税物流センターで保存できるのは，以下の貨物とされている。

- (ア) 輸出する貨物
- (イ) 三国間貿易貨物
- (ウ) 一時的に保存する外国企業の貨物
- (エ) 加工貿易輸出入貨物
- (オ) 国際便の船舶及び航空機に供給するための物資及び保守修理用部品
- (カ) 輸入委託販売の外国製品の保守修理のための部品

(キ) 輸入に係る税関手続を完了していない一般貿易輸入貨物
(ク) その他税関の許可を得て輸入に係る税関手続を完了していない貨物で、税関の許可を得ているもの

また、保税物流センターはA型とB型に区分され、両者の主な違いは**図表6-2**の通りである。

図表6-2　A型とB型の違い

	保税物流センター（A型）	保税物流センター（B型）
経営方式	中国国内企業法人が、自らが保税倉庫貯蔵物流業務に専門的に従事するために経営する。 A型保税物流センターには更に公用型と自用型があり、公用型は社会一般に保税倉庫貯蔵物流業務を提供するというもので、自用型は自社企業または自社グループメンバー企業に対してのみ保税倉庫貯蔵物流業務を提供する。	中国国内企業法人1社により経営され、複数の企業がこれを利用して保税倉庫貯蔵物流業務を提供することができる。
保税物流センター登記証の有効期限	2年	3年
みなし撤退期限	保税物流センターの経営企業が、正当な理由なく6か月間継続して業務を営んでいない場合は、当該物流センターが業務を撤退したものとみなし、保税物流センター経営に必要な登記証が抹消される。	保税物流センターの経営企業が、正当な理由なく1年間(注)継続して業務を営んでいない場合は、当該物流センターが業務を撤退したものとみなし、保税物流センター経営に必要な登記証が抹消される。 （注）保税物流センターを利用して保税倉庫貯蔵業務に従事する企業の場合は、6か月間。

　　　　　中華人民共和国税関の保税物流センター（A型）に対する管理規定
　　　　　　　　税関総署令第227号第二、五、十九、二十一条
　　　　　中華人民共和国税関の保税物流センター（B型）に対する管理規定
　　　　　　　　税関総署令第227号第二、四、二十一、二十四、二十五条

(1) 物流センターと国外との間の貨物の出入りに関する取扱い

保税物流センターで保存が可能な貨物を国外から保税物流センター内（以下、「センター内」）に輸入した場合は、保税扱いを受けることができる。

ただし，物流センター内の企業は，自己の使用のために輸入したオフィス用品，交通運輸道具，生活消費用品等及び物流センターが総合的な物流サービスを提供するに当たり必要なため輸入した機械，積卸設備，管理設備等については，通常の輸入があったものとして課税される。

(2) 物流センターと国内（＝センター外の中国国内），他の特殊区域との間の貨物の出入りに関する取扱い

センター内の貨物の区外（中国国内）への搬出は，原則としてその時点で輸入があったものとみなして税金を申告納付する。

ただし，以下のものについては，輸入関税，増値税及び消費税が免除される。

(ア) 保証期間内につき無料で外国製品を修理するための部品で一定の要件を満たすもの。
(イ) 国際便の船舶及び航空機に供給するための物資
(ウ) その他国家が定める免税貨物

また，区外（中国国内）の貨物のセンター内への搬入は，原則としてその時点で輸出があったものとみなして税金の申告納付を行うべきものとされる。また，区外の企業が，輸入した貨物をセンター内に搬入した場合は，これらの輸入時に納付した税額については還付されない。

なお，以下の貨物で，輸出還付（免除）制度の対象となるものについてはその適用を受けることができる。

(ア) 区外からセンター内に搬入され，税関通関手続を完了した貨物
(イ) 税関移管輸出貨物で，移管元の税関が移管先の物流センターの税関から移管の確認を受けたもの
(ウ) センター内企業が自己使用するために区外からセンター内に搬入された国産の機械設備，積卸設備，管理設備，検査設備等。

ただし，以下の貨物については輸出還付（免除）制度の適用を受けることができない。

(ア) センター内企業が自己で使用する交通運輸道具及び生活消費用品等。
(イ) センター内企業が自己で使用するために区外からセンター内に搬入されたもともと国外からの輸入機械設備，積卸設備，管理設備，検査設備。

(ウ) 物流センター間，物流センターと他の特殊区域間の貨物の出入り。

………中華人民共和国税関の保税物流センター（A型）に対する管理規定
税関総署令第227号第四，二十五，二十八，二十九，三十一条
………中華人民共和国税関の保税物流センター（B型）に対する管理規定
税関総署令第227号第三，二十九，三十二，三十三，三十五条

7 輸出監督管理倉庫

税関の認可のもと，税関輸出手続が完了した貨物を専門的に保存し，保税物流配送及び流通性の付加価値サービスを提供する税関が監督管理する倉庫である。

輸出監督管理倉庫は「輸出配送型倉庫」と「国内転結型倉庫」に区分できる。輸出配送型倉庫とはいずれ実際に中国を離れて海外へ輸出される貨物を保存貯蔵することを目的とする倉庫をいい，国内結転型倉庫とはいったん輸出申告手続を経て輸出監督管理倉庫に搬送されるが，実際には海外へ輸出することなく，輸入手続を経て再び中国国内に搬入される貨物を保存貯蔵することを目的とする倉庫をいう。

なお，原則として，輸出監督管理倉庫では貨物に対して実質的な加工を行ってはならないが，倉庫内で貨物の品質点検，仕分け，包装やラベルの貼付けなどの流通性付加価値サービスは，税関の許可及び監督のもと行うことができる。

貨物の倉庫保存期間は原則として6か月とされており，税関の許可を得られれば，更に6か月以内の期間に限り延長することができる。

輸出監督管理倉庫で保存できるのは，以下の貨物とされている。

① 一般貿易輸出貨物
② 加工貿易輸出貨物
③ 他の税関特殊監督管理区域や場所から移送された輸出貨物
④ 輸出配送型倉庫の場合は，輸出貨物を組立等するための輸入貨物及び輸出監督管理倉庫貨物を包装するための輸入包装料
⑤ その他税関において輸出手続を完了している貨物

………中華人民共和国税関の輸出監督管理倉庫及びその保存貨物に対する管理弁法
第二，四，七，二十二，二十三条

(1) 倉庫と国内（＝倉庫外の中国国内）との間の貨物の出入りに関する取扱い

税金還付輸出通関票が発行された貨物については，倉庫入りの後，国内販売に転じることは原則として認められないが，特別な理由があり国内に戻す場合は，輸出企業の登録地の主管税務機関において一定の手続を行い，輸出に係る税額の還付を受けていないこと，または還付を受けた税額を税務機関に返還済であることを証明しなければならない。

輸出監督管理倉庫へ入庫する貨物について，原則としてその時点で輸出があったものとみなして輸出通関手続を行う。輸出還付（免除）制度の対象となるものについてはその適用を受けることができるが，以下の全ての要件を満たしていなければならない。また，入庫時に輸出還付（免除）制度を適用できなかった場合は，貨物が実際に国外へ輸出された時点でその適用を受けることとなる。

> (ア) 一般的な輸出監督管理倉庫としての条件を満たしていること。
> (イ) 輸出監督管理倉庫を経営する企業の経営状況が正常であり，密輸などの重大な違反行為を行っておらず，かつ，納税する能力が備わっていること。
> (ウ) 前年度における入庫貨物の実際の国外輸出率が99％以上であること。
> (エ) 入庫貨物につき全プロセスに渡りコンピューター管理をしており，かつ，税関の監督管理要求を満たすコンピューター管理システムを有していること。
> (オ) 深加工結転貨物を保存していないこと。
> (カ) 税関の監督管理要求を満たす隔離施設，監督管理施設及びその他の必要な施設が備わっていること。

────輸出管理監督倉庫へ入庫する貨物の税額還付暫行管理弁法第二，三，七条
────中華人民共和国税関の輸出監督管理倉庫及びその保存貨物に対する管理弁法第二十四条

8 その他

(1) 区域に入らない船舶や飛行機

保税港区等の税関特殊監督管理区域における輸入保税政策は，区域に実際に

は入らない船舶や飛行機については適用できないものとされており，その場合は輸入があったものとして通常通り関税及び増値税を納付しなければならない。

······財関税【2014】5号

(2) 輸出還付（免除）の適用取消対象商品

① 工場等の基礎建設用物資

　輸出還付（免除）の適用取消対象(注)となっている商品で，中国国内から保税加工機能のある輸出加工区，保税港区，総合保税区，珠海園区及び中国イリカザフ辺境合作センター（以下，「一定の特殊区域」という）に搬入され，区域の建設または区域内企業の工場等の基礎建設に使用される物資については，区域搬入時に増値税の輸出還付（免除）は適用できないが，輸出関税は課されないものとされている。なお，当該物資は海外に輸出してはならず，区域内で使用しきれない場合は，中国国内に送還しなければならない。

（注）　輸出還付（免除）の適用取消に関する説明は，第5章第2節①の4を参照。

② 輸出製品の生産用原材料

　一定の特殊区域内の生産企業が，輸出還付（免除）の適用取消対象となっている商品のうち，革完成品，鋼，アルミニウム及び一定の有色金属材で輸出用の製品を生産するための原材料を中国国内から仕入れ，区域に搬入した場合は，増値税に係る輸出還付（免除）の適用を受けることができる。また，輸出関税も課されない。

　なお，当該原材料で実質的に区内において加工されていないものは，区域内の非生産企業への販売，国外への輸出，または保税により区域外へ搬出をしてはならず，違反した場合は脱税行為があったものとして取り扱われる。税額還付を受けた原材料を未加工のまま中国国内に販売する場合は，輸入があったものとして，輸入に係る関税及び増値税が課税される。

······財税【2008】10号
······税関総署公告【2008】21号

増値税の発票管理

第1節 概　要

1 発票の定義

「中華人民共和国発票管理弁法」において，発票とは，物の売買やサービスの提供その他の経済活動において発行される代金の支払証憑であると定義づけられている。
　　　　　　　　　　　　　　　　　　　………中華人民共和国国務院令第587号第三条

2 発票の主な種類

中国では，経済活動に応じて様々な種類の発票が存在している。主要なものを以下において紹介する。下記のうち，増値税専用発票及び機動車販売統一発票だけが増値税仕入税額控除の根拠証憑としての効力を持つ。

増値税専用発票
一般的な増値税取引に係る発票であり，仕入税額控除の根拠証憑となる。

増値税普通発票
一般的な増値税取引に係る発票であり，仕入税額控除の根拠証憑としての効力はない。

増値税電子版普通発票
増値税普通発票の電子版であり，仕入税額控除の根拠証憑としての効力はない。増値税発票発行システムを通じて発行される電子データであるが，当該電子データを紙に印刷することも可能。

機動車販売統一発票
機動車の小売業に従事する納税者が，機動車の販売をしたときに発行する特殊な発票である。仕入税額控除の根拠証憑となる。

定額発票
あらかじめ一定の金額が印刷された発票。発票発行システムを導入していないまたは発票発行量及び金額の少ない納税者が利用する。仕入税額控除の根拠証憑としての効力はない。様々な額面金額のものがある。

巻式普通発票
タクシーやレストランで発行される発票である。仕入税額控除の根拠証憑としての効力はない。

二手車販売統一発票
中古車売買に係る特殊な発票である。仕入税額控除の根拠証憑としての効力はない。

門票
一定の施設の入場チケットは，それ自体が定額発票の一種となっている。仕入税額控除の根拠証憑としての効力はない。

3 発票と発票システムの関係

　中国には様々な発票が存在しているが，そのうち，増値税額が明記されている増値税専用発票，増値税普通発票，増値税電子版普通発票及び機動車販売統一発票は，国家指定の発票システムを通じて発行される。中国では，当該発票システムを「**金税システム**」と呼ぶことが多いが，現行の「金税システム」は増値税に限らず全ての国税及び地方税をカバーする税収管理情報システムの総称であり，厳密には増値税の発票システムは「金税システム」の一部に過ぎない。発票システムは頻繁にアップグレードされており，その都度正式名称が変わっている。最新バージョンは「増値税発票管理新系統」（＝増値税発票管理新システム）と呼ばれるものであり，増値税専用発票，増値税普通発票，増値税電子版普通発票及び機動車販売統一発票を発行することができる。

　基本的には，上述の発票を発行しようとする増値税納税者は，当該増値税発票管理新システムの導入が必要となるのだが，一部導入していない小規模納税人に関しては，これらの発票を税務機関に代理発行してもらうことが可能である。

　なお，定額発票は額面金額の記載された状態で税務機関から購入する。また，二手車販売統一発票は中古車事業者等が別途専用のシステムから発行することとなる。

………税総発【2015】42号付属文書1
………国税公【2016】23号三

4 増値税発票ブランクフォームの受領

　増値税発票のブランクフォームは原則として所轄税務機関から受領することとされている。

　納税者は以下の資料等を主管税務機関に提供して受領申請手続を行わなければならない。

- 税務登記証明
- 取扱人の身分証明書
- 国務院税務主管部門が決めた様式に基づき作成された発票専用印の型取り

　上記資料に不備がなく受理されれば，税務機関は納税者が使用する増値税発

票管理新システムが対応する発票の種類に応じて，一度につき受領できるブランクフォームの数量及び発行可能な最高額面金額を確定し，「発票受領簿」を納税者に交付する。

　発票受領簿を入手した納税者は，一定の資料を提示して発票ブランクフォームを受領することとなる。提示する資料は各地の税務機関ごとに要求が若干異なる場合があるが，基本的には以下のものとされている。

- 税務登記証明
- 取扱人の身分証明書
- 発票受領簿
- 増値税専用発票，増値税普通発票又は機動車銷売統一発票を受領する場合は，増値税発票管理システムに係る税務申告用ディスク又はICカード

　なお，納税信用ランクがAランクまたは市レベルもしくは国レベルの税務局が納税信用度が良好で税務リスクが低いと認める納税者については，一度に3か月分以内の量の発票ブランクフォームを受領することができる。

　原則として，納税者はその所在地の税務機関においてのみ発票のブランクフォームを受領すべきものとされているが，臨時的にその所在地のある省，自治区，直轄市以外の場所で経営活動を行う場合は，その所在地の税務機関から証明を発行してもらい，当該証明を以てその経営活動を行う場所の税務機関にて発票のブランクフォームを受領することができる。

　なお，上記の税務機関以外のいかなる企業または個人からも増値税発票のブランクフォームを受領してはならない。

　　　　　　　　　　　　………中華人民共和国国務院令第587号第七，十五，十七条
　　　　　　　　　　　　　　　………国税公【2014】19号第五条(一)
　　　　　　　　　　　　　　　………国税公【2014】40号第二十九条

5 発票の代理発行

(1) 原　　則

　納税者が自ら発票を発行することができない場合は，貨物の売買またはサービスの提供その他経営活動を行ったことを証明する書面及び取扱人の身分証明を以て，当該経営活動が行われた地域の税務機関に対して発票の代理発行を申請することができる。

　なお，税務機関にて発票を代理発行してもらう場合は，先に税額を納付しなければならない。
　　　　　　　　　　　　　　　--------中華人民共和国国務院令第587号第十六条

(2) 個人代理人の場合

　保険業，証券業，クレジットカード業または旅行業などの個人代理人（以下，「個人保険代理人等」）が保険会社，証券会社，クレジットカード会社または旅行会社（以下，「保険会社等」）から収受する報酬に係る増値税等について，保険会社等が税務機関からの代理徴収の委託を受け入れた場合は，保険会社等は個人保険代理人等に代わって，自らの主管国家税務機関に対して当該報酬額に係る増値税専用発票または増値税普通発票の代理発行をまとめて申請することができる。

　代理発行を申請する際は，個人保険代理人等の名前，身分証番号，連絡方法，報酬支払日時，報酬金額，代理徴収した税額などの情報を主管国家税務機関に提供しなければならない。

　なお，代理発行された発票の備考欄には「個人保険代理人等一括代理発行」との説明が記載される。
　　　　　　　　　　　　　　　--------国税公【2016】45号第三～五条

6 発票管理規定に違反する行為に対する罰則

　発票の取扱い及び管理に関して，「中華人民共和国発票管理弁法」において以下の通りの罰則が設けられている。

　なお，発票管理規定に係る違反行為を発見した場合は，いかなる単位または個人でも通報することができるとされており，税務機関は通報人について秘密

保持するとともに，情状によっては一定の奨励を与えることもある。

図表7-1　発票の違反行為に対する罰則

違 反 事 実	罰　　　則
① 発票を発行すべき場合に発行していない，または，規定の期限，順序，欄次，綴りに関するルールに従っていない，もしくは発票専用印鑑を押していない。 ② 税収管理情報システムを通じて発行している場合において，期限通りに主管税務機関に対してデータ提出していない。 ③ 税収管理情報システム以外のITツールを通じて発行している場合において，当該ITツールにつき主管税務機関において届出を行っていない，または規定に従ってデータ保存及び提出をしていない。 ④ 一冊綴じの発票簿を分断して使用すること。 ⑤ 本来の使用可能な範囲を超えて発票を使用すること。 ⑥ 発票を発行すべき経済行為につき，発票以外の証憑で発票の発行を代替すること。 ⑦ 規定の区域を越えて発票を発行すること。 ⑧ 規定に従って発票の抹消をしていない。 ⑨ 規定に従って発票の保管をしていない。	1万元以下の罰金を科される。また，違法所得がある場合は没収される。
① 規定の区域を越えて発票のブランクフォームを携帯，郵送，運輸すること。 ② 国境を越えて発票のブランクフォームを携帯，郵送，運輸すること。 ③ 発票を紛失または恣意的に毀損すること。	1万元以下の罰金を科される。状況が重大であると認められるときは，1万元超3万元以下の罰金を科される。また，違法所得がある場合は没収する。
① 他人または自己のために，経営業務の実態と異なる発票を発行すること。 ② 経営業務の実態と異なる発票を他人に発行させること。 ③ 経営業務の実態と異なる発票の発行を他人に紹介・仲介すること。 ④ 法に違反して発票を代理発行すること。	違法所得を没収される。また，虚偽発行した金額が1万元以下の場合は，5万元以下の罰金を科され，虚偽発行した金額が1万元を超える場合は，5万元超50万元以下の罰金を科される。さらに，犯罪行為を構成する場合は，合わせて刑事責任を追及される。
① 合法的な許可なく発票を印刷製造，偽造，改造すること。 ② 違法に発票偽造防止専用物品を製造すること。 ③ 発票製造監督印鑑を偽造すること。	違法所得，偽造道具等の違法物品を没収される。また，1万元超5万元以下の罰金を科され，状況が重大な場合は，5万元超50万元以下の罰金を科される。さらに，犯罪行為を構成する場合は，合わせて刑事責任を追及される。

① 発票，発票偽造防止専用物品または発票製造監督印鑑を貸与もしくは譲渡し，または他人に貸与もしくは譲渡の紹介・仲介をすること。 ② 合法的な許可なく印刷製造，偽造，改造された発票，違法取得された発票または既に廃止された発票と知りながらもしくは知るべきでありながら，当該発票を譲受，発行，保存，携帯，郵送，運輸すること。	1万元超5万元以下の罰金を科され，状況が重大な場合は，5万元超50万元以下の罰金を科される。また，違法所得がある場合は没収される。
単位または個人が発票管理に関する規定に2回以上違反し，もしくは状況が重大である場合。	税務機関は当該事実を社会に公告することができる。
発票管理に関する規定に違反したことにより，結果として他の単位または個人の税金未納付，過小納付もしくは税金の詐取を引き起こした場合。	その違法所得を没収され，かつ，未納付，過小納付もしくは詐取に係る税額と同額以下の罰金を科される。

………中華人民共和国発票管理弁法第六，三十五～四十一条

第2節 増値税専用発票

1 専用発票の発行

(1) 原　則

　増値税専用発票（以下，「専用発票」）とは，原則として，増値税一般納税人が貨物の販売，課税労務または役務の提供，不動産または無形資産の譲渡を行った時に発行する発票であり，購入者が増値税を支払ったことを証明し，増値税の仕入税額控除を行うための証憑となる。

　納税人は，増値税課税取引を行った場合において，取引相手が増値税専用発票の発行を要求したときは，増値税専用発票を発行しなければならない。また，当該増値税専用発票には，売上額と売上増値税額を区分して明記しなければならない。

　専用発票は，一般納税人であれば，「増値税発票管理新システム」を自社に導入してこれを通じて発行することとなる。

　なお，当該システムは専用発票のみならず，普通発票も発行することができる。

　小規模納税人の場合は，基本的には自ら専用発票を発行することはできないとされており，必要な場合は税務機関にて代理発行してもらうこととなるが，2016年11月4日以降，月の課税売上額が30,000人民元を超えている，または四半期の課税売上額が90,000人民元を超えている宿泊業を営む小規模納税人であれば，その提供する宿泊サービス，貨物の販売その他の課税取引（取得した不動産の販売を除く）については，自ら増値税専用発票を発行することが可能である。

　　　　　　　　　　　　　　　　　………国税発【2006】156号第二条
　　　　　　　　　　　　　　　　　………国税公【2016】69号第十条

(2) 発行が禁止される場合

① 一般規則

以下に掲げる場合は，増値税専用発票を発行してはならないこととされている。

> ① 小規模納税人の自らによる発行
> ② 個人消費者に対する貨物の販売，労務の提供，サービスの提供（不動産のリースを含む），無形資産または不動産の譲渡
> ③ 増値税の免税制度または輸出還付（免除）制度を適用する取引
> ④ 金融商品の譲渡取引

………増値税暫行条例第二十一条
………国税公【2014】11号第七条
………国税公【2016】16号第十二条
………財税【2016】36号付属文書1第五十三条
………財税【2016】36号付属文書2第一条(三) 3

② 差額課税の場合

原則として，増値税額の課税標準となる売上額は，課税取引について購入者から収受する全ての金額及び付随費用の合計で増値税額を含まない金額とされているが，一定の取引に関しては，一定の費用を当該売上額から控除した差額を以て，増値税の課税標準とすることができる。

差額課税の場合は，基本的には，課税取引について購入者から収受する全ての金額及び付随費用の合計ではなく，「増値税発票管理新システム」を通じて実際に課税標準となる差額につき増値税発票を発行することとなる。また，発票には「差額徴税」との文言が自動印刷される。

以下において，主な専用発票が発行不可となる差額課税の場合をいくつか紹介する。

> **① 代理サービス**
> 委託者から預かる政府性基金または行政事業性料金を売上額から控除する場合は，当該政府性基金または行政事業性料金の額については，専用発票を発行してはならない。　　　　　………財税【2016】36号付属文書2第一条(三)
>
> **② 有形動産のセールアンドリースバック**
> リース料のうち借入元金を売上額から控除する場合は，当該借入元金部分に

ついては，専用発票を発行してはならない。
　　　　　　　　　　　　　　　　　　……財税【2016】36号付属文書2第一条(三)5(3)①

③　旅行サービス

売上額の算出上，旅行サービスの購入者から収受する全ての金額及び付随費用の金額から，他の単位または個人に支払う宿泊代金，飲食料金，交通費，ビザ費用，入場料及び他の旅行ツアー企業に支払う旅行費用を控除する場合は，これらの費用部分については，専用発票を発行してはならない。
　　　　　　　　　　　　　　　　　　……財税【2016】36号付属文書2第一条(三)8

④　労務派遣サービス

売上額の算出上，収受する全ての金額及び付随費用の金額から，労務派遣人員に支給する給与，福利，社会保険及び住宅積立金を控除する場合は，これらの金額部分については，専用発票を発行してはならない。
　　　　　　　　　　　　　　　　　　……財税【2016】47号第一条

⑤　人事アウトソーシングサービス

売上額の算出上，委託者である単位の委託を受けて当該単位の従業員に対して支給する給与，代理納付した社会保険料及び住宅公積金は含まないものとされており，これらの金額部分については，専用発票を発行してはならない。
　　　　　　　　　　　　　　　　　　……財税【2016】47号第三条(一)

③　自己使用済固定資産及び中古品の売却

　自己使用済の固定資産で，小規模納税人であったときに購入または自己製造したものを一般納税人になったあとで売却した場合は，簡易方式により2％の税率で増値税を計算できるとされているが，当該売却に関しては増値税専用発票を発行することができない。

　また，中古品の売却につき簡易方式を適用している場合も増値税専用発票を発行することができない。　　　　　　　　　　　……国税函【2009】90号

④　非臨床用の人体血液の販売

　一般納税人である採血所が非臨床用の人体血液を販売した場合は，3％の徴収税率による簡易方式を選択適用することができるとされているが，当該販売に関しては増値税専用発票を発行することができない。……国税函【2009】456号
　　　　　　　　　　　　　　　　　　……国税公【2014】36号

(3) 商品及びサービスの税収分類とコード

2016年5月1日から，増値税発票を発行する際は「増値税発票管理新システム」で課税取引の内容に相応するコードを選択しなければならない。当該コードは，国家税務総局が発行した「商品及びサービスの税収分類とコード（試行）」というリストに掲載されている。

当該リストでは4,000以上の分類の商品及びサービスが列挙されており，それぞれにコードが割り当てられている。国家税務総局の公式サイトで閲覧及びダウンロードすることができる。http://www.chinatax.gov.cn/n810341/n810755/c2083705/content.html

………国税公【2016】23号四（一）

(4) 専用発票の虚偽発行

増値税専用発票を虚偽発行した納税者は当該虚偽発行した金額につき増値税を納税しなければならないものとし，虚偽発行された専用発票を取得した納税者は，当該専用発票につき仕入税額控除を適用することができない。

なお，虚偽発行された専用発票と知らずに善意取得した場合でも，合法的かつ有効な専用発票を改めて取得しない限り，仕入税額控除は認められない。

………国税公【2012】33号
………国税函【2007】1240号

2 増値税専用発票の構成

増値税専用発票は基本的には3枚綴りとなっており，それぞれの綴りの用途は**図表7－2**の通りである。

図表7－2　増値税専用発票の用途別綴り

綴りの種類	用　　途
発票綴り（发票联）	購入者等（即ち発票受領者）側における支出発生の会計処理のための証憑
控除綴り（抵扣联）	購入者等（即ち発票受領者）側における増値税仕入税額控除のための証憑
記帳綴り（记账联）	販売者等（即ち発票発行者）側における収入発生の会計処理のための証憑

……国税発【2006】156号第四条

3 増値税専用発票の記載事項及び発行時期

　増値税専用発票には以下の事項を正確に記載する必要があり，誤りがある場合は，当該専用発票は無効とされ，購入者はその受取りを拒否する権利がある。また，原則として，記載内容は全て中国語表記でなければならない。

> ① 会社登記等した正式名称
> ② 18桁の統一社会信用コード
> ③ 住所及び電話番号
> ④ 銀行口座及びその口座番号（なお，複数の口座を開設している場合は，原則として基本口座を記載するものとされている）

　ちなみに，②の18桁の統一社会信用コードは，2015年10月1日から施行された「三証合一」政策以後の記載項目であり，それまでは，税務登記コードを記載すべきとされていた。

　なお，発票の記載事項は実際の取引実態と一致し，印字が明瞭であり，発票綴り及び控除綴りには財務専用印鑑または発票専用印鑑を押印しなければならない。

　また，発票は増値税の納税義務の発生時に発行しなければならない。

……国税発【2006】156号第十一条

4 認証の手続と結果

(1) 認証手続の概要

　増値税専用発票を取得した場合には，取得者と税務機関の間で当該専用発票が合法的に発行されたものであることを確認するための「認証」という手続を行わなければならない。この認証が成功してはじめて，仕入税額控除を適用することができる。

　また，認証手続は発票が発行されてから180日以内に行わなければならない。認証が成功した専用発票に係る増値税仕入税額は，認証が成功した日の属する

月の翌月の増値税申告において税額控除することとされている。

現在，認証手続には①システムチェック方式，②税務機関現場検証方式，③スキャンアップロード方式，の三つの方法が存在している。

詳細は以下において具体的に説明するが，2016年5月に導入された①の方法が最も利便性が高く，税務機関も全国的に推奨している。②と③の方法は撤廃傾向にあるが，①の方法の適用には一定の条件が設けられていること及びシステムインフラの整備が全国範囲まで拡大するには時間がかかるため，当分の間は，まだ多くの納税者が②と③の方法を利用すると思われる。

① システムチェック方式による認証

税務機関における納税信用ランクがBランク以上の納税者は，「増値税発票管理新システム」により発行された増値税専用発票等を取得した場合は，スキャン方式または税務機関現場検証方式による認証手続を行う必要がなく，「増値税発票検索確認サイト」に登録し，当該サイトにおいて仕入税額控除または輸出免税に係る還付を受けようとする発票情報を検索し選択することにより認証を行うことができる。

ただし，当該方式が導入される前または当該方式が普及していない地域で発行された増値税専用発票等を取得した場合などは，「増値税発票検索確認サイト」に当該発票に係る情報がアップロードされていないことがある。その場合は，従来のスキャン方式または税務機関現場検証方式による認証手続を行う。

………税総発【2016】75号第四条
………国税公【2016】23号第五条

② 税務機関現場検証方式による認証

納税者が認証しようとする専用発票を税務機関に持参して，税務機関にある認証機器で当該専用発票をスキャンしてその情報を税務機関のシステムサーバーにアップロードする方法である。その場で認証結果が判明し，認証が成功した場合は，税務機関から「認証結果通知書」及び「専用発票認証結果一覧」が発行される。成功できなかった場合は，その場で理由及び補足すべき資料を通知される。

③ スキャンアップロード方式

企業が自ら専用機械を購入し、認証しようとする専用発票を当該専用機械でスキャンすることにより発票情報を税務機関のシステムネットワークにアップロードする方法である。税務機関のシステムにて発票情報の確認が行われ、認証結果はシステム上に表示され、認証が成功した場合は、「認証結果通知書」及び「専用発票認証結果一覧」の電子データをシステムからダウンロードし印刷することができる。

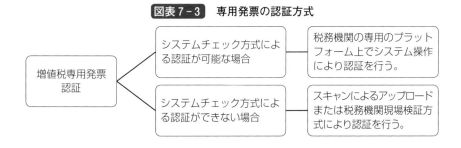

図表7-3 専用発票の認証方式

(2) 認証の結果

① 一時的な仕入税額控除不能

認証の結果が以下となった場合の専用発票は、原因が判明するまでは、一時的に仕入税額控除ができない。税務機関は当該専用発票の原本を保留し、原因究明の後、状況に応じて処理する。

① 重複認証：
既に認証済の専用発票を重複して認証にかけた場合
② 暗号読取失敗：
専用発票に印刷された暗号が税務機関のシステムで読み取れなかった場合
③ 認証不一致：
納税人識別番号または専用発票に印刷された暗号が税務機関のシステムデータと一致しない場合
④ コントロール不能専用発票：
認証の時点において、当該専用発票が既に「コントロール不能専用発票」として登記されている場合。

> なお,「コントロール不能専用発票」とは,紛失または盗まれた未発行の専
> 用発票のデジタルデータまたはブランク専用発票,非正常納税者に登録された
> 納税者が発行した専用発票で申告納税が未済のものをいう。

………国税発【2006】156号第二十七条
………国税発【2004】43号付属文書1第一条

② 仕入税額控除不能

　認証の結果が以下のような場合の専用発票については,仕入税額控除を認めることができないため,税務機関は専用発票の原本を納税者に返却する。購入者である納税者は,販売者(=当該専用発票に係る取引における販売側)に対して専用発票の再発行を要求することができる。

> ① **認証不能:**
>   専用発票に印刷された暗号または文字が判別不能の場合。
> ② **納税人識別番号認証不一致:**
>   専用発票に記載された購入者(=当該専用発票に係る取引における購入側)の納税人識別番号に誤りがある場合。
> ③ **専用発票番号認証不一致:**
>   専用発票に印刷された暗証番号が税務機関のシステムにおいて解読された結果,不一致が発見された場合。

………国税発【2006】156号第二十六条

5　発票の廃棄

　納税者は,増値税専用発票を発行した当月に,売上返品が発生した場合または発票の誤記載が発見された場合は,顧客から発票を回収し,以下の条件を満たすときは,発票を廃棄することができる。また,発票を発行した時点で誤記載を発見した場合には,即時に廃棄してよいこととされている。

> ① 発票綴り,控除綴りを回収した時期が,発票を発行してから月を跨っていないこと。
> ② 当該発票につき税務処理が未了であり,かつ,記帳がされていないこと。
> ③ 発票受取人側においてまだ認証を行っていないか,認証結果が「納税者識別コード認証不一致」,「専用発票コード,番号認証不一致」で認証作業が完了し

ていないこと。

　廃棄処理する専用発票に対し，増値税発票管理新システムにおいて，その電子データを「廃棄」として処理し，ハードコピー（紙）の専用発票の各綴り上に「廃棄」の文字を明記し，すべての専用発票綴りを保存する必要がある。

────国税発【2006】156号第二十条

6　赤字発票の発行

　増値税専用発票を発行した後に，返品，発票の誤記載，課税対象取引の中止や発票の控除綴り及び発票綴りが共に認証できないなどの状況が発生した場合において，本節5に述べた条件を満たすことができず廃棄処理がすでにできない状態であるとき，または販売商品の部分的な返品や売上値引が発生した場合は，赤字専用発票を発行することにより，元の発票と相殺することができる。

　赤字専用発票の発行は，以下の方法に従って行う。

(1)　購入者へ交付済の専用発票につき赤字専用発票を発行する場合

《購入者（専用発票受取側）》	
1　赤字発票の相殺対象である元の専用発票に係る増値税額につき仕入税額控除を適用済の場合	・増値税発票管理新システム上で「赤字増値税専用発票発行情報表」を記入し，税務機関へアップロードする。その際に，赤字発票の相殺対象である元の専用発票の発票情報を記入する必要はない。 ・相殺対象である元の専用発票に係る増値税額相当額を，当期の仕入税額控除の金額から減額する。
2　赤字発票の相殺対象である元の専用発票につき仕入税額控除していないが，発票綴りまたは控除綴りをすでに返還できない場合	・増値税発票管理新システム上で赤字増値税専用発票発行情報表を記入し，税務機関へアップロードする。その際に，赤字発票の相殺対象である元の専用発票の発票情報を記入する必要がある。
《税務機関》	
増値税発票管理新システムを通じて受領した赤字増値税専用発票発行情報表につき，税務機関のシステムが自動検証を実施の後，赤字発票情報表コード付きの赤字増値税専用発票発行情報表を生成し，納税者の端末に同期する。	

《販売者（専用発票発行側）》
販売者は，税務機関によって検証された赤字増値税専用発票発行情報表を受信し，その情報に正確に従い，増値税発票管理新システム上で元の専用発票の金額のマイナスで赤字専用発票を発行する。

(2) 購入者へ未交付の専用発票，または発票綴りまたは控除綴りを取り戻した場合の赤字専用発票の発行

《販売者（専用発票発行側）》
1　増値税発票管理新システム上で赤字増値税専用発票発行情報表を記入し，税務機関へアップロードする。その際に，赤字発票の相殺対象である元の専用発票の発票情報を記入する必要がある。
2　税務機関によって検証された赤字増値税専用発票発行情報表を受信し，その情報に正確に従って増値税発票管理新システム上で，元の専用発票の金額のマイナスで赤字専用発票を発行する。
《税務機関》
増値税発票管理新システムを通じて受領した赤字増値税専用発票発行情報表につき，税務機関のシステムが自動検証を実施の後，赤字発票情報表コード付きの赤字増値税専用発票発行情報表を生成し，納税者の端末に同期する。

………国税公【2016】47号第一条

7　発票の紛失

(1) 発票綴り及び控除綴りの紛失

　増値税一般納税人が，既に認証を完了した専用発票の発票綴り及び控除綴りを紛失した場合は，当該専用発票の発行者側の控えである記帳綴りのコピー及び発行者側の主管税務機関から発行される「紛失増値税専用発票申告済証明票」を入手できれば，これらを仕入税額控除の根拠証憑とすることができる。
　認証を未だ完了していない専用発票の発票綴り及び控除綴りを紛失した場合は，当該専用発票の発行者側の控えである記帳綴りのコピーを以て認証を行うことができる。認証が成功し，当該記帳綴りのコピー及び発行者側の主管税務機関から発行される紛失増値税専用発票申告済証明票を入手できれば，これらを仕入税額控除の根拠証憑とすることができる。

なお，記帳綴りのコピー及び紛失増値税専用発票申告済証明票は税務調査に備えるために保管しておかなければならない。

(2) 控除綴りの紛失

増値税一般納税人が，既に認証が成功した専用発票の控除綴りを紛失した場合は，当該専用発票の発票綴りのコピーを以て仕入税額控除の根拠証憑とすることができる。

未認証の専用発票の控除綴りを紛失した場合は，当該専用発票の発票綴りのコピーを以て認証を行い，成功すれば，仕入税額控除の根拠証憑とすることができる。

(3) 発票綴りの紛失

増値税一般納税人が，専用発票の発票綴りを紛失した場合は，当該専用発票の控除綴りを以て会計記帳の根拠証憑とすることができる。

………国税発【2014】19号第三条

第8章

2016年に増値税改革試点に含められた業種の個別整理

本章においては，2016年に新たに増値税課税対象に含められた課税行為のうち，生活サービス業，金融業，建設業及び不動産業の4業種を本章においてピックアップし，それぞれの業種特有の規定のうち主なものをまとめて掲載している。

第1節

生活サービス業

1 具体的な課税対象及び納税義務者

　生活サービスとは，住民の日常生活に関する需要を満たすために提供する各種サービス活動を指し，以下のサービスが含まれる。
　また，生活サービスを国内において提供する単位または個人は増値税の納税義務者となる。

(ｱ)　文化・体育サービス
(ｲ)　教育・医療サービス
(ｳ)　旅行・娯楽サービス
(ｴ)　飲食・宿泊サービス
(ｵ)　住民日常サービス
(ｶ)　その他の生活サービス

　なお，それぞれのサービスの詳細は，**図表8-1**の通りである。

図表8-1　生活サービスの詳細

(ｱ) 文化・体育サービス
文化サービス
文化サービスとは，大衆社会における文明的な生活活動に関する需要を満たすために提供する各種サービスを指し，文芸創作，文芸演出，文化競技，図書館における図書及び資料の貸出，資料館における資料管理，文化財及び無形文化遺産の保護，宗教活動・科学活動・文化活動の開催，観光場所の提供を含む。 なお，観光場所において提供するケーブル車やボートなどのサービスをも含む。
体育サービス

		体育サービスとは，体育競技，スポーツエキシビジョン，スポーツイベントの実施や，体育訓練，体育指導，体育管理の提供を含む。
(イ)	教育・医療サービス	
	教育サービス	
		教育サービスとは，学歴教育サービス，非学歴教育サービス及び教育補助サービスを提供する業務活動を指す。 学歴教育サービスとは，教育行政管理部門により認可された学生募集及び教学計画に基づいて教学を行い，かつ，関連する学歴証明書を授与する業務活動を指す。初等教育，初級中等教育，高級中等教育，高等教育等含まれる。非学歴教育は就学前教育，各種のトレーニング，講演，講座，報告会等を含む。教育補助サービスは教育アセスメント，試験，学生募集等のサービスを含む。
	医療サービス	
		医療サービスとは，医療検査，診断，治療，回復，予防，保健，助産，計画出産，免疫等のサービス及びそれらのサービスに関連する薬品，医療機器，救急車，病院宿泊と食事を提供する業務を指す。
(ウ)	旅行・娯楽サービス	
	旅行サービス	
		旅行サービスとは，旅行者の要求に基づき，交通，観光，宿泊，飲食，買い物，文化及び娯楽，商務等のサービスを提供する業務活動を指す。
	娯楽サービス	
		娯楽サービスとは，同時に娯楽活動のために同時に場所及びサービスを提供する業務を指す。具体的には，カラオケ，ダンスホール，ナイトクラブ，バー，ビリヤード，ゴルフ，ボーリング，その他活動（射撃，狩り，競馬，ゲームマシン，バンジージャンプ，ゴーカート，熱気球，動力飛行傘，アーチェリー，ダーツを含む）を含む。
(エ)	飲食・宿泊サービス	
	飲食サービス	
		飲食サービスとは，同時に飲食及び飲食場所を提供することにより，消費者に飲食消費サービスを提供する業務活動を指す。なお，飲食サービスを提供する納税者が出前食品を販売する行為は飲食サービスに含まれる。
	宿泊サービス	
		宿泊サービスとは，宿泊または会議の場所及びそれらに付属するサービス等を提供する活動を指し，ホテル，サービスアパートメント，旅館，リゾート及びその他の宿泊場所により提供される宿泊サービスを含む。
(オ)	住民日常サービス	
		住民日常サービスとは，個人及びその家庭の日常生活に関する需要を満たすために提供するサービスを指し，都市の環境及び行政管理，家政，ウエディングプランニング，養老，葬儀，介護及びケア，救助救済，美容美髪，マッサージ，サウナ，酸素バー，足療，入浴，洗染，撮影印刷等のサービスを含む。
(カ)	その他生活サービス	
		その他生活サービスとは，文化・体育サービス，教育・医療サービス，旅行・娯楽サービス，飲食・宿泊サービス及び住民日常サービスの以外の生活に関するサービスを指す。

2　税率及び徴収率

　生活サービスについて，一般方式を適用する場合の税率は6％であり，簡易方式を適用する場合の徴収税率は3％である。

3　税額計算

1　税額計算方法

　原則として，一般納税人が生活サービスを提供した場合は一般方式により税額を計算し，小規模納税人が生活サービスを提供した場合は簡易方式により税額を計算すべきとされているが，教育補助サービス，文化体育サービス及び非学歴サービスに関しては，一般納税人でも任意により簡易方式を選択適用できる。

2　売上額の算出

　増値税の課税標準となる売上額の算出に当たり，生活サービスのうち旅行サービスに関しては，総額方式と純額方式のいずれかを選択適用できる。
　なお，それぞれの計算方法は以下の通りである。

① 総額方式
原則通り，旅行サービスの購入者から収受する全ての金額及び付随費用の総額をもって売上額とする方式。
② 純額方式
売上額の算出上，旅行サービスの購入者から収受する全ての金額及び付随費用の金額から，他の単位または個人に支払う宿泊代金，飲食料金，交通費，ビザ費用，入場料及び他の旅行ツアー企業に支払う旅行費用を控除する方式。

　なお，純額方式を適用した場合は，売上額から控除する費用部分について発行できる発票は増値税普通発票のみで，増値税専用発票は発行してはならないものとされている。

3 生活サービスの購入者における仕入税額控除

　生活サービスのうち，飲食サービス，日常サービス及び娯楽サービスを購入した場合，購入者においてこれらの支出に係る支払増値税は仕入税額控除することができない。

4 優遇税制

　生活サービスのうち，**図表 8 - 2** のものは増値税の減免の対象となる。

図表 8 - 2　増値税の減免対象

1．増値税が免除されるもの
①　保育園，幼稚園が提供する保育，教育サービス
②　養老施設が提供する養老サービス
③　障碍者福利施設が提供するケアサービス
④　結婚紹介サービス
⑤　葬儀サービス
⑥　障碍者本人が社会に提供するサービス
⑦　医療機関が提供する医療サービス
⑧　学歴教育に従事する学校が提供する教育サービス
⑨　学生による勤労勉学サービス
⑩　農業機耕，灌漑排水，害虫駆除・防止，植物保護，農牧保険及び関連する技術トレーニング業務，家禽家畜及び水産物の交配及び疾病治療・防止に係るサービス
⑪　記念館，博物館，文化館，文化財産保護単位管理機構，美術館，展覧館，書画院，図書館において提供される文化体育サービスに係る初回入場料
⑫　寺院，宮観，清真寺及び教会が開催する文化，宗教活動に係る入場料
⑬　行政単位以外の単位が収受する政府性基金及び行政事業性料金で一定の条件を満たすもの
⑭　2017年12月31日までの，科学知識等の普及活動を行う単位の入場料及び県レベル以上の党政府部門や科学協会が開催する科学知識等の普及活動の入場料
⑮　政府が主催する，学歴教育に従事する学校（その下級所属単位は含まない）での課外授業により取得する収入で一定のもの
⑯　政府が主催する，主に専門学校における在学学生のための実習場所の提供に係る一定のサービス収入

⑰	家政サービス企業が，従業員が家政サービスを提供することにより得る収入で一定のもの
⑱	社会福利目的の宝くじやスポーツくじの発行収入
⑲	一定の軍隊幹部または従兵家族が設立した企業及びこれらに就職させるために設立した企業が開業して得る収入は，税務登記してから3年間増値税が免税される
2．増値税が軽減されるもの	
①	一定の引退軍人が創業した場合及び一定の商業貿易企業等が引退軍人を新たに採用した場合は，毎年一定額を限度として増値税の税額控除を3年間受けることができる
②	一定の失業者が創業した場合及び一定の商業貿易企業等が失業者を新たに採用した場合は，毎年一定額を限度として増値税の税額控除を3年間受けることができる
3．輸出免税となるもの	
納税者が国外で現場提供する文化体育サービス，教育医療サービス及び旅行サービス。国外で開催される科学技術活動，文化活動，文化競技，体育競技及び体育演目のために提供するアレンジメントサービスを含む。なお，国内のラジオ，テレビ，衛星通信，インターネット，ケーブルテレビその他無線または有線装置を通じて提供するものはこれに該当しない。	

第2節

金 融 業

1 具体的な課税対象及び納税義務者

1 課税対象

　金融サービスとは，金融保険を経営する業務活動を指し，貸付サービス，直接的に料金を請求する金融サービス，保険サービス及び金融商品の譲渡を含む。その具体的な課税範囲は以下に掲げるものとする。

　また，金融サービスを国内において提供する単位または個人は増値税の納税義務者となる。なお，資産管理商品の運営の過程において発生する増値税課税行為については，資産管理商品の管理人が納税義務者となる。

(1) 貸付サービス

　貸付とは，資金を他人に貸し付けることによって利息収入を取得する業務活動を指す。

　資金の占用や融通により取得する各種の収入（金融商品の保有期間中に係る利息及び期限到来により収受する利息収入（元金保証収益，報酬，資金占用費用，補償金等），クレジットカードの貸越による利息収入，現先取引による利息収入，証券信用取引により取得する利息収入及びセール・アンド・リースバック，荷為替手形，遅延利息，手形割引，転貸等の業務により取得する利息及び利息としての性質を有する収入を含む）は，貸付サービスとして増値税の課税対象とされる。

　貨幣資金による投資から固定利益または最低保証利益を取得するサービスは，貸付サービスに該当する。

　元金保証収益，報酬，資金占用費用，補償金等とは，期限が到来した際に元金の全てが返還される旨を契約において明確に承諾している投資収益をいう。

金融商品の保有期間中に取得する収益および期限到来につき取得する収益で元本保証でないものについては利息及び利息としての性質を有する収入に該当しないものとし，増値税不課税とされる。

　セール・アンド・リースバックとは，賃借人が資金調達を目的として，その資産をセール・アンド・リースバック業務に従事する企業にいったん販売した後に，当該資産を直ちにリース資産として賃借することをいう。

(2) 直接的に料金を請求する金融サービス

　直接的に料金を請求する金融サービスとは，貨幣資金の融通及びその他の金融業務のために関連サービスを提供し，料金を請求する業務活動をいう。貨幣両替，口座管理，電子銀行，クレジットカード，信用証，財務保証，資産管理，信託管理，基金管理，金融取引プラットフォーム管理，資金決済，資金清算，金融支払等のサービスの提供を含む。

(3) 保険サービス

　保険サービスとは，保険契約書に基づき，被保険者が保険者に保険料を支払い，保険者が契約に約定する発生可能な事故により生じた財産損失に対して保険金を補償する責任を負う，または，被保険者が死亡，負傷，病気または契約に約定する年齢，期限等の条件を満たした場合に保険金給付の責任を負う商業保険行為を指し，人身保険サービス及び財産保険サービスを含む。

　人身保険サービスとは，人間の寿命及び身体を保険の対象とする保険業務活動を指す。

　また，財産保険サービスとは，財産及びそれに関連する利益を保険の対象とする保険業務活動を指す。

　再保険サービス（国内の保険会社が国外の保険会社に対して提供するものを除く）については，元受保険サービスと同じ増値税政策を適用するものとされている。また，再保険に係る元受保険契約が複数ある場合において，全ての元受保険契約が増値税を免除されるものであるときに限り，当該再保険についても増値税が免除される。

　なお，ここにいう元受保険サービスとは，元受保険会社がその顧客である被

保険者との間で保険契約を締結し，保険関係を成立させる業務活動をいう。

(4) 金融商品の譲渡

金融商品の譲渡とは，外貨，有価証券，非商品先物及びその他の金融商品の所有権を譲渡する業務活動を指す。その他の金融商品の譲渡とは，基金，信託，財テク商品等の各種資産管理商品及び金融デリバティブ商品の譲渡を含む。なお，これらの保有期間が満了したことによる償還等は譲渡に該当しない。

2 不課税対象

金融サービスに係る収入のうち，預金利子及び被保険者が取得する保険賠償金は増値税の課税対象外とされている。

2 税率及び徴収率

金融サービスについて，一般方式を適用する場合の税率は6％であり，簡易方式を適用する場合の徴収税率は3％である。

3 税額計算

1 税額計算方法

原則として，一般納税人が金融サービスを提供した場合は一般方式により税額を計算し，小規模納税人が金融サービスを提供した場合は簡易方式により税額を計算すべきとされているが，農村信用社等が金融サービスを提供する場合及び中国農業銀行が農業者等に対して行う一定の融資に関しては，一般納税人でも任意により簡易方式を選択適用することができる。

2 売上額の算出

　増値税の課税標準となる売上額の算出に当たり，金融サービスのうち**図表8-3**のものに関しては，それぞれ具体的な規定が設けられている。

図表8-3　金融サービスの種類と売上額の算出方法

取引種類	売上額の算出方法
(1) 貸付サービス	融資することにより取得する全ての利息及び利息としての性質を有する収入を「売上額」とする。
(2) 直接的に料金を請求する金融サービス	直接的に料金を請求する金融サービスを提供したことにより収受する手数料，コミッション，報酬金，管理料金，サービス料金，トレーディングフィー，アカウント開設料，譲渡手数料，決済手数料，カストディー変更料等の金額を「売上額」とする。
(3) 金融商品の譲渡	金融商品の売却価額から買入価額を控除した売却益を「売上額」とする。 なお，売却損が生じた場合は，他の金融商品の売却益と損益通算することができる。損益通算した結果なお損失の場合は，繰り越して翌納税期間以降の売却益と損益通算することができる。ただし，繰り越せるのはその年度末までであり，年度末においてもなお損失が残る場合は，その翌年度へ繰り越すことはできない。 金融商品の買入価額は，加重平均法または移動加重平均法により計算するものとし，いったん選択すると36か月間は変更することができない。 また，保有する非流通株を流通解禁後に譲渡した場合の売却益の計算上，買入価額は以下の定めに従って算定する。 ①　上場会社が株式分置改革時に，株式取引再開の前に形成された原非流通株または株式取引再開の初日から解禁日までの期間において原非流通株から派生した利益剰余金転化株式または資本積立金転化株式を譲渡した場合は，当該上場会社の株式分置改革完成後に株式取引再開した初日の始値を買入価額とする。 ②　会社が初めて上場して株式を発行した際に形成した非流通株式または上場日から解禁日までの期間において原非流通株から派生した利益剰余金転化株式または資本積立金転化株式を譲渡した場合は，当該上場会社のIPO初回発行価格を買入価額とする。 ③　上場会社が重大な資産再編を実施したことにより形成された非流通株または株式取引再開の初日から解禁日までの期間において原非流通株から派生した利益剰余金転化株式または資本積立金転化株式を譲渡した場合は，当該上場会社が資産再編の実施のため株式取引を停止した日の前日の終値を買入価額とする。

3 金融サービスの購入者における仕入税額控除

金融サービスのうち，貸付サービスに係る借入利息，当該貸付に直接関連する投資・融資顧問費用，手数料，コンサルティング料等を支払った場合，これらのサービスの購入者において，これらの支出に係る支払増値税は仕入税額控除をすることができない。

4 納税義務の発生時期の特例及び納税期間

1 納税義務の発生時期の特例

金融サービスのうち以下のものについては，増値税に係る納税義務の発生に関して特別な規定が設けられている。

(1) 金融商品の譲渡

当該金融商品の所有権が移転した日において納税義務の発生したものとする。

(2) 銀行による貸付サービス

銀行が提供する貸付サービスの利息収入について，期間に応じて収入を計上している場合は，利払日当日に計上される全部の利息を，当該利払日の属する納税期間の課税売上として認識すべきものとする。

(3) 金融企業における未収利息に係る取扱い

金融企業が行った融資に係る利息で約定した利息返済日以後の発生分については，それぞれ以下のように取り扱う。

① 約定利息返済日から90日以内の発生分：
実際の回収の有無にかかわらず，通常通りに増値税を認識するものとし，ま

た，最終的に回収できなかったとしても，これにつき納付した増値税は還付されない。
② 約定利息返済日から90日後の発生分：
実際に回収されるまでは増値税を認識しないものとする。

なお，ここにいう金融企業には，証券会社，保険会社，金融リース公司，証券基金管理公司，証券投資基金その他人民銀行，銀監会，証監会または保監会の承認のもと設立された金融保険業務を営む機構を含む。

2 納税期間

銀行，財務公司，信託投資公司，信用社の納税期間は，四半期ごととされている。

上記以外の納税者に関しては，小規模納税者は四半期ごと，それ以外は主管税務機関が納税者の納税金額の大小に応じて，1日，3日，5日，10日，15日，1か月もしくは四半期ごとの納税期間を決定する。

5 優遇税制

金融サービスのうち，**図表8-4**のものは増値税の減免の対象となる。

図表8-4 増値税の減免対象

1．増値税が免除されるもの
① 一定の利息収入 　㋐ 2016年12月31日までに金融機構から農業者に対して行う少額融資。ここにいう少額融資とは，10万元以下の融資をいう。 　㋑ 国家助学融資 　㋒ 国債及び地方政府債 　㋓ 人民銀行が金融機関に対して行う融資 　㋔ 住宅積立金管理センターが指定の委託銀行において住宅積立金を用いて行う個人の住宅ローン 　㋕ 外貨管理部門が国家外貨備蓄運営の過程において，金融機構に委託して行う外貨融資 　㋖ 統括融資業務において，企業グループまたは企業グループにおけるコア企業及び企業グループに属する財務公司が，金融機構から借入した場合の借入利率または発行する債券の額面利率以下の利率により，企業グループまたはグループに帰属する単位か

	ら収受する利息。但し，金融機構から借入した場合の借入利率または発行する債券の額面利率を超える部分の利息については，増値税課税とする。
②	人民銀行または銀監査から取消処分を受けた金融機構が，貨物，不動産，無形資産，有価証券または手形等の財産により債務返済する行為
③	保険期間が1年以上で元利返還する人寿保険，養老年金保険，その他の年金保険，及び保険期間が1年以上の健康保険に係る保険料収入
④	以下の金融同業者間取引に係る利息収入 ㋐ 金融機構と中国人民銀行の間で行われる資金融資業務。人民銀行が一般金融機構に対する貸付や，商業銀行と中国人民銀行の間で行う手形等の再割引，通貨スワップ及び通貨の相互預入などの業務を含む。 ㋑ 同一銀行間で行われる資金往来業務。即ち，同一銀行のシステム上において行われる，本支店または拠点の間の資金往来業務。なお，国内の銀行とその国外にある本店または親会社との間の資金往来業務や，国内の銀行とその国外にある支店または100％出資子会社との間の資金往来業務を含むものとする。 ㋒ 金融機構間が人民銀行の承認を受けて行う，全国銀行同業者間コールローン市場ネットシステム上で行われる短期（1年以下）の無担保資金融資行為。 ㋓ 金融機構間において行われる手形等の割引業務。 ㋔ 金融機構間で行われる債等金融商品を担保とする一定の短期資金融通業務。 ㋕ 開発性，政策性の金融機構が発行する債券を保有することにより取得する利息収入。 ㋖ 金融機関間において行われる資金の預金業務。なお，この場合の受入側は預金を吸収する資格のある金融機関に限る。 ㋗ 法律規定により融資業務が業務範囲として認められている金融機構（主に，農村信用社及び金融機構営業証に記載されている業務範囲に「金融機構からの借入れ」が含まれている金融機構を指す）間において行われる資金の貸し借り。 ㋘ 商業銀行（受託側）が金融機構（委託側）の委託を受けて，企業である顧客に資金を交付し，委託側が約定返金日において交付資金の元本及び利息を返還する融資行為。 ㋙ 現先取引金融商品。金融商品の保持者が債等の金融商品を債等の購入者に売却すると同時に，将来のある時点において約定価額により同種類で同数量の債等金融商品を買い戻すことを約束する取引行為。 ㋚ 金融債券の保持。ここにいう金融債券とは，中華人民共和国内に設立された金融機構法人が全国の銀行間または取引場債券市場において発行する，約定に従って元本返還及び利払いをする有価証券という。 ㋛ 銀行業預金類金融機構法人が，全国の銀行間または取引場債券市場における記帳式定期預金証憑の発行。
⑤	以下の金融商品に係る譲渡収入 ㋐ 「合格境外投資者（QFII）」が中国国内の会社に委託して行う，中国における証券売買業務。 ㋑ 「人民元合格境外投資者（RQFII）」中国国内の会社に委託して行う，中国における証券売買業務。 ㋒ 香港市場の投資家（単位及び個人を含む）が「滬港通」を通じて行う，上海証券取引所に上場するA株の売買。 ㋓ 香港市場の投資家（単位及び個人を含む）向けにミューチュアルファンドを通じて行う，中国のファンド持分の譲渡。 ㋔ クローズドエンド型及びオープンエンド型証券投資ファンドのファンドマネージャーが，これらのファンドの資金を運用して行う株式及び債券の売買。

(カ) 個人が行う金融商品の譲渡業務。
(キ) 中国人民銀行の認可を受けた国外機関が銀行間本幣市場に投資して取得する収入。
なお，銀行間本幣市場には貨幣市場，債券市場及びデリバティブ市場が含まれる。

⑥ 以下の保証機構が行う中小企業の信用保証業務または再保証業務に係る収入（信用格付け，コンサルティングまたはトレーニングの業務に係る収入は除く）
なお，免税の適用を受けるにあたり，主管税務機関にて届出を行わなければならない。届出手続完了日から3年間免税を適用することができる。3年間の適用期間満了後は，以下の全ての要件を満たす限り，再度届出手続を行うことにより継続して免税適用を受けることができる。

(ア) 監督管理部門より「融資性担保機構経営許可証」を取得しており，企（事）業法人として登録済で，かつ，実際払込資本が2,000万元を超えていること。
(イ) 平均年保証料率が，同期間に係る銀行の貸付基準利率の50%を超えていないこと。
なお，平均年保証料率は以下の算式により計算する。

期間保証料収入/（期首保証残額＋当期増加した保証金額）×100%

(ウ) 2年以上継続して法令を遵守して経営を行っていること。資金は主に保証業務に使っており，健全な内部管理制度及び中小企業に保証を提供する能力が備わっていて，かつ，経営成績が突出し，保証案件に対して全面的な事前の評価，経過監督，事後の賠償追及及び処置に関する体制が整備されていること。
(エ) 中小企業に対する保証額の累計額が，2年間の総保証額の累計額の80%以上を占め，かつ，1件につき800万元以下である保証案件の累計額が，総保証額の累計額の50%以上を占めていること。
(オ) 各被保証企業に対する保証残額が，保証機構自身の実際払込資本の10%を超えておらず，かつ，1件当たりの保証案件の平均保証責任額が3,000万元を超えていないこと。
(カ) 保証責任残額がその純資産の3倍以上であり，かつ，賠償率が2%以下であること。

2．輸出免税となるもの

① 国内の単位または個人が，国外企業間で行われる貨幣資金融資その他金融業務に対して提供する直接料金を徴収する金融サービスで，国内の貨物，無形資産及び不動産と関連性のないもの

② 国内の単位または個人が，輸出貨物に対して提供する保険サービス（再保険サービスを含む）

第3節

建 設 業

1 具体的な課税対象及び納税義務者

　建設サービスとは，各種建物，構築物及びその付属施設の建築，修繕，装飾，線路・パイプ・設備・施設等の据付その他工事作業を指し，大別して，工事サービス，据付サービス，修繕サービス，装飾サービス及びその他の建築サービスに分類され，それぞれの具体的な内容は以下の通りである。

　また，建設施工設備を操作人員と共に他人に貸与する行為は，建設サービスに該当する。

　なお，建設サービスを国内において提供する単位または個人は増値税の納税義務者となる。

① 工事サービス
工事サービスとは，各種建物，構築物を新築，改築する工事作業を指し，建物と連結する各設備又は柱，作業足場の据付，工事据付作業及び各種工業炉及び金属構造の工事作業を含む。
② 据付サービス
据付サービスとは，生産設備，動力設備，重量物積卸設備，運輸設備，動力伝達設備，医療実験設備その他各種の設備の据付・設置作業を指し，据え付けられた設備と連結する作業台，はしご，手すりの据付作業及び据え付けられた設備の絶縁，防腐，保温，塗装等の工事作業を含む。 固定電話，有線テレビ，Wifi，水，電気，ガス，暖房等を提供する者が使用者に請求する設置料，初据付料，アカウント開設料，容量拡大料及びそれらに類似する料金は，据付サービスとして増値税を課税するものとする。
③ 修繕サービス
修繕サービスとは，建物，構築物に対し，修繕，補強，保護，改善を行うことにより，元の使用価値へ回復させ，またはその使用期間を延長させる工事作業を指す。
④ 装飾サービス
装飾サービスとは，建物，構築物に対して装飾を行い，外観の美化または特定の用途をもたらせる工事作業を指す。なお，不動産管理会社が不動産所有者に対して提供する装飾サービスはこれに含まれる。

⑤ その他の建設サービス

その他の建設サービスとは，上記①から④以外の各種工事作業サービスを指しており，坑井の掘削，建物または構築物の取壊し，地均し，園林の緑化，浚渫（水路浚渫は除く），建物移設，足場などの作業台の設置，爆破，鉱山穿孔や表面付着物（岩層，土層，砂層など）の剥離及び除去などの工事作業が挙げられる。

2 税額計算及び納税申告

　県（市・区）を跨いで建設サービスを提供する場合は，通常の増値税納税申告以外に，建設サービスの提供地において予定納税申告を行わなければならないものとされている。また，納税者のステータス（一般納税人か小規模納税人か）及び提供する建設サービスの種類によって，適用すべき税額計算方法，税率，売上額の算出方法及び納税地が異なる。

　図表8-5において，各種パターンにおける増値税に関する取扱いを整理した。

図表8-5　パターン別増値税の取扱い

建設の類型		税額申告方法	
		予定納税申告 【建設サービス提供地の 主管国税税務機関】	通常の納税申告 【納税者の施設所在地の 主管国税税務機関】
1．一般納税人			
(1)「清包工程方式」，「甲供工程方式」により工事を行う場合または「旧建設工事」を行う場合			
	簡易方式選択	（収受する全ての金額及び付随費用−下請けに支払う金額）÷(1＋3％)×3％	（収受する全ての金額及び付随費用−下請けに支払う金額）÷(1＋3％)×3％
	一般方式選択	（収受する全ての金額及び付随費用−下請けに支払う金額）÷(1＋11％)×2％	収受する全ての金額及び付随費用÷(1＋11％)×11％
(2) (1)以外の工事を行う場合			
	一般方式のみ適用	（収受する全ての金額及び付随費用−下請けに支払う金額）÷(1＋11％)×2％	収受する全ての金額及び付随費用÷(1＋11％)×11％

2. 小規模納税人

		簡易方式のみ適用	
個人	個体工商戸	（収受する全ての金額及び付随費用－下請けに支払う金額）÷（1＋3％）×3％	（収受する全ての金額及び付随費用－下請けに支払う金額）÷（1＋3％）×3％
	個体工商戸以外の個人	不要	（収受する全ての金額及び付随費用－下請けに支払う金額）÷（1＋3％）×3％
企業		（収受する全ての金額及び付随費用－下請けに支払う金額）÷（1＋3％）×3％	（収受する全ての金額及び付随費用－下請けに支払う金額）÷（1＋3％）×3％

3 納税義務の発生時期の特例

　納税者が代金前受方式により建設サービスを提供した場合は，当該前受代金を受領した時に増値税の納税義務が発生したものとされる。

第4節

不動産業

1 具体的な課税対象及び納税義務者

増値税の課税対象となる不動産のリース及び販売行為の具体的な範囲は財税【2016】36号文の付属文書1において，以下のように定められている。

また，国内において不動産のリースまたは販売を行った単位または個人は増値税の納税義務者となる。

① **不動産のリースサービス（現代的サービスのうちのリースサービスのカテゴリーに属する）**

不動産のリースサービスには，オペレーティングリースとファイナンスリースが含まれる。オペレーティングリースとは，所有権を変更することなく，約定した期間において他人に使用させる業務とされている。ファイナンスリースとは，融資としての性質を持つ所有権の移転するリース活動とされている。即ち，リース業者はリース借入人の要求する規格，型版，性能などの条件を満たすリース資産を購入して借入人にリースする，また，契約期間内においてリース資産の所有権はリース業者に帰属し，借入人は使用権を有するに過ぎないが，契約期限が到来してリース料を全額支払うことにより，借入人はリース資産の残存価額によりこれを購入し所有権を取得する権利がある（権利を有するだけで実際購入するか否かは任意）。

② **不動産の販売**

不動産の販売とは，不動産の所有権を譲渡する業務活動をいう。不動産とは，移動が不可もしくは移動することにより性質及び形状の変化を来す財産のことをいい，建物及び構築物が含まれる。

また，建物には，住宅，商業用建物，オフィスビルなど，居住及び事業その他活動を遂行できる建造物が含まれる。構築物には，道路，橋梁，トンネル，ダムなどの建造物が含まれる。

なお，建物の有限所有権または永久使用権，建設途中の建物または構築物

の所有権，及び建物と構築物と同時にその占有地の土地使用権を合わせて譲渡する場合は，不動産の販売があったものとして取り扱う。ただし，土地使用権のみを譲渡する場合は，自然資源使用権の譲渡（無形資産の譲渡のカテゴリーに属する）があったものとして取り扱う。

2 税額計算及び納税申告

不動産の販売を行った場合，または県（市・区）を跨いで不動産のオペレーティングリースサービスを提供した場合は，通常の増値税納税申告以外に，予定納税申告を行わなければならないケースがある。また，納税者のステータス（一般納税人か小規模納税人か，企業か個人かなど）及び提供するリースまたは販売する不動産の種類によって，適用すべき税額計算方法，税率，売上額の算出方法及び納税地が異なる。

以下の図表において，各種パターンにおける増値税に関する取扱いを整理した。

① 不動産販売（不動産開発業者が自己開発した不動産を販売する場合を除く）

図表8-6 不動産販売の増値税

販売の類型			税額計算方法	
			予定納税申告	通常の納税申告
			【不動産の所在地の主管地方税税務機関】	【納税者の施設所在地の主管国税税務機関】
1．一般納税人				
	(1) 2016年4月30日以前に取得した不動産（自己建設したものを除く）を販売した場合			
		簡易方式選択	（収受する全ての金額及び付随費用－当該不動産の購入原価または購入時の評価価額）÷（1＋5％）×5％	（収受する全ての金額及び付随費用－当該不動産の購入原価または購入時の評価価額）÷（1＋5％）×5％
		一般方式選択	収受する全ての金額及び付随費用÷（1＋5％）×5％	収受する全ての金額及び付随費用÷（1＋11％）×11％
	(2) 2016年4月30日以前に自己建設した不動産を販売した場合			
		簡易方式選択	（収受する全ての金額及び付随費用）÷（1＋5％）×5％	収受する全ての金額及び付随費用÷（1＋5％）×5％
		一般方式選択	（収受する全ての金額及び付随費用）÷（1＋5％）×5％	収受する全ての金額及び付随費用÷（1＋11％）×11％
	(3) 2016年5月1日以後に取得した不動産（自己建設したものを除く）を販売した場合			
		一般方式のみ適用	（収受する全ての金額及び付随費用－当該不動産の購入原価または購入時の評価価額）÷（1＋5％）×5％	収受する全ての金額及び付随費用÷（1＋11％）×11％
	(4) 2016年5月1日以後に自己建設した不動産を販売した場合			
		一般方式のみ適用	収受する全ての金額及び付随費用÷（1＋5％）×5％	収受する全ての金額及び付随費用÷（1＋11％）×11％
2．小規模納税人				
	(1) 取得した不動産（自己建設したものを除く）を販売（個人による購入住宅の譲渡を除く）した場合			
	個人	個体工商戸	（収受する全ての金額及び付随費用－当該不動産の購入原価または購入時の評価価額）÷（1＋5％）×5％	（収受する全ての金額及び付随費用－当該不動産の購入原価または購入時の評価価額）÷（1＋5％）×5％
		個体工商戸以外の個人	予定納税は不要。（収受する全ての金額及び付随費用－当該不動産の購入原価または購入時の評価価額）÷（1＋5％）×5％により税額を計算し，<u>不動産の所在地の主管地方税税務機関にて通常の納税申告を行う。</u>	
	企業		（収受する全ての金額及び付随費用－当該不動産の購入原価または購入時の評価価額）÷（1＋5％）×5％	（収受する全ての金額及び付随費用－当該不動産の購入原価または購入時の評価価額）÷（1＋5％）×5％

(2) 自己建設した不動産を販売（個人による購入住宅の譲渡を除く）した場合			
個人	個体工商戸	収受する全ての金額及び付随費用÷（1＋5％)×5％	収受する全ての金額及び付随費用÷（1＋5％)×5％
	個体工商戸以外の個人	予定納税は不要。収受する全ての金額及び付随費用÷（1＋5％)×5％により税額を計算し，<u>不動産の所在地の主管地方税税務機関</u>にて通常の納税申告を行う。	
	企業	収受する全ての金額及び付随費用÷（1＋5％)×5％	収受する全ての金額及び付随費÷（1＋5％)×5％
(3) 個人が自己が購入した住宅を譲渡した場合（総額方式適用）			
個人	個体工商戸	（収受する全ての金額及び付随費用）÷（1＋5％)×5％	（収受する全ての金額及び付随費用）÷（1＋5％)×5％
	個体工商戸以外の個人	予定納税は不要。収受する全ての金額及び付随費用÷（1＋5％)×5％により税額を計算し，<u>住宅の所在地の主管地方税税務機関</u>にて通常の納税申告を行う。	
(4) 個人が自己が購入した住宅を譲渡した場合（純額方式適用）			
個人	個体工商戸	（収受する全ての金額及び付随費用－当該住宅の購入原価）÷（1＋5％)×5％	（収受する全ての金額及び付随費用－当該住宅の購入原価）÷（1＋5％)×5％
	個体工商戸以外の個人	予定納税は不要。（収受する全ての金額及び付随費用－当該住宅の購入原価）÷（1＋5％)×5％により税額を計算し，<u>住宅の所在地の主管地方税税務機関</u>にて通常の納税申告を行う。	

② **不動産開発業者による自己開発不動産の販売で前受金を収受している場合**

図表8-7　不動産開発業者の増値税

開発販売の類型		税額申告方法	
		予定納税申告【納税者の施設所在地の主管国税税務機関】	通常の納税申告【納税者の施設所在地の主管国税税務機関】
1．一般納税人			
(1) 旧開発プロジェクトを販売した場合			
	簡易方式選択	前受金÷（1＋5％)×3％	収受する全ての金額及び付随費用÷（5％＋1)×5％
	一般方式選択	前受金÷（1＋11％)×3％	（収受する全ての金額及び付随費用－控除可能な土地価額）÷（11％＋1)×11％
(2) 旧開発プロジェクト以外を販売した場合			
	一般方式のみ適用	前受金÷（1＋11％)×3％	（収受する全ての金額及び付随費用－控除可能な土地価額）÷（11％＋1)×11％
2．小規模納税人			
	簡易方式のみ適用	前受金÷（1＋5％)×3％	収受する全ての金額及び付随費用÷（5％＋1)×5％

③ 不動産オペレーティングリース(不動産業者による自己開発物件のオペレーティングリースを含む)

図表8-8　不動産オペレーティングリースの増値税

オペレーティングリースの類型			税額申告方法		
			予定納税申告	通常の納税申告	
			【不動産の所在地の主管国税税務機関】	【納税者の施設所在地の主管国税税務機関】	【不動産の所在地の主管地方税税務機関】
1．一般納税人					
	(1) 2016年4月30日以前に取得した不動産を賃貸した場合				
		簡易方式選択	税込売上額÷(1+5%)×5%	税込売上額÷(1+5%)×5%	
		一般方式選択	税込売上額÷(1+11%)×3%	税込売上額÷(1+11%)×11%	
	(2) 不動産開発業者が2016年4月30日以前の旧開発プロジェクトを賃貸した場合				
		簡易方式選択	税込売上額÷(1+5%)×5%	税込売上額÷(1+5%)×5%	
		一般方式選択	税込売上額÷(1+11%)×3%	税込売上額÷(1+11%)×11%	
	(3) 2016年5月1日以後に取得した不動産を賃貸した場合				
		一般方式のみ適用	税込売上額÷(1+11%)×3%	税込売上額÷(1+11%)×11%	
	(4) 不動産開発業者が2016年5月1日以後の開発プロジェクトを賃貸した場合				
		一般方式のみ適用	税込売上額÷(1+11%)×3%	税込売上額÷(1+11%)×11%	
2．小規模納税人：簡易方式のみ適用					
	(1) 取得した不動産(住宅を除く)を賃貸した場合				
	個人	個体工商戸	税込売上額÷(1+5%)×5%	税込売上額÷(1+5%)×5%	
		個体工商戸以外の個人	不要		税込売上額÷(1+5%)×5%
		企業	税込売上額÷(1+5%)×5%	税込売上額÷(1+5%)×5%	
	(2) 住宅を賃貸した場合				
	個人	個体工商戸	税込売上額÷(1+5%)×1.5%	税込売上額÷(1+5%)×1.5%	
		個体工商戸以外の個人	不要		税込売上額÷(1+5%)×1.5%
		企業	税込売上額÷(1+5%)×5%	税込売上額÷(1+5%)×5%	
	(3) 不動産開発業者が自己の開発したプロジェクトを賃貸した場合				
		企業	税込売上額÷(1+5%)×5%	税込売上額÷(1+5%)×5%	

3 納税義務の発生時期の特例

　納税者が代金前受方式により不動産オペレーティングリースサービスを提供した場合は，当該前受代金を受領した時に増値税の納税義務が発生したものとする。

4 優遇税制

以下に掲載する不動産リース及び不動産の販売は，増値税が免除される。

①　個人による自己建設の自己使用住宅の譲渡
②　2018年12月31日までに行われる公共賃貸住宅経営管理単位による公共賃貸住宅の賃貸
③　軍隊の空き家の賃貸収入
④　企業や行政事業単位が，国家の住居制度改革に合わせて標準価格等を調整して住宅を販売した場合
⑤　土地使用権を，農業生産者に農業で使用させるために譲渡する場合
⑥　個人が，家庭財産の分割により，無償で不動産または土地使用権を譲渡する場合（離婚による財産分割，一定の家族への無償贈与，遺産相続などを含む）
⑦　土地所有者が土地使用権を払下げる（有償により土地使用権を付させる行為）場合及び土地使用者が当該土地使用権を所有者に返還する場合
⑧　個人が購入して2年以上経過している住宅（北京市，上海市，広州市及び深圳市にある非普通住宅を除く）を販売した場合

第9章

実務に役立つQ&A

目　次

1　2016年増値税改革関係

【1　共通トピック】

- Q1　同一納税者における簡易方式と一般方式の同時適用 ……………… 251
- Q2　増値税の免税点 ……………………………………………………… 251
- Q3　期限内に一般納税人の資格登記をしなかった場合 ………………… 252
- Q4　労務派遣と人事アウトソーシングの違い …………………………… 252
- Q5　免税適用の判定　国内の貨物及び不動産と関係ないことの具体例 …… 252
- Q6　不動産や無形資産の現物出資と増値税 ……………………………… 253
- Q7　税額納付証憑で仕入税額控除を行う場合の取扱い ………………… 253
- Q8　本店，支店が省を跨いでいる場合の不動産賃貸に係る申告 ……… 253
- Q9　混合販売の具体例 …………………………………………………… 254
- Q10　フリーレントの場合の増値税の取扱い …………………………… 254
- Q11　社会団体が徴収する会費は増値税の課税対象か ………………… 255
- Q12　違約金は増値税の課税対象か ……………………………………… 255
- Q13　立退き補償金は増値税の課税対象か ……………………………… 256
- Q14　増値税発票管理新システムの導入方法 …………………………… 256
- Q15　増値税発票管理新システムの初回導入の特別処理 ……………… 257
- Q16　一般納税人の登記の要否の判断ポイント ………………………… 257
- Q17　一般納税人基準に本店は達していないが支店は達している場合の取扱い ……………………………………………………………… 258
- Q18　簡易方式適用で増値税専用発票を発行できないケース ………… 258
- Q19　前納税期間から繰り越された控除しきれない仕入税額を当納税期間の予定納税額から控除できるか ……………………………… 258
- Q20　納税信用評価 ………………………………………………………… 258

【2　無形資産の譲渡及び現代サービス・生活サービス業関係】

- Q21　倉庫サービスと貸倉庫サービスの適用税率 ……………………… 259
- Q22　会員カードに係る収入の増値税の取扱い ………………………… 259
- Q23　リース業者の有形動産のセールアンドリースバック取引と仕入税額控除 …………………………………………………………… 259
- Q24　社員研修の宿泊代，食事代の仕入税額控除 ……………………… 260

Q25	ホテル業の物品及びサービスの適用税率	260
Q26	ホテル業で外部から駐車場を賃貸した場合の仕入税額控除	261
Q27	会社の車がレッカーサービスを受けた場合の増値税率	261
Q28	芸能人の肖像権	261
Q29	ホテルを会社登記住所として貸した場合の取扱い	261
Q30	旅行会社が国外で支出した費用の取扱い	261
Q31	害虫駆除サービスの増値税率	262
Q32	サービスアパート経営は宿泊サービスか不動産賃貸サービスか	262
Q33	仕入れや費用に係る税率が自社売上に適用される税率と異なることが仕入税額控除の可否に影響するか	262
Q34	チケットエージェントのサービス分類	262
Q35	ブライダルカンパニーのサービス分類	262
Q36	造園，ガーデニング業者のサービス分類	263
Q37	貨物の運輸代理，代理通関サービスのサービス分類	263
Q38	証券会社が受け取る取引コミッション収入のサービス分類	263
Q39	学生アルバイトへの支払い賃金の取扱い	263

【3 金融業関係】

Q40	企業グループとは	263
Q41	保険代理サービスのサービス分類	264
Q42	無利息貸付は増値税の対象になるか	264
Q43	貸付利息の発票	264
Q44	銀行元本保証の投資商品に係る収入は増値税の対象か	264
Q45	保険会社の顧客へのプレゼントは増値税の課税対象となるか	265
Q46	手形の割引業務による利息収入に係る増値税の発生時期	265
Q47	債券保有による利息収入に係る増値税の発生時期	265
Q48	株式や持分の譲渡は増値税の課税対象となるか	266
Q49	クレジット会社　カードのポイントと商品等との交換はみなし販売か	266
Q50	保険料収入と増値税の発生時期	266
Q51	営業マンへのコミッションの実物支給と広告宣伝のための贈答はみなし販売か	266
Q52	保険会社の被保険者への賠償額は仕入税額控除できるか	267
Q53	保険業務の特殊性と「三流一致」の考え方	267
Q54	ファクタリング業務の増値税の取扱い	267
Q55	商業ファクタリング会社の増値税申告	268

【4 建設業関係】

- Q56　据付費用等のサービス分類 …………………………………… 268
- Q57　建設サービスのうちに建設材料の提供も含まれている場合の取扱い … 269
- Q58　簡易方式適用の場合の計算と発票の記載金額 ……………… 269
- Q59　簡易方式適用の場合の税率と増値税専用発票発行の可否 ………… 269
- Q60　複数のプロジェクトがある場合の簡易方式・一般方式の統一の必要性　270
- Q61　工事開始日の記載がない場合の新旧分類 …………………………… 270
- Q62　2016年5月1日以降の内装費用等の仕入税額控除の取扱い …………… 270
- Q63　自ら製造したアスファルトを自社が請け負った建設プロジェクトに使用した場合の自己消費の判断 ……………………………………… 271
- Q64　2016年4月30日以前に工事開始予定，5月1日以後に工事開始日を修正した場合のプロジェクトの新旧分類 ……………………………… 271
- Q65　解体，地ならしは増値税の課税対象となるか ……………………… 271
- Q66　品質保証金の税率 ……………………………………………………… 271
- Q67　同一のプロジェクトで甲供材料と自社調達の材料が混在している場合の簡易方式の適用 ……………………………………………………… 272
- Q68　購入貨物の代金支払企業と，増値税専用発票に記載される名称の不一致と仕入税額控除 ……………………………………………………… 272
- Q69　材料準備代金は増値税の課税対象となるか ………………………… 272
- Q70　分公司，プロジェクト部門は一般納税人として登記できるか ………… 273
- Q71　旧プロジェクトについて簡易方式の継続適用要件の有無 ……………… 273
- Q72　緑化事業のサービス分類 ……………………………………………… 273
- Q73　自らの所在地と異なる県等で建設サービスを提供する場合の税務登記　274

【5 不動産業関係】

- Q74　個人が所有する家屋を企業に賃貸している場合の増値税専用発票の代理発行申請の可否 ……………………………………………………… 274
- Q75　不動産管理会社に支払う駐車場代等の取扱い ……………………… 274
- Q76　建築物，車両に広告を掲載させる行為の取扱い …………………… 275
- Q77　納税者が不動産を転貸する場合の増値税の取扱い ………………… 275
- Q78　同一プロジェクトに，マンションと戸建てが含まれている場合の簡易方式・一般方式の選択適用 ………………………………………… 275
- Q79　予定納税申告が必要な前受金の範囲 ………………………………… 275
- Q80　前受金の受取りと発票発行のタイミング …………………………… 277

Q81　増値税改革施行前に販売済の不動産について営業税の発票が未済の場合の取扱い ……………………………………………………………… 277
Q82　同一の不動産で不動産管理費収入と不動産賃貸収入の税率が異なる場合の発票発行 ………………………………………………………………… 277
Q83　駐車スペース，収納スペースの譲渡 …………………………………… 278
Q84　不動産開発会社が土地の使用権取得のために支払う費用のうち売上額から控除可能なもの ………………………………………………………… 278
Q85　個体工商戸以外の個人が賃料前受方式で賃貸する場合の計算 ……… 278
Q86　2016年4月30日以前に購入した旧不動産の購入に係る発票を紛失した場合 ……………………………………………………………………… 279
Q87　取得した不動産使用権を子会社に譲渡した場合の取扱い …………… 279
Q88　個人の住宅購入「2年以上経過」の判断基準 ………………………… 279
Q89　不動産販売の課税行為発生の認識時期 ………………………………… 280
Q90　不動産開発業者が買受人から受け取った証書取得に係る費用は「付随費用」か ………………………………………………………………… 280
Q91　個人以外の納税者が不動産販売をした場合の予定納付の時期 ……… 280
Q92　小規模納税人が土地使用権を譲渡する場合の税率 …………………… 281
Q93　簡易方式適用時に売上額から控除可能な不動産の購入原価に税金費用，内装費用は含まれるか ……………………………………………… 281
Q94　賃貸契約者と発票発行者が異なる場合の簡易方式申請 ……………… 281
Q95　経営範囲に不動産賃貸が含まれていない場合の発票の可否 ………… 281
Q96　不動産を二人以上の個人で共有する場合の発票の記載 ……………… 282
Q97　「不動産開発業者による自己開発不動産の販売」と「それ以外の不動産の販売」 ……………………………………………………………… 282
Q98　取得した土地使用権を複数の区画に分けて建設・販売する場合の売上額から控除可能な金額の計算 ………………………………………… 282
Q99　「永久賃貸」の地下駐車場の取扱い …………………………………… 283

【6　交通運輸業関係】

Q100　航空運輸サービスと賃貸サービス …………………………………… 283
Q101　マイレージは増値税の課税対象となるか …………………………… 284
Q102　航空機チケットのキャンセル料は増値税の課税対象となるか …… 284
Q103　貨物運輸サービスを提供した場合の発票 …………………………… 284

2 クロスボーダー取引関連

- Q1 間接的に提供する国際貨物運輸代理サービスの免税適用・放棄 ……… 284
- Q2 間接的に提供する国際貨物運輸代理サービスで免税適用する場合の事後届出の可否 …………………………………………………………………… 285
- Q3 免税を適用した場合の資料の保存 ……………………………………… 285
- Q4 国外企業の中国代表処の免税適用の可否 ……………………………… 285
- Q5 国外の取引先との間の債権債務の相殺と免税適用の可否 …………… 285
- Q6 増値税専用発票と免税適用 ……………………………………………… 286

1　2016年増値税改革関係

　2016年3月24日に増値税改革に関する規定が公布されたあと，中国各地の税務局は納税者からの様々な疑問に答え，公式サイトなどにQ&Aを掲載した。そのうち，規定等の解釈の参考となるものを抜粋し，以下にて紹介する。

　なお，Q&Aで述べられている見解は実務を行う上での参考にはなるが，法規定により明確に定められていないものについては法的拘束力はなく，かつ中国は地域によって税務機関の見解が異なることがあるため，Q&Aはその開示地域以外の地域では通用しない可能性があることに留意する必要がある。

　また，Q&Aは当局の公表コメントを基本的にそのまま引用しているが，一部のものについては注書きにより筆者の補足を付け加えている。

1　共通トピック

Q1　同一納税者における簡易方式と一般方式の同時適用
　一つの企業が，同時に簡易方式と一般方式の両方を適用することができますか。

A　一般納税人の場合，そういうケースも考えられます。一般納税人は原則として一般方式を適用すべきですが，特定の課税取引を行っている場合（例えば，一定の建設サービス，不動産の販売またはオペレーティングリースなど）は，当該特定の課税取引については簡易方式を選択適用することができます。
　なお，いったん選択すると，36か月間は変更することができません。

………国家税務総局による質疑応答（2016年4月21日）

Q2　増値税の免税点
　増値税一般納税人です。増値税には免税点があると聞きましたが，弊社の課税売上がもし免税点以下となった場合，増値税の納税義務はなくなるのでしょうか。

A　増値税の免税点は個人と小規模納税人にのみ適用されますので，一般納税人には適用されません。したがって，一般納税人の課税売上額がたとえ免税点以下の金額であっても，増値税の納税義務は免除されません。

………国家税務総局ホットライン（12366）による一問一答

Q3　期限内に一般納税人の資格登記をしなかった場合

課税売上額が一定基準を超え，増値税一般納税人に該当すべき企業が，期限内に主管税務機関で一般納税人の資格登記を行わなかった場合は，どうなりますか。

A　その場合は，仕入税額控除が一切認められず，課税売上額に税率を乗じた金額を税額として納付しなければなりません。また，増値税専用発票の発行もできませんので，当該企業の顧客も当該企業に支払った支出について仕入税額控除ができないということになります。

　　　　　　　　　　　………国家税務総局ホットライン（12366）による一問一答

Q4　労務派遣と人事アウトソーシングの違い

労務派遣と人事アウトソーシングの違いを教えて下さい。

A　労務派遣とは，労務派遣業者が実際の労務利用者である企業等との間で締結された契約に基づいて，労務派遣労働者を当該企業等に派遣することをいい，また，労務派遣業者と労務派遣労働者の間では労働契約が締結されます。

一方で，人事アウトソーシングとは，利用者企業がニーズに応じて，一部の職能をアウトソーシングし，他の企業または組織に管理させることをいいます。

　　　　　　　　　　　………増値税改革政策に関する質疑応答（ウィグル）

Q5　免税適用の判定　国内の貨物及び不動産と関係ないことの具体例

一部の国外に提供するサービスの免税の適用可否の判定において，当該サービスが国内の貨物及び不動産と関係ないことが免税の条件となっています。「国内の貨物及び不動産とは関係ない」ことについて，具体例を教えてください。

A　例えば，ある企業が国外の企業に対して税務コンサルティングサービスを提供するにあたり，サービスの提供の過程で必然的になんらかの国内の貨物や不動産を使用するような場合は「国内の貨物及び不動産と関係ない」と考えてよいと思います。

一方で，ある評価会社が国外の企業から依頼を受けて，国内にある不動産に対して資産評価をするような場合は，たとえ契約が国外の企業と締結していて，対価も国外から取得していても，当該取引は「国内の貨物及び不動産と関係ない」には該当しません。よって，免税適用はできません。

即ち，「国内の貨物及び不動産と関係ない」かどうかの着目点は，そのサービスの目的物が国内の貨物または不動産を標的としているか，にあります。

　　　　　　　　　　　………国家税務総局による質疑応答（2016年5月12日）

Q6　不動産や無形資産の現物出資と増値税

不動産や無形資産を現物出資した場合，増値税は課税されますか。

A 財税【2016】36号文において，国内において行われる有償によるサービスの提供，無形資産または不動産の販売は，増値税の課税対象に該当すると明確に規定されています。有償という概念には，貨幣，貨物及びその他の経済的利益が含まれていることから，現物出資してその対価として株式や持分などといった経済的利益を取得する行為は，増値税の課税取引に該当します。

なお，この場合の課税標準は，その取得する株式や持分などの金額とされています。

―――国家税務総局による質疑応答（2016年5月12日）

Q7　税額納付証憑で仕入税額控除を行う場合の取扱い

国内の納税者が国外の企業等からサービスの提供を受けたのですが，書面による契約を締結しておらず，増値税を源泉徴収した際に取得する税額納付証憑しかありません。当該証憑のみを以て，仕入税額控除することができますか。

A 税額納付証憑を根拠に仕入税額控除を行う場合は，書面による契約書，代金支払証明及び国外企業等の照合票またはインボイスも合わせて整備しておく必要があります。資料に不備がある場合は仕入税額控除することができない可能性があります。

―――ホットトピックへの回答（2016年5月16日）北京

Q8　本店，支店が省を跨いでいる場合の不動産賃貸に係る申告

A省に本店，B省に支店を持つ不動産賃貸会社です。会社が賃貸している不動産の所有権は全て本店名義となっております。2016年の増値税改革後，本店も支店も一般納税人となるのですが，支店が所在するB省にある不動産を賃貸した場合，本店がB省で予納を行った上で，自らの所在地であるA省で通常の増値税申告を行うべきでしょうか。それとも支店がB省で通常の増値税申告を直接行えばよいのでしょうか。

A 契約主体が本店か支店かで取扱いが異なります。

もし本店が契約主体として借主と賃貸契約を締結しているのであれば，本店が県（市）を跨いで不動産の賃貸を行ったということになりますので，B省で予納を行った上で，自らの所在地であるA省で通常の増値税申告納税を行う必要があります。

一方で，支店が契約主体として借主と賃貸契約を締結しているのならば，不動産の賃貸を県（市）を跨いで行っていないので，予納の必要がなく，通常通りにB省にて増値税の申告納税を行えば問題ありません。ただし，不動産の所有権は全て本店名義となっていることから，まず本支店間で不動産賃貸契約を締結することが必要となります。

　➡注
　　上記質問は，本支店合算課税を適用しておらず，原則通り，それぞれ独立した納税主体であることが前提となっている。

………増値税改革政策に関する質疑応答（ウィグル）

Q9　混合販売の具体例

　具体的に，どのような販売行為が混合販売に該当するのでしょうか。詳しく教えてください。

A　混合販売とは，以下の2点のいずれにも該当する販売行為のことを指します。
　①　一つの販売行為であること。
　②　当該一つの販売行為に，貨物とサービスが混合していること。
　　なお，ここにいう貨物には有形動産，電力，熱及びガスを含みます。また，サービスとは，交通運輸サービス，建設サービス，金融保険サービス，郵政サービス，電信サービス，現代サービス及び生活サービスのことを指します。
　貨物とサービスがもし一つの販売行為になっていなければ（例えば，会計処理上，別取引として記帳しているなど）それは混合販売とはいえません。混合販売の具体例として，貨物の生産に従事する企業がその貨物を販売するついでに運送まで行っている場合などが挙げられます。その場合，貨物の代金と運送費用は一律貨物の販売に係る増値税率17％により増値税が課されます。

………国家税務総局ホットライン（12366）による一問一答
………増値税改革がテーマの質疑応答（上海）

Q10　フリーレントの場合の増値税の取扱い

　賃貸契約において，一年目をフリーレントとした場合，その間の賃料について増値税の課税はありますか。

A　みなし販売があったものとして，増値税の課税対象となります。

………12366増値税改革ホットトピック（2016年4月5日）福建

Q11 社会団体が徴収する会費は増値税の課税対象か

社会団体が徴収する会費は、増値税の課税対象でしょうか。また、増値税発票を発行できるのでしょうか。

A 社会団体が徴収する会費は、増値税の課税範囲ではありません。よって、増値税発票は発行できません。

なお、社会団体の会費とは、社会団体が国家の法規や政策の許容範囲内において、社団章程の規定に基づいて徴収する個人会員または団体会員の会費をいいます。社会団体とは、国内において国家社団主管部門の承認を受けて設立された非営利性の協会、学会、連合会、研究会、基金会、聯誼会、促進会、商会などの民間群衆社会組織をいいます。

また、各党派、共青団、工会、婦聯、中科協、青聯、台聯、僑聯が徴取する党費及び会費もこれに含まれます。

………増値税改革に関するホットトピック（5月4日）四川

Q12 違約金は増値税の課税対象か

違約金は、増値税の課税対象となりますか。

A 違約金の属性によります。

判断基準は、当該違約金が増値税法上の「売上額」としての概念に合致するか否かにあります。増値税法上の「売上額」の定義は、納税者が貨物または課税サービス等を販売し、購入側から受け取る全ての価額及び付随費用とされており、当該付随費用の中には違約金が含まれています。

したがって、もし、違約金を支払っても、貨物または課税サービス等の販売という課税行為が成立するのであれば、当該違約金は増値税の課税対象になります。

《課税対象となる違約金の例示》

A社とB社は紡績品100トンを100万元で売買する契約を締結している。A社は契約締結後15日以内に商品の引渡を、B社は契約締結後30日以内に代金の支払いを行うことを約定し、どちらかが契約違反した場合は、相手に対して5万元の違約金を支払うことしている。結局B社が支払期限を延滞し、契約を違反したとして、A社に商品代金100万元のほかに、5万元の違約金を支払った。

上記の事例の場合、増値税の課税取引である紡績品の売買は成立しているので、当該5万元の違約金は商品販売代金の付随費用として、増値税の課税対象に含めることとなります。

一方で，もし，違約金が課税行為とは関係なく独立して発生していたり，課税行為自体が中止された場合は，課税対象とすべきではありません。

《課税対象とならない違約金の例示》
A社はB社と商品売買契約を締結している。A社はB社に10万元の手付金を支払い，B社はA社に紡績品20トンを契約締結後3か月以内に引き渡すことを約定した。その後事情により，A社の意向で当該売買契約を取り消したので，10万元の手付金は違約金としてそのままB社が没収することとなった。

上記の事例の場合，増値税の課税取引である紡績品の売買は成立していない。したがって10万元の違約金は課税行為に付属して支払われているとはいえず，増値税の課税対象に含めるべきではありません。

上記以外にも，企業が社内規定などに違反した従業員に科す罰金も増値税課税行為には該当しません。

………湖北省国家税務局HP
………不動産企業増値税改革に関する問題回答（福建）

Q13 立退き補償金は増値税の課税対象か

個人ですが，住宅が取壊しの対象となったため，立退き補償金をもらいました。当該立退き補償金は増値税の課税対象となりますか。

A 増値税の課税対象ではありません。

………12366増値税改革ホットトピック回答（4.25）―福建

Q14 増値税発票管理新システムの導入方法

新たに増値税一般納税人となりました。増値税発票管理新システムの導入の仕方を教えて下さい。

A 増値税発票管理新システムの導入には，専用設備と汎用設備の準備が必要になります。具体的には以下の通りです。

① **専用設備の用意**

専用設備とは，金税ディスクと税金コントロールディスクのことを指します。これらは，国家税務総局が授権した増値税システムサービス業者（基本的には航天信息股份有限公司（以下「航天信息」）という国有企業が主流）が販売及び技術サービスを提供します。

納税者は，まず主管税務機関にて一定の必要資料を入手し，当該資料を増値

税システムサービス業者に提示して専用設備を購入します。

費用は，金税ディスクと税金コントロールディスクは各490元，技術サポート費用が一社（一セット）につき年間330元です。

② 汎用設備の用意

汎用設備とは，コンピューター，プリンターなどを指しており，特に税務機関からの業者指定はなく，納税者が自由に調達することができます。また，いかなる単位及び個人も，税務機関の名義で納税者に特定の機材やソフトウェアの購入を強要してはならないものとされています。

――必ず知っておくべき増値税発票に関する事項（四川）

➡注

①の専用設備を購入すると，増値税システムサービス業者は来社してセッティング及び使用説明をしてくれるのが一般的である。また，専用設備の金額については，2016年9月末時点のものを参考までに掲載しているが，調整される可能性がある。

Q15　増値税発票管理新システムの初回導入の特別処理

増値税発票管理新システムの専用設備代と技術サービス代について，増値税の取扱い上特別な処理があると聞きました。どんな処理か教えて下さい。

A　財税【2012】15号において，増値税発票管理新システムの初回の専用設備代及びそれに係る毎年の技術サービス代は，代金全額につき，当期の増値税の売上税額から控除することができ，控除しきれない部分は次期に繰り越すことができるとされています。

即ち，当期の増値税売上税額が1,000元発生しているとして，金税ディスク490元と技術サポート費用330元を支出した場合は，増値税の納付税額は，これらの合計である820元を1,000元から控除した残額の180元となります。

――必ず知っておくべき増値税発票に関する事項（四川）

Q16　一般納税人の登記の要否の判断ポイント

病院を経営していますが，増値税一般納税人の登録が必要でしょうか。

A　一般納税人の登記の要否は，一定の売上規模に達しているどうかによって判断することになります。病院経営という業種のみで判断するものではありません。

――増値税改革問題回答抜粋（雲南）

Q17 一般納税人基準に本店は達していないが支店は達している場合の取扱い

弊社は本店のほかに支店も経営しております。支店は取引が多く，一般納税人の基準に達していますが，本店のほうは達していません。その場合，本店は小規模納税人にもかかわらず，支店のみ一般納税人を登記することは問題ないのでしょうか。

|A| 問題ありません。正式な税務登記をした支店などの分機構は，一般納税人の基準に達していれば一般納税人として登録することができます。本店との主従関係は影響しません。
　　　　　　　　　　　　　　　　　　　………増値税改革問題回答抜粋（雲南）

Q18 簡易方式適用で増値税専用発票を発行できないケース

一般納税人が簡易方式を適用している場合でも，その売上額について増値税専用発票を発行することができるのでしょうか。

|A| 現行の制度において，一般納税人が簡易方式を適用すると増値税専用発票の発行ができない場合として以下のケースが規定されています。これら以外の場合は，簡易方式を適用していても増値税専用発票を発行することができます。
① 採血業者が非臨床用の人体血液を販売する場合。
② 中古品を販売する場合。
③ 自己使用済の固定資産を販売する場合。
　　　　　　　　　　　　　　　　　　　………増値税改革政策執行方針（湖南）

Q19 前納税期間から繰り越された控除しきれない仕入税額を当納税期間の予定納税額から控除できるか

増値税の予定納税についての質問です。予定納税した金額は，通常の増値税申告時に確定納税額の計算上控除することができると理解しております。では，もし前の納税期間から繰り越された控除しきれない仕入税額がある場合は，それを当納税期間の予定納税額から控除することはできますか。

|A| 前の納税期間から繰り越された控除しきれない仕入税額を当納税期間の予定納税額から控除することはできません。
　　　　　　　　　　　　　………増値税改革政策の全面展開に関する問題回答（内モンゴル）

Q20 納税信用評価

2016年4月30日までは営業税納税者であったため地方税務局の管轄でしたが，2016年5月1日以降は国家税務局管轄となります。この場合，地方税務局と国家税務局の管轄期間がそれぞれ1年に満たないが，2016年度における会社の納税信用評価に

影響はありますか。

A　税務局における納税者の納税信用評価は，年度単位で行われます。納税信用管理期間が1年を満たない企業は，その年度の評価対象となりません。ご質問のケースの場合は，元の地方税務局に登記した時期から起算します。即ち，元の地方税務局に登記したのが2016年の1月1日以前であり，2016年の12月31日までに抹消していない限り，2016年度の評価対象となります。

………国家税務総局による質疑応答（2016年4月21日）

2　無形資産の譲渡及び現代サービス・生活サービス業関係

Q21　倉庫サービスと貸倉庫サービスの適用税率
倉庫サービスと貸倉庫サービスとで，適用する税率は異なりますでしょうか。

A　倉庫などの場所を利用して顧客に貨物の貯蔵や保管業務を行う，いわゆる倉庫サービスは物流補助サービスに該当し，6％の税率が適用されます。一方で，倉庫を貸し付けるだけであれば不動産のリースサービスに該当しますので，11％の税率が適用されます。　　　　　　　………広州市国家税務局ホットトピック問題集

Q22　会員カードに係る収入の増値税の取扱い
会員カードに係る収入の増値税の取扱いを教えてください。

A　会員資格を与えるのみの会員カードの販売は，その他権益性無形資産の譲渡に該当し，6％の税率により増値税が課税されます。会員資格のみならず，サービスまたは貨物の提供も含まれる会員カードを販売した場合は，会員資格に係る部分の金額とサービスまたは貨物の提供に係る部分の金額を区分し，それぞれ，その他権益性無形資産の譲渡とサービスの提供または貨物の販売があったものとして取り扱うこととなります。

………増値税改革政策執行方針第二集（湖北）

Q23　リース業者の有形動産のセールアンドリースバック取引と仕入税額控除
2016年4月30日以前に契約締結した有形動産のセールアンドリースバック取引で，有形動産のリースサービスとして処理することを選択した場合，借入人側において，支払リース料に係る増値税額につき，仕入税額控除が適用できますか。

A　貸付サービスとして処理する有形動産のセールアンドリースバック取引のリー

ス料に係る増値税額は仕入税額控除できませんが，リース業者が有形動産の賃貸サービスとして処理している場合は，当該リース料に係る増値税額につき仕入税額控除を適用することができます。

………ホットトピックへの回答（2016年4月21日）北京

Q24 社員研修の宿泊代，食事代の仕入税額控除

弊社はホテルで泊り込みの社員研修会を行いました。ホテルから宿泊代及び食事代に係る増値税専用発票を発行してもらったのですが，全額仕入税額控除はできるのでしょうか。

A 宿泊代に係る増値税額については仕入税額控除できますが，食事代に係る増値税額は仕入税額控除できません。したがって，仕入税額控除の証憑である増値税専用発票の発行を依頼する際は，控除可能な宿泊代と，控除不能な食事代を別々で発行してもらうか，同一の発票なら宿泊代と食事代を区分して記載してもらう必要があります。　　　　　………ホットトピックへの回答（2016年5月3日）北京

Q25 ホテル業の物品及びサービスの適用税率

ホテル業を営む一般納税人です。個別に料金を徴収している貨物及びサービスがありますが，それぞれの適用税率についてご指導ください。

A 適用税率は次表を参考にしてください。

	貨物及びサービスの種類	税　率
1	長期客室利用，飲食，ランドリー，ビジネスセンターでの印刷，コピー，ファックス，秘書翻訳，配達サービス収入	6％
2	電話代金	11％
3	ホテル内のショップ，ミニバーの収入	販売する商品の適用税率
4	避妊用具等	免税 （ただし，主管国家税務機関にて届出を行わなければならない。また，増値税専用発票の発行は不可）
5	お客さんの送迎サービス収入	11％
6	駐車場収入，銀行ATMを設置させることによる収入，他の単位または個人に販売場所を提供したことによる収入	11％
7	部屋に食事を届けるサービス	6％

………増値税改革政策執行方針第二集（湖北）

Q26　ホテル業で外部から駐車場を賃貸した場合の仕入税額控除

ホテルが外部から駐車場を賃借して自己の客に利用させた場合、当該駐車場の賃借料に係る増値税額は仕入税額控除できますか。

A 増値税専用発票を取得できれば仕入税額控除は可能です。

――――増値税改革政策執行方針第二集（湖北）

Q27　会社の車がレッカーサービスを受けた場合の増値税率

会社の車が走行中に故障し、レッカーサービスを依頼しました。当該レッカーサービスの適用増値税率は何％でしょうか。

A 生活サービスのうちのその他生活サービスに該当し、6％の税率が適用されます。

――――ホットトピックへの回答（2016年5月6日）北京

Q28　芸能人の肖像権

私は芸能人です。企業の商品のイメージキャラクターになり、企業は私の肖像権を使う権利があります。この場合は広告サービスになるのでしょうか、肖像権の譲渡になるのでしょうか。

A 無形資産のうち肖像権の譲渡に該当し、6％の税率が適用されます。

――――ホットトピックへの回答（2016年5月11日）北京

Q29　ホテルを会社登記住所として貸した場合の取扱い

ホテルを他人に会社登記住所として貸し出した場合、その収入は増値税の取扱い上宿泊収入と不動産賃貸収入のいずれとして処理すべきでしょうか。

A 客室サービスを提供している場合は宿泊収入として、そうでない場合は不動産賃貸収入として処理します。

――――ホットトピックへの回答（2016年5月13日）北京

Q30　旅行会社が国外で支出した費用の取扱い

旅行会社が、国外旅行を手配した場合、増値税専用発票を取得できない費用が多数発生しますが、どうしたらよいでしょうか。

A その場合は、合法かつ有効的な他の証憑を入手し、増値税の計算上、差額計算により売上額を算出することが可能です。

――――ホットトピックへの回答（2016年5月16日）北京

Q31　害虫駆除サービスの増値税率

　害虫駆除サービスを提供しております。適用増値税率は何％でしょうか。

A　生活サービスのうちの住民日常サービスに該当し，6％の税率が適用されます。
　　　　　　　　　　　　――――ホットトピックへの回答（2016年5月11日）北京

Q32　サービスアパート経営は宿泊サービスか不動産賃貸サービスか

　サービスアパートを経営しており，1～3か月の賃貸期間で家屋を貸し出すとともに，客室のクリーニングなどのサービスを提供しております。この場合は現代サービスのうちの宿泊サービスになるのでしょうか，不動産賃貸サービスになるのでしょうか。

A　生活サービスのうちの宿泊サービスに該当し，6％の税率が適用されます。
　　　　　　　　　　　　――――ホットトピックへの回答（2016年5月11日）北京

Q33　仕入れや費用に係る税率が自社売上に適用される税率と異なることが仕入税額控除の可否に影響するか

　現代サービス業を営む増値税一般納税人です。売上全てが6％の税率を適用していますが，オフィス用品を購入して17％の税率の専用発票を取得しました。弊社の売上の税率と異なりますが，仕入税額控除できるのでしょうか。

A　できます。売上と同じ税率でなければ仕入税額控除ができないわけではありません。
　　　　　　　　　　　　――――ホットトピックへの回答（2016年4月28日）北京

Q34　チケットエージェントのサービス分類

　チケットエージェントですが，増値税の取扱い上，何サービスに分類されますか？

A　チケットエージェントが旅客のために旅程や宿泊のアレンジメントを行う行為は，旅行サービスに該当します。これら以外の業務は，ビジネスサポートサービスに分類されます。いずれも税率は6％です。
　　　　　　　　　　　　――――増値税改革政策執行方針第二集（湖北）

Q35　ブライダルカンパニーのサービス分類

　ブライダルカンパニーが結婚式のアレンジ，司会等のサービスを提供する場合，増

値税の取扱い上何サービスに該当しますか。

A 住民日常サービスに該当します。

────増値税改革政策に関する問題回答（アモイ）

Q36 造園，ガーデニング業者のサービス分類
弊社は造園・ガーデニング業者です，増値税の取扱い上何サービスに該当しますか。

A 造園・ガーデニングサービスは，その他生活サービスに該当します。

────12366増値税改革ホットトピック回答（5.7）─福建

Q37 貨物の運輸代理，代理通関サービスのサービス分類
貨物の運輸代理及び代理通関サービスは，物流補助サービスに該当しますか。

A いいえ，ビジネスサポートサービスに該当します。

────納税者から相談を受ける増値税改革に関する10のホットトピック
（2016年5月6日）─四川

Q38 証券会社が受け取る取引コミッション収入のサービス分類
証券会社を通じて証券取引を行う場合に証券会社が受け取る取引コミッション収入は，増値税の取扱い上，「直接代金を収受する金融サービス」に該当しますか。

A いいえ，ビジネスサポートサービスに該当します。

────ビジネスサポートサービスに関する問題回答（広州）

Q39 学生アルバイトへの支払い賃金の取扱い
学生を雇って臨時アルバイトをしてもらいました。支払った賃金に関しては，従業員に対する給与として，増値税不課税に該当するとの理解でよろしいでしょうか。

A この場合は従業員に対する給与ではなく，学生による勤労勉学サービスの対価として取り扱うこととなりますが，増値税免除の対象です。

────教育サービス業問題回答（広州）

3 金融業関係

Q40 企業グループとは
統括融資業務において，企業グループまたは企業グループにおけるコア企業もし

くは企業グループに属する財務公司が，金融機構から借入をした場合の借入利率または発行する債券の額面利率以下の利率により企業グループまたはグループに帰属する単位から収受する利息は増値税免税とされていますが，ここにいう「企業グループ」とは具体的にどのようなものを指しているのでしょうか。

A　ここにいう「企業グループ」とは，主な結びつきが資本関係である親子会社を主体として，「集団章程」（＝グループの規約）を共同の行為規範とする親会社，子会社，参股公司その他メンバー企業または機構が共同で組成する一定規模の企業法人連合体を指します。

………増値税改革政策指南（山東）

Q41　保険代理サービスのサービス分類

保険代理サービスを行っています。保険サービスに該当するのでしょうか。

A　いいえ，現代サービスのうちの商務補助サービスに該当します。なお，税率は保険サービスと同じ６％が適用されます。

………ホットトピックへの回答（2016年４月28日）北京

Q42　無利息貸付は増値税の対象になるか

無利息貸付には増値税が課されるのでしょうか。

A　公益事業または社会大衆を対象とするもの以外，増値税の取扱い上はみなし販売に該当し，課税対象となります。

………ホットトピックへの回答（2016年５月16日）北京

Q43　貸付利息の発票

貸付利息について，増値税専用発票を発行してもよいですか。

A　貸付利息は増値税の仕入税額控除ができません。よって，発票処理ミス（取得側が専用発票を取得したため控除可能と勘違いするなど）を回避する意味で，貸付利息については増値税普通発票を発行することをお勧めします。

………増値税改革に関するホットトピックへの問題回答（上海）

Q44　銀行元本保証の投資商品に係る収入は増値税の対象か

銀行元本保証の投資商品に係る収入は増値税の課税対象となりますか。

A　銀行元本保証の投資商品に係る収入は利息としての性質があると考えられます。

よって，貸付サービスに該当するものとして，6％の税率により増値税が課税されます。

──────増値税改革政策に関する質疑応答（ウィグル）

➡注
上記Q&Aが発表された後に財税【2016】140号文が公布され，元本保証の投資商品に係る収入は利息として取り扱うべき旨が明文化された。

Q45　保険会社の顧客へのプレゼントは増値税の課税対象となるか

保険会社ですが，営業活動の一環として顧客に洗車カードやガソリンカードをプレゼントすることがあります。これについては増値税の課税対象となるのでしょうか。

A ① **みなし販売とする解釈**

みなし販売に該当するので，プレゼントした洗車カードやガソリンカードについて販売があったものとして増値税の課税対象となります。また，贈呈のあった日に増値税を認識します。なお，貴社が洗車カードやガソリンカードを購入した際に支払った増値税も，専用発票などの仕入税額控除に有効な証憑を取得していれば，貴社にて仕入税額控除することができます。

──────増値税改革に係る政策の執行について（湖北）

② **みなし販売としない解釈**

保険会社が保険を販売するのに付随して一定のプロモーション品の贈与を行うのは，保険業界の商慣行となっている。こういったプロモーション品の対価は，販売した保険商品の対価に既に含まれていると考えられ，改めてみなし販売があったものとして取り扱う必要はありません。

──────増値税改革政策指南（山東）
──────増値税改革関連政策に関する問題回答（河北）

Q46　手形の割引業務による利息収入に係る増値税の発生時期

手形の割引業務により取得する利息収入について，増値税の発生時期はどの時点になりますか。

A　割引手形を引き受けた当日に，増値税を認識します。

──────増値税改革問題回答（江西）

Q47　債券保有による利息収入に係る増値税の発生時期

債券の保有により取得する利息収入について，増値税の発生時期はどの時点になりますか。

[A] 募集説明書や投資協議書に明記された利息支払日に，増値税を認識します。

──増値税改革問題回答（江西）

Q48 株式や持分の譲渡は増値税の課税対象となるか
株式や持分の譲渡は増値税の課税対象になりますか。

[A] 非上場企業の未公開株式の譲渡は，増値税の課税対象外です。上場株式の譲渡は金融商品の譲渡に該当し，増値税の課税対象になります。ただし，個人が行う金融商品の譲渡は，増値税が免除されます。

➡注
　上場株式の譲渡でも一定のものについては，増値税が免除される（第2章第6節[2]を参照）。

──増値税改革問題回答（江西）

Q49 クレジット会社　カードのポイントと商品等との交換はみなし販売か
クレジット会社です。クレジットカードのポイントで商品またはサービスと交換させていますが，みなし販売になるのでしょうか。

[A] 商品の無償譲渡と考えられ，みなし販売に該当します。

──増値税改革問題回答（江西）

Q50 保険料収入と増値税の発生時期
保険会社です。一括払いの保険料収入と分割払いの保険料収入がありますが，それぞれの増値税発生時期はいつになるのでしょうか。

[A] 保険会社が，保険開始日において全保険期間に係る保険料を一括して受け取る場合は，保険料の受取り日において増値税を認識することになります。分割払いの保険料については，契約に定める支払日において，増値税を認識することになります。

──増値税改革問題回答（江西）

Q51 営業マンへのコミッションの実物支給と広告宣伝のための贈答はみなし販売か
保険会社です。営業マンに保険商品を販売してもらい，当該営業マンのコミッションを実物で支給しました。増値税のみなし販売になるのでしょうか。

|A| 営業マンへのコミッションの実物支給は，みなし販売に該当します。

――――増値税改革問題回答（江西）

Q52 保険会社の被保険者への賠償額は仕入税額控除できるか
保険会社が被保険者に賠償を行った場合，当該賠償額について増値税の仕入税額控除はできるのでしょうか。

|A| 当該賠償額につき，増値税専用発票などの仕入税額控除証憑を取得できた場合は，仕入税額控除可能です。

　例えば，車の修理保険に係る賠償事由が発生し，保険会社が車の修理を以て被保険者に賠償する場合，保険会社は修理工場に修理代金を支払い，修理サービスの提供を受けたとして専用発票を取得することになります。その場合は，当該専用発票を根拠に増値税の仕入税額控除を適用することができます。

　ただし，保険会社が直接被保険者に賠償金を支払う場合は，不課税取引になりますので増値税専用発票を取得することはできません。よって，その場合は仕入税額控除を適用することができません。

――――増値税改革問題回答（江西）

Q53 保険業務の特殊性と「三流一致」の考え方
保険業の業務の特殊性から，契約主体と資金の流れ，発票発行者が一致しないことがあります。例えば，保険契約は，保険会社の支店が被保険者との間で締結され，保険賠償事由が発生した時は，保険金は保険会社の本店から，被保険者が指定した第三者（修理工場，病院など）に直接支払われ，増値税専用発票は第三者から発行されることがあります。このような場合，保険会社は取得した増値税専用発票につき，仕入税額控除できるのでしょうか。

|A| 原則としては，「三流一致」（即ち，契約の流れ，資金の流れ及び発票の流れの三つが全て一致すること）である必要があります。しかしながら，保険業務の特殊性から，以上のような流れの一致しないケースでも，仕入税額控除はしてよいと考えます。

――――増値税改革問題回答（江西）

Q54 ファクタリング業務の増値税の取扱い
ファクタリング業務の増値税の取扱いについてご教示ください。

|A| ファクタリング業務にはいくつか種類があり，それぞれ次表のように取り扱い

ます。
　また，融資に係る利息に支払遅延が生じた場合，利息返済日から90日後の発生分については実際に回収されるまでは増値税を認識しないことができるとされる規定は，商業ファクタリング会社にも適用されます。

	種　　類	増値税上の分類	適用税率	発　票　処　理
1	銀行ファクタリング（融資）	貸付サービス	6％	専用発票の発行は不可（注1），普通発票の発行は可
2	商業ファクタリング（融資）	貸付サービス	6％	専用発票の発行は不可（注1），普通発票の発行は可
3	商業ファクタリング（債権回収サービス）	直接料金を徴収する金融サービス	6％	専用発票と普通発票のいずれかを発行可
4	商業ファクタリング（債権譲渡）	金融商品の譲渡	6％	専用発票の発行は不可（注2），普通発票の発行は可

（注1）　現行の増値税関連の条文規定で，貸付サービスについて増値税専用発票の発行を禁止する内容のものは存在しないが，貸付サービスに係る利息等が仕入税額控除の対象外とされていることから，多くの地域の税務機関は発票処理ミス（取得側が専用発票を取得したため控除可能と勘違いするなど）を回避する意味で，実務上は専用発票を発行しないよう納税者に推奨している。
（注2）　金融商品の譲渡に関しては，財税【2016】36号文付属文書2の一（三）3において，明確に増値税専用発票の発行が禁止されている。

………商業ファクタリング業増値税改革に関する税務難問回答（前海国税）

Q55　商業ファクタリング会社の増値税申告

商業ファクタリング会社の増値税申告は，月次で行うのでしょうか，四半期で行うのでしょうか。

A　財税【2016】36号文において，四半期申告の適用対象を小規模納税人，銀行，財務会社，信託会社，信用社その他財経部及び国家税務総局が規定する納税者のみとしています。したがって，当該商業ファクタリング会社が小規模納税人であれば四半期申告が認められますが，そうでない場合は月次申告となります。

………商業ファクタリング業増値税改革に関する税務難問回答（前海国税）

4　建設業関係

Q56　据付費用等のサービス分類

固定電話，ケーブルテレビ，Wi-Fi，水道，電気，ガス等業者が収受する据付費，

開設費，容量拡張費について，増値税の取扱いを教えてください。

A これらは建設サービスのうちの据付サービスに該当しますので，11％の税率により増値税が課税されます。

--------国家税務総局ホットライン（12366）による一問一答

Q57 建設サービスのうちに建設材料の提供も含まれている場合の取扱い

建設企業が自ら材料を購入して建設サービスを提供し，依頼主から収受する対価には材料分も含まれている場合において，材料の販売と建設サービスの提供を分けて会計処理し，納税も発票発行も別々に行うべきでしょうか。

A 一の課税行為に貨物の販売とサービスの提供が含まれている場合は，増値税の取扱い上は混合販売に該当します。主要事業が貨物の生産，卸売または小売でない単位または個体工商戸が混合販売を行った場合は，その課税行為全体をサービスの提供として増値税の処理をすることとなりますので，本件の場合は納税も発票発行も別々に行う必要はありません，建設サービスの提供があったものとして取り扱います。

--------増値税改革に係る問題のスピード解決（河南）

Q58 簡易方式適用の場合の計算と発票の記載金額

「清包方式」または「甲供工程」により建設サービスを提供している一般納税人です。簡易方式を選択適用する予定であり，建設代金は1,000万元（内税），下請に支払う代金は550万元（内税）です。この場合の増値税額計算と，発票に記載すべき金額の計算を具体的に教えてください。

A 貴社の増値税額は（1,000万元－550万元）÷（1＋3％）×3％により計算します。一方で，発票には，税抜価額：1,000万元÷（1＋3％），増値税額：1,000万元÷（1＋3％）×3％により計算した金額を記載することとなります。

--------増値税改革ホットトピックについて，ホットライン（12366）による解説

Q59 簡易方式適用の場合の税率と増値税専用発票発行の可否

建設業に従事する会社ですが，簡易方式を選択適用した場合，税率は何％ですか。また，簡易方式の場合でも増値税専用発票を発行することができますか。

A 建設サービスにつき簡易方式を適用する場合の徴収税率は3％となります。また，増値税専用発票の発行も可能です。

--------増値税改革ホットトピックについて，ホットライン（12366）による解説

Q60　複数のプロジェクトがある場合の簡易方式・一般方式の統一の必要性

建設業に従事する会社ですが，建設サービスにつき簡易方式と一般方式を選択適用することができると認識していますが，複数の建設プロジェクトがある場合，全ての建設プロジェクトについて簡易方式または一般方式を統一適用しなければならないのでしょうか。

A　いいえ，統一適用する必要はありません。プロジェクトごとに簡易方式または一般方式を選択適用することができます。

………増値税改革ホットトピックについて，ホットライン（12366）による解説

Q61　工事開始日の記載がない場合の新旧分類

旧建設プロジェクトとは，「建設工程施行許可証」に明記された工事開始日が2016年4月30日以前であるもの，また，「建設工程施行許可証」を取得していない場合は契約書に明記された工事開始日が2016年4月30日以前であるものとされています。しかし，実務上，「建設工程施行許可証」と契約書のいずれにも工事開始日の記載がないこともあり，その場合はどのように判断したらよいのでしょうか。

A　実質重視の原則から，その場合は納税者が2016年4月30日以前に工事開始をしたことを証明する資料を提示できれば，旧建設プロジェクトとして取り扱うことができます。

………増値税改革政策指南（山東）

Q62　2016年5月1日以降の内装費用等の仕入税額控除の取扱い

2016年4月30日以前の増値税規定では，賃借している家屋について行った内装や改造費用に係る増値税額は仕入税額控除できないこととされていました。2016年5月1日以降において発生したこれらの支出は仕入税額控除できるのでしょうか。

A　できます。また，不動産を取得した場合は2年にわたり仕入税額控除することとされていますが，内装や改造費用についてはその必要はありません。一括して控除することができます。

　　➡注
　　不動産の価値を50％超増加させるものはやはり2年にわたり控除することとなる。

………ホットトピックへの回答（2016年4月14日）北京

第9章　実務に役立つQ&A　271

Q63　自ら製造したアスファルトを自社が請け負った建設プロジェクトに使用した場合の自己消費の判断

自社で製造したアスファルトを，自社が請け負った建設プロジェクトに使用しました。自己消費に該当し，みなし販売があったものとして増値税を納付しなければならないのでしょうか。

A　この場合は事業のために使用しているので，自己消費には該当しません。よって，みなし販売を認識して増値税を納付する必要もありません。

………ホットトピックへの回答（2016年4月28日）北京

Q64　2016年4月30日以前に工事開始予定，5月1日以後に工事開始日を修正した場合のプロジェクトの新旧分類

2016年4月30日以前に建設プロジェクトの請負契約を締結し，当初の約定工事開始日は2016年4月30日以前でしたが，事情により着工に遅れが生じ，実際工事を開始したのは2016年5月1日以後となったので，覚書を締結し，工事開始日を修正しました。当該建設プロジェクトは旧建設プロジェクトに該当しますか。

A　該当しません。

………ホットトピックへの回答（2016年5月1日）北京

Q65　解体，地ならしは増値税の課税対象となるか

不動産企業が，解体や地ならしのみを行った場合，建設サービスを提供したとして増値税を課税されることとなるのでしょうか。

A　その通りです。財税【2016】36号において，建築物や構築物の解体，地ならしはその他建設サービスに含まれています。

………ホットトピックへの回答（2016年6月1日）北京

Q66　品質保証金の税率

建設プロジェクトにつき，品質保証金を収受することがあります。何％の税率を適用すべきでしょうか。

A　建設サービスの対価の一部として考えられますので，一般方式適用の場合は11％の税率，簡易方式適用の場合は3％の徴収税率を適用します。

………増値税改革がテーマの質疑応答（上海）

Q67 同一のプロジェクトで甲供材料と自社調達の材料が混在している場合の簡易方式の適用

建設プロジェクトを受注しましたが，同じプロジェクトの中で一部の材料は甲供材料（即ち，工事依頼者から提供された材料）ですが，一部の材料は建設会社が自ら調達しています。この場合でも，「甲供工程」として，増値税の計算上簡易方式を適用できるのでしょうか。それとも一つのプロジェクトを甲供材料と建設会社が自ら調達した材料の割合で按分して，甲供材料に対応する部分だけが簡易方式適用可能ととなるのでしょうか。

A 一つのプロジェクトを分けて処理することは基本的にはしません。当該プロジェクト全体を「甲供工程」として簡易方式を適用してよいと考えます。

………12366増値税改革ホットトピック（2016年4月5日）福建

Q68 購入貨物の代金支払企業と，増値税専用発票に記載される名称の不一致と仕入税額控除

建設サービスを提供する納税者です。総公司が分公司の建設プロジェクトのために貨物やサービスを購入してその代金を支払った場合に，購入した貨物等の代金支払企業と取得した増値税専用発票に記載される購入者名称に不一致が生じることになる。この場合，当該貨物等の購入に係る仕入増値税は控除することができますか。

A 国税函【2006】1211号において，分公司が貨物を購入してサプライヤーから増値税専用発票を取得し，総公司がその代金を統一して支払った場合において生じる購入貨物の代金支払企業と取得した増値税専用発票に記載される購入者名称の不一致は，増値税仕入税額控除ができない事由には該当しないとされています。したがって，増値税仕入税額控除は可能です。

………増値税改革政策執行方針第二集（湖北）

Q69 材料準備代金は増値税の課税対象となるか

建設サービスを開始する前に材料準備代金を収受した場合，当該金額についても増値税を納付しなければなりませんか。

A 材料準備代金も建設サービスの提供に係る前受金に該当しますので，当該金額を収受した当月に増値税を申告納付しなければなりません。

………増値税改革政策に関する問題回答（アモイ）

Q70　分公司，プロジェクト部門は一般納税人として登記できるか

分公司またはプロジェクト部門は，一般納税人として登記することが可能でしょうか。総公司が獲得し締結した建設施工契約について，分公司またはプロジェクト部門が納税主体となって登記及び納税することに，何か支障はあるのでしょうか。

A　正式な税務登記をした分公司またはプロジェクト部門（以下，「分機構」）で，一般納税人としての要件を満たす場合は，自らを一般納税人として登記することができます。総機構が県（市）を跨いで建設サービスを提供する場合において，建設サービスの発生地に所在するそのような分機構に当該業務を下請けさせたときは，総機構と分機構はそれぞれ独立した納税主体として増値税の計算及び納付を行うことになります。

………建設企業増値税改革に関する問題回答（福建）

Q71　旧プロジェクトについて簡易方式の継続適用要件の有無

いったん「簡易方式」を選択すると，最低36か月継続適用しなければならないとする規定がありますが，当該規定は，旧プロジェクトに係る建設サービスにつき簡易方式を選択した場合にも適用されますか。それとも，「旧プロジェクト～」は2016年の増値税改革のために設けられた経過措置なので，先述の規定とは関係ないと理解してよいのでしょうか。

A　「簡易方式」につき36か月継続適用しなければならない旨の規定は，旧プロジェクトに係る建設サービスにつき簡易方式を選択した場合についても設けられています。

………建設企業増値税改革に関する問題回答（福建）

Q72　緑化事業のサービス分類

弊社は緑化事業を行っています。具体的な業務としては，肥料の散布，土ほぐし，植物の切り揃え，除草及びゴミ清掃運搬などがあります。増値税の取扱い上，これらは何サービスに該当しますか。

A　園林緑化事業は，その他建設サービスとして取り扱います。一定の要件を満たす場合は，簡易課税の適用も選択可能です。ただし，単純かつ簡単な緑化養護サービスはその他生活サービスに属します。

………12366増値税改革ホットトピック回答（5.7）—福建
………増値税改革ホットトピック問題回答～不動産譲渡に関して～（江蘇）

Q73 自らの所在地と異なる県等で建設サービスを提供する場合の税務登記

建設業企業が自らの所在地とは異なる県，市，区で建設サービスを提供する場合は，建設サービスの提供地でも税務登記を行わなければならないのでしょうか。

A 「外出経営活動税収管理証明」を自己の所在地の主管税務機関にて発行してもらっていれば，建設サービスの提供地で改めて税務登記をする必要はありません。

————増値税改革関連知識問題回答（安徽）

5 不動産業関係

Q74 個人が所有する家屋を企業に賃貸している場合の増値税専用発票の代理発行申請の可否

個人が自己の所有する家屋を企業にオフィスとして賃貸しているのですが，地方税務局に増値税専用発票の代理発行を申請できますか。また，代理発行された発票のどの綴りが納税者に渡されますか。

A 個体工商戸以外の個人が不動産の賃貸を行う場において，賃借人が個体工商戸以外の個人でない限り，地方税務局にて増値税を納付の上，増値税発票の代理発行を申請することができます。

代理発行してもらえる増値税発票は，6枚綴りの増値税専用発票と，5枚綴りの増値税普通発票の二種類あります。いずれも，第4綴りは代理発行した担当部門が，第5綴りは税金徴収した担当部門が保管し，残りの綴りが納税者に交付されます。

➡注
　増値税専用発票の基本版は3枚綴りとなっているが，6枚綴りのバージョンもある。

————国家税務総局による質疑応答（2016年4月21日）

Q75 不動産管理会社に支払う駐車場代等の取扱い

不動産管理会社に支払う駐車場代や不動産のエレベーターの中の広告収入に係る増値税の取扱いを教えてください。

A いずれも，現代サービス業のうちの不動産のリースサービスに該当し，11%の税率を適用することとなります。

————増値税改革ホットトピックについて，ホットライン（12366）による解説

第 9 章　実務に役立つ Q&A　　275

Q76　建築物，車両に広告を掲載させる行為の取扱い

建築物，構築物，飛行機または車両に広告を掲載させる行為について，増値税の取扱いを教えてください。

A　これらは現代サービスのうちのリースサービスに該当しますので，建築物，構築物の場合は不動産のリースとして11％，飛行機または車両は有形動産のリースとして17％の税率により増値税が課税されます。

――――国家税務総局ホットライン（12366）による一問一答

Q77　納税者が不動産を転貸する場合の増値税の取扱い

国税公【2016】16号文の第二条において，「納税者がその取得した不動産を賃借する場合に本規定を適用する。取得した不動産には，直接購入，寄付，現物出資，自己建設及び債務返済による取得を含む」と定められています。納税者が不動産を転貸する場合，当該不動産を取得していないのですが，増値税の取扱いはどうなるのでしょうか。

A　転貸の場合も，不動産の賃貸があったものとして取り扱うこととなります。2016年4月30日以前に借りた不動産を転貸する場合は一般方式と簡易方式を選択適用できるものとし，2016年5月1日以後に借りた不動産を転貸する場合は一般方式のみの適用となります。

――――増値税改革ホットトピックについて，ホットライン（12366）による解説

Q78　同一プロジェクトに，マンションと戸建てが含まれている場合の簡易方式・一般方式の選択適用

不動産開発業者です。「建設工事施工許可証」に明記された工事開始日が2016年4月30日となっていますが，当該施工許可証に係る開発プロジェクトには住宅用マンションと一戸建てが含まれています。マンション部分と一戸建て部分のそれぞれについて，簡易方式または一般方式を選択適用することができるのでしょうか。

A　同一の開発プロジェクトなので，マンション部分と一戸建て部分を区分して簡易方式または一般方式を選択適用することはできません。選択適用はプロジェクトごとにすることとなります。

――――増値税改革ホットトピックについて，ホットライン（12366）による解説

Q79　予定納税申告が必要な前受金の範囲

自己開発不動産の販売を行い前受金を収受した納税者は，前受金を受け取った時

点で予定納税申告をしなければいけないと理解していますが、この場合の前受金の範囲を教えてください。

A 不動産開発業者が収受する手付金、分割払いの不動産ローン（初回払い、中間払い及び残額払いを含む）がこれに該当します。ただし、誠意金及び内金を含まない。

なお、手付金、誠意金、内金の違いは以下の通りです。

① **手付金**

手付金は、法的な担保方式の一つとして、「中華人民共和国担保法」第八十九条において、以下のように定義づけられています。

「当事者の一方は他方に手付金を交付して、債権の担保とすることができる。債務者は債務履行後に手付金を取引代金に充当し、または回収することができる。手付金を交付した側が約定した債務を履行しなかった場合は手付金の返還を要求する権利を失う。また、手付金を収受する側が約定した債務を履行しなかった場合は、収受した手付金の2倍の金額を交付側に返還しなければならない。契約の締結に当たり、必ず書面形式により、手付金の金額及び交付期限につき約定をしなければならず、その金額は契約総価額の20％を超えないものとし、20％を超えた部分については無効とする。」

② **内金**

内金については、法規定により明確な定義が存在していません。内金には手付金の持つ担保としての効力はないと一般に理解されています。契約不履行となった場合は、不可抗力があった時を除き当事者双方の過失に応じて違約責任を負うものとし、内金を収受する側が約定した債務を履行しなかった場合でも元の金額の返還を要求する権利があるのみで、2倍返しを要求する権利はなく、20％という設定上限もありません。

③ **誠意金**

誠意金は中国の現行法規定においてはなんら法的拘束力を持ちません。主に不動産仲介業者が購入者の購買意思を探り、コントロールするために創出された概念であり、手付金を交付する前であれば、誠意金を支払っても購入者はいつでもその返還を要求することが可能であり、かつ、これにより何ら法的責任を負うことはありません。

以上のことから、上記のうち法的拘束力があるのは手付金のみで、それ以外は法的な概念ではなく、当事者が契約違反をしたとしても返還を要求することができるものです。

したがって，これらのうち，受け取った時点で予定納税申告をしなければならないのは手付金のみということになります。

――増値税改革政策指南（山東）
――増値税改革に係る問題のスピード解決（河南）

Q80　前受金の受取りと発票発行のタイミング

不動産開発業者が自己開発不動産を販売し，前受金を受け取っている場合，予定納付をすることとなるのですが，前受金を受け取る都度，その金額につき発票を発行したらよいのでしょうか。

A　前受金の受取時に当該金額につき増値税普通発票を発行することが可能です。ただし，取引が正式に完了する時に，既に発行した増値税普通発票に対して赤字発票を発行して取消しを行った上で，取引金額の全額につき専用発票を発行することになります。

――青島国税増値税改革に関する指導（青島）

Q81　増値税改革施行前に販売済の不動産について営業税の発票が未済の場合の取扱い

2016年の増値税改革施行前（2016年4月30日以前）に自己開発の不動産を販売し，これに係る営業税も既に納付済ですが，営業税の発票の発行が未済のまま2016年5月1日を迎えてしまいました。発票の発行はどのようにすればよろしいでしょうか。なお，弊社は増値税改革後，一般納税人となります。

A　この場合，当該不動産販売について増値税普通発票を発行することができます。ただし，2016年4月30日以前に行われている不動産販売取引なので，増値税専用発票の発行はできません。

――増値税改革ホットトピックについて，ホットライン（12366）による解説

Q82　同一の不動産で不動産管理費収入と不動産賃貸収入の税率が異なる場合の発票発行

不動産管理会社を営んでおります。同一の不動産につき，不動産管理費収入（6％の税率を適用）と不動産賃貸収入（一般方式により11％の税率を適用）がありますが，税率が異なるため，発票を発行するときは，不動産管理費収入と不動産賃貸収入とで別々に発行する必要があるのでしょうか。

A　税率が異なる取引は区分して計算を行うべきですが，発票を別々に発行しなければならないわけではありません。同じ発票において，税率の異なる不動産管理

費収入と不動産賃貸収入を区分して記載することができます。

———増値税改革ホットトピックについて，ホットライン（12366）による解説

Q83　駐車スペース，収納スペースの譲渡

駐車スペースまたは収納スペースを譲渡する場合，独立した資産権を譲渡したわけではありませんが，不動産の譲渡に該当するのでしょうか。

A　実質重視の原則に基づいて，購入側が不動産を占有，使用，収益，分配する権利等を取得しているのであれば，不動産の譲渡があったものとして扱うこととなります。

———2016年5月6日国家税務総局による政策解説

Q84　不動産開発会社が土地の使用権取得のために支払う費用のうち売上額から控除可能なもの

一般方式を適用する不動産開発業者は，自己開発した不動産の販売を行った場合，増値税の売上額の計算上，政府等に支払う土地価額を控除できると理解しております。実務上，不動産開発業者が土地の使用権を取得するために支払う費用には，土地払下げ金，移転補償金，基礎設備配置費用，徴収補償金，開発計画費，契税，土地譲渡金支払延滞利息など様々なものがありますが，全て土地価額として控除できるのでしょうか。

A　いいえ。上記のうち，土地払下げ金のみ「土地価額」として増値税の売上額の計算上控除できます。

———増値税改革政策指南（山東）

　➡注
　　上記Q&Aの公表後に財税【2016】140号文が公布され，2016年12月からは移転補償金も売上額の計算上控除できることとされた。

Q85　個体工商戸以外の個人が賃料前受方式で賃貸する場合の計算

個体工商戸以外の個人です。2016年5月1日から住宅を他人に賃貸しますが，家賃は初めに一年分60,000元を一括前払いしてもらいます。この場合，私は増値税を納付しなければならないのでしょうか。

A　個体工商戸以外の個人が賃料前受の方式で不動産の賃貸を行う場合は，当該賃料を賃貸期間で按分し，毎月の賃料の金額が30,000元以下であった場合は，免税点以下ということで増値税の納税義務が免除となります。貴方の場合，60,000÷

12＝5,000元≦30,000元なので，免税点以下です。

——増値税改革難点問題に関する回答（ウィグル）

Q86　2016年4月30日以前に購入した旧不動産の購入に係る発票を紛失した場合

2010年に購入した店舗用不動産を2016年5月1日以後に売却しようと考えております。購入した当時は確か普通発票を発行してもらいましたが，見つからなくなりました。旧不動産として簡易方式を適用できなくなるのでしょうか。

A　2016年4月30日以前に購入した不動産を2016年5月1日以後に売却する場合は，簡易方式を適用することができます。また，売上額の計算上，当該不動産の売却により収受する全ての金額及び付随費用から，当該不動産の購入価額を控除することとされていますが，当該控除は合法的な発票がなければ認められません。本件の場合，発票を紛失したとのことですが，当該不動産の購入先またはその主管税務機関に発票「存根聯」（＝控え綴り）が保存されているはずなので，そのコピーで代替することができます。

——増値税改革がテーマの質疑応答（上海）

Q87　取得した不動産使用権を子会社に譲渡した場合の取扱い

不動産開発業に従事する企業グループです。親会社が不動産使用権を政府から取得したあと，当該不動産使用権を子会社に譲渡して開発させることがありますが，この場合は増値税が課されますか。

A　土地所有者が土地使用権を払下げ（有償により土地使用権を付させる）行為及び土地使用者が当該土地使用権を所有者に返還する行為は増値税が免除されます。ただし，取得した土地使用権をグループ企業間での譲渡する行為は，無形資産としての土地使用権の販売に該当し，11％の税率により増値税が課されます。

——増値税改革がテーマの質疑応答（上海）

Q88　個人の住宅購入「2年以上経過」の判断基準

個人が，上海市，広州市及び深圳市以外の地域にある住宅で購入して2年以上経過しているものを譲渡した場合は，増値税が免除されると理解しております。2年以上経過しているかどうかはどのように判断すればよいでしょうか。

A　当該住宅を購入した際に取得した家屋権利書または契税の納税証明に記載された購入時間（両者が一致しない場合は，いずれか早いほう）から起算して，売却時点までに2年が経過しているかどうかで判断することとなります。

……増値税改革に係る問題のスピード解決(河南)

Q89 不動産販売の課税行為発生の認識時期

不動産業者です。不動産販売において,いつを以て増値税の課税行為が発生したと認識すればよいのでしょうか。

A 不動産を買受人に引き渡した日を以て,課税行為の発生を認識します。具体的には,売買契約に定める引渡日と,実際の引渡日のいずれか早い日で判断します。

……増値税改革に係る政策の執行について(湖北)

Q90 不動産開発業者が買受人から受け取った証書取得に係る費用は「付随費用」か

不動産開発業者が,代理で不動産買受人名義の不動産の権利証書や土地使用証を取得することがあります。必要な費用は買受人から受け取りますし,証書取得に係る費用の支払証憑も買受人宛てに発行してもらいます。この場合,不動産開発業者の増値税の売上額の計算上,不動産買受人から受け取った証書取得に係る費用は,「付随費用」として含められますか。

A いいえ,「付随費用」には該当しないので,売上額の計算上含める必要はありません。

……増値税改革関連政策に関する問題回答(河北)

Q91 個人以外の納税者が不動産販売をした場合の予定納付の時期

不動産の販売(自己開発不動産の販売を除く)を行った時は,当該不動産の所在地において予定納付をする必要があると聞いております。具体的にはいつ予定納税を行えばよいのでしょうか。また,予定納税した後の通常の増値税申告は,予定納税の翌月に行えばよいのでしょうか。

A まず,個人工商戸以外の個人がその取得した不動産の販売を行っても,予定納税を行う必要はなく,増値税の納税義務が発生したときにその不動産の所在地の主管地方税務機関において増値税の通常の申告を行うことになります。

それ以外の納税者が不動産の譲渡を行った場合は,増値税の納税義務が発生したときにその不動産の所在地の主管地方税務機関において増値税の予定納税を行い,当該納税義務が発生した月の翌月15日までに,納税者の機構所在地の主管国税税務機関において増値税の通常の申告を行うことになります。

……増値税改革に係る問題のスピード解決(河南)

第9章　実務に役立つQ&A

Q92　小規模納税人が土地使用権を譲渡する場合の税率

小規模納税人が土地使用権を譲渡する場合の適用すべき増値税徴収税率を教えて下さい。

A 小規模納税人が，その取得した土地使用権につき開発など行うことなくそのまま譲渡している場合は，無形資産のうちの土地使用権の譲渡に該当し，3％の徴収税率を適用することとなります。

ただし，その取得した土地使用権につき不動産開発をしてから譲渡した場合は，建築物または構築物の譲渡に伴う土地使用権の譲渡に該当し，不動産販売をしたものとして取り扱うこととなります。その場合の徴収税率は5％になります。

――――増値税改革政策執行方針第二集（湖北）

Q93　簡易方式適用時に売上額から控除可能な不動産の購入原価に税金費用，内装費用は含まれるか

2016年4月30日以前に取得した不動産について簡易方式を選択適用する場合，取得する全ての価額及び付随費用から不動産の購入原価を控除した差額に5％の徴収税率を乗じて増値税を計算するものと認識していますが，当該「不動産の購入原価」のうちに，取得時の税金費用と内装費用は含まれますか？

A 税金費用は含まれますが，内装費用は含まれません。

――――12366増値税改革ホットトピック回答（5.31）―福建

Q94　賃貸契約者と発票発行者が異なる場合の簡易方式申請

弊社は，9名の家主の不動産賃貸を代理して行っています。賃貸契約は，借主と家主との間で直接締結されていますが，発票は弊社が発行しています。この場合，弊社名義により簡易方式を申請することはできますか？

A できません。貴社がまず家主と賃貸契約を締結し，その不動産を更に最終借主に転貸することをお勧めします。その場合は，貴社は増値税関連規定に従って簡易方式の申請適用ができるようになりますし，契約，発票及び代金支払いの流れも一致します。

――――12366増値税改革ホットトピック回答（5.7）―福建

Q95　経営範囲に不動産賃貸が含まれていない場合の発票の可否

弊社は工業企業であり，経営範囲の中には不動産賃貸は含まれていませんが，不動産を賃貸しています。この場合，弊社は発票を発行することはできますか。

A できます。

──────12366増値税改革ホットトピック回答（5.7）─福建

Q96　不動産を二人以上の個人で共有する場合の発票の記載

不動産開発業者が不動産を販売する場合において，当該不動産を二人以上の個人で共有するときは，発票にはどのように二人分の情報を記載すればよいのでしょうか。購入者欄には二人分の名称を記載することができますが，納税人識別番号欄は一つしか記載箇所がありません。

A　その場合は，購入者欄には二人分の名称を記載し，納税人識別番号欄はブランクとし，備注欄において当該不動産を共有する二人の名称，納税人識別番号及び不動産住所等を記載してください。

──────増値税改革に係る問題のスピード解決（河南）

Q97　「不動産開発業者による自己開発不動産の販売」と「それ以外の不動産の販売」

「不動産開発業者による自己開発不動産の販売」と，「それ以外の不動産の販売」とで増値税の取扱いが異なると認識していますが，両者をどのように区別したらよいのでしょうか。

A　不動産開発業者が自己の開発した不動産を販売するとは，自己が開発して，まだ一度も権利登記がされていない不動産を販売する場合をいいます。

　例えば，ある不動産開発業者が100件の商業用ビルを開発し，うち90件は開発して権利登記をしていないまますぐに販売したが，残り10件は自己の名義で権利登録をして，賃貸用ビルとして貸し出していたとします。数年後，不動産が値上がりしたので，当該100件の不動産を売却しました。

　この場合，開発して権利登記をしていないまま販売した90件の不動産は「不動産開発業者による自己開発不動産の販売」に該当し，いったんは自己名義で権利登記した10件の不動産は，同じく自己で開発したものであっても，「それ以外の不動産の販売」として取り扱います。

──────増値税改革ホットトピック問題回答～不動産譲渡に関して～（江蘇）

Q98　取得した土地使用権を複数の区画に分けて建設・販売する場合の売上額から控除可能な金額の計算

不動産開発業者です。広い面積の土地使用権を取得したのですが，一度に開発するのではなく，複数の区画に分けて数年にわたり建設及び販売をしていく予定です。

その場合，増値税額の計算上，当該取得した土地使用権に係る土地価額は，一度に当期の売上額から控除できないということになるのでしょうか。それとも，当該土地を利用しているわけではないが，土地使用権を取得したのと同時期に当社が開発販売している別のプロジェクトの売上から当該土地の土地価額を控除してよいでしょうか。

A 当該取得した土地使用権に係る土地価額の控除は，一度にできないということになります。

国税公【2016】18号において，増値税の計算上，当期の売上額から控除できる土地価額は以下の算式により計算すべきとされています。

当期に控除可能な土地価額＝（当期販売した不動産プロジェクトの建設面積÷当該不動産プロジェクトにつき販売可能な建設面積）×支払った土地価額

また，異なるプロジェクトの売上から控除することももちろんできません。その土地が使われているプロジェクトの売上額からのみ控除することとなります。

――――不動産業増値税改革政策に関する問題回答（安徽）

Q99 「永久賃貸」の地下駐車場の取扱い

マンションを販売し，地下駐車場については「永久賃貸」の形式を採っています。増値税法上，当該駐車場部分は，不動産賃貸サービスとして取り扱ってよいでしょうか。

A 中国の「契約法」において，賃貸契約は20年を超えた場合は無効になると定められていることから，永久賃貸の場合は，不動産の販売があったものとして取り扱うべきです。

――――増値税改革政策の全面展開に関する問題回答（内モンゴル）

6 交通運輸業関係

Q100 航空運輸サービスと賃貸サービス

航空運輸業者です。乗組員付きの飛行機を一定期間賃貸しており，賃貸期間中は賃借者はこれを自由に使用できます。賃貸料は，賃借者が当該飛行機を事業目的に使用するか否かにかかわらず，一定の基準により収受し，また，発生した固定費用は全て借入人が負担することとなります。この場合，航空運輸サービスと賃貸サービスのどちらになりますか。

A この場合は「湿租業務」に該当し，増値税の取扱い上は航空運輸業に該当します。

――――国家税務総局ホットライン（12366）による一問一答

Q101 マイレージは増値税の課税対象となるか
　飛行便について付与するマイレージは，みなし販売に該当しますか。

A　みなし販売に該当し，増値税の課税対象になります。
　　　　　　　　　　　　………ホットトピックへの回答（2016年5月16日）北京

Q102 航空機チケットのキャンセル料は増値税の課税対象となるか
　航空会社は，航空チケットのキャンセルがあった時にキャンセル料を取りますが，増値税の課税対象でしょうか。

A　航空運輸サービスとして増値税の課税対象になります。また，当該金額につき発票を発行することも可能です。
　　　　　　　　　　　　………増値税改革政策に関する質疑応答（ウィグル）

Q103 貨物運輸サービスを提供した場合の発票
　増値税一般納税人が貨物運輸サービスを提供した場合，どういう発票を発行すべきでしょうか。2016年5月1日以降も，貨物運輸専用発票を使用することができるのでしょうか。

A　貨物運輸サービスに係る貨物運輸専用発票の発行は，国税公【2015】99号により，その使用は2016年6月30日までとされ，2016年7月1日以降は増値税専用発票または増値税普通発票を発行しなければなりません。
　その場合，増値税専用発票または増値税普通発票には，出発地，到着地，車種，車ナンバー及び運輸貨物の情報等を記載しなければなりません。
　　　　　　　………増値税改革ホットトピック問題回答～不動産譲渡に関して～（江蘇）

2　クロスボーダー取引関連

Q1 間接的に提供する国際貨物運輸代理サービスの免税適用・放棄
　間接的に提供する国際貨物運輸代理サービスについて，異なる委託者からの業務ごとに，増値税免税政策の適用または放棄を選択することが可能なのでしょうか。

A　間接的に提供する国際貨物運輸代理サービスで免税適用の要件を満たす場合においても，免税適用を放棄し，通常通り課税とすることができます。ただし，納税者が免税を放棄するということは，その生産販売する貨物，提供する課税労務

及びサービスの全てについて放棄することになります。したがって、課税取引ごとに免税の適用または放棄を選択することはできません。なお、本来免税取引に関しては増値税専用発票を発行できないこととされているが、免税を放棄した場合は増値税専用発票の発行が可能となります。

Q2 間接的に提供する国際貨物運輸代理サービスで免税適用する場合の事後届出の可否

間接的に提供する国際貨物運輸代理サービスについて免税を適用する場合、免税申告を先にしてから、事後的に届出をしても問題ないでしょうか。

A 必ず先に届出をする必要があります。届出手続を経ていない国際貨物運輸代理サービスは一切免税適用が認められません。

Q3 免税を適用した場合の資料の保存

免税を適用しようとする納税者は、届出後にどのような資料整備をして、税務機関の事後調査に備えるべきでしょうか。

A 免税適用に関する届出をした納税者は、「国際貨代免税収入明細表」に、運送票番号、発票番号、船便／航空便等の番号、出発港、目的港、国際運輸費、港等利用費その他の費用項目などの必要情報を記載し、関連する運送票、契約書、金融機関における決済証明などの資料を注意深く保存しなければなりません。

………以上、「上海市国際貨物運輸代理サービスに係る増値税免税管理問題解答」より抜粋

Q4 国外企業の中国代表処の免税適用の可否

国外の企業に対してクロスボーダーのサービスを提供しています。もし、当該国外企業の中国代表処と契約を締結している、またはサービスの対価が当該国外企業の中国代表処から支払われている場合でも、免税適用の届出はできるのでしょうか。

A 国外企業の中国代表処自体には法人としての資格がなく、その民事責任は一般に国外にある本社が負うこととなることを勘案し、中国代表処を国外企業とみなして免税適用の届出を行うことは可能と考えます。ただし、収入金額は必ず金融機構を通して決済する必要があります。

Q5 国外の取引先との間の債権債務の相殺と免税適用の可否

貨物運輸代理サービスや船舶代理サービスについて、国外の取引先との間で債権と債務が両方発生し、両者を相殺した差額のみを決済するのが実務上一般的です。ま

た，その場合，納税者が提供できる支払証憑等は差額部分のみとなりますが，免税適用の届出はできますか。

|A| 当該業務の会計処理は，国外取引先にクロスボーダーサービスを提供したことにより収受すべき金額は未収勘定（債権）に計上し，国外取引先のために代理で集金した金額は未払勘定（債務）に計上し，最後に債権と債務を相殺した差額のみを決済するのが一般的と理解しています。当該方法に従って会計処理を行い，かつ，国外取引先との資金のやり取り及び相殺に関する証憑や記録票を提供できる場合は，免税適用の届出を行うことができます。

|Q6| 増値税専用発票と免税適用

クロスボーダー取引について免税適用を受けるつもりですが，先に当該取引につき増値税専用発票を発行してしまいました。この場合はどうなりますか。

|A| 免税取引については増値税専用発票を発行してはならないものとされています。もし既に発行してしまった場合は発票に係る全ての綴りを回収するか，回収できないときは，当該取引について免税適用ができなくなります。

………以上,「上海市営業税改め増値税を徴収する場合のクロスボーダー課税サービスに係る増値税免税管理問題解答」より抜粋

付録

1. 《増値税納税申報表（小規模納税人適用）》
2. 《増値税納税申報表（小規模納税人適用）附列資料》
3. 《増値税納税申報表（一般納税人適用）》
4. 《増値税納税申報表附列資料(一)》——当期の売上状況の明細
5. 《増値税納税申報表附列資料(二)》——当期の仕入税額の明細
6. 《増値税納税申報表附列資料(三)》——サービス，不動産及び無形資産である控除項目の明細
7. 《増値税納税申報表附列資料(四)》——税額の控除状況の表
8. 《増値税納税申報表附列資料(五)》——不動産に係る仕入税額の分割控除計算表
9. 《固定資産（不動産を除く）仕入税額控除状況表》
10. 《本期抵扣進項税額結構明細表》——当期仕入税額の構成明細表
11. 《増値税減免税申報明細表》
12. 《増値税預繳税款表》——不動産建設業に係る予定納税の明細表
13. 《跨境応税行為免税備案表》——クロスボーダー課税取引に係る免税届出表
14. 《出口退(免)税備案表》——輸出還付(免除)に係る届出表

1.《增值税纳税申报表（小规模纳税人适用）》

增值税纳税申报表
(小规模纳税人适用)

纳税人识别号：□□□□□□□□□□□□□□□□□□□□
纳税人名称（公章）： 金额单位：元至角分
税款所属期： 年 月 日至 年 月 日　　　　填表日期： 年 月 日

	项目	栏次	本期数		本年累计	
			货物及劳务	服务、不动产和无形资产	货物及劳务	服务、不动产和无形资产
一 计税依据	(一) 应征增值税不含税销售额（3%征收率）	1				
	税务机关代开的增值税专用发票不含税销售额	2				
	税控器具开具的普通发票不含税销售额	3				
	(二) 应征增值税不含税销售额（5%征收率）	4		—		—
	税务机关代开的增值税专用发票不含税销售额	5				
	税控器具开具的普通发票不含税销售额	6				
	(三) 销售使用过的固定资产不含税销售额	7(7≥8)		—		—
	其中：税控器具开具的普通发票不含税销售额	8		—		—
	(四) 免税销售额	9=10+11+12				
	其中：小微企业免税销售额	10				
	未达起征点销售额	11				
	其他免税销售额	12				
	(五) 出口免税销售额	13(13≥14)				
	其中：税控器具开具的普通发票销售额	14				
二 税款计算	本期应纳税额	15				
	本期应纳税额减征额	16				
	本期免税额	17				
	其中：小微企业免税额	18				
	未达起征点免税额	19				
	应纳税额合计	20=15-16				
	本期预缴税额	21			—	—
	本期应补(退)税额	22=20-21			—	—

纳税人或代理人声明：	如纳税人填报，由纳税人填写以下各栏：		
本纳税申报表是根据国家税收法律法规及相关规定填报的，我确定它是真实的、可靠的、完整的。	办税人员： 法定代表人：	财务负责人： 联系电话：	
	如委托代理人填报，由代理人填写以下各栏：		
	代理人名称（公章）：	经办人： 联系电话：	

主管税务机关：　　　　　　　　　接收人：　　　　　　　　　接收日期：

2．《增值税納税申報表（小規模納税人適用）附列資料》

增值税纳税申报表（小规模纳税人适用）附列资料

税款所属期： 年 月 日至 年 月 日　　　　　　　　　　　填表日期： 年 月 日
纳税人名称（公章）：　　　　　　　　　　　　　　　　　　金额单位：元至角分

应税行为（3%征收率）扣除额计算			
期初余额	本期发生额	本期扣除额	期末余额
1	2	3（3≤1+2之和，且3≤5）	4=1+2-3
应税行为（3%征收率）计税销售额计算			
全部含税收入（适用3%征收率）	本期扣除额	含税销售额	不含税销售额
5	6=3	7=5-6	8=7÷1.03
应税行为（5%征收率）扣除额计算			
期初余额	本期发生额	本期扣除额	期末余额
9	10	11（11≤9+10之和，且11≤13）	12=9+10-11
应税行为（5%征收率）计税销售额计算			
全部含税收入（适用5%征收率）	本期扣除额	含税销售额	不含税销售额
13	14=11	15=13-14	16=15÷1.05

3.《增值税纳税申报表(一般纳税人适用)》

附件1

增值税纳税申报表
(一般纳税人适用)

根据国家税收法律法规及增值税相关规定制定本表。纳税人不论有无销售额,均应按税务机关核定的纳税期限填写本表,并向当地税务机关申报。

税款所属时间:自　年　月　日至　年　月　日　　　填表日期:　年　月　日　　　金额单位:元至角分

纳税人识别号						
纳税人名称		(公章)法定代表人姓名		注册地址	所属行业:	生产经营地址
开户银行及账号				登记注册类型		电话号码

项目		栏次	一般项目		即征即退项目	
			本月数	本年累计	本月数	本年累计
销售额	(一)按适用税率计税销售额	1				
	其中:应税货物销售额	2				
	应税劳务销售额	3				
	纳税检查调整的销售额	4				
	(二)按简易办法计税销售额	5				
	其中:纳税检查调整的销售额	6				
	(三)免、抵、退办法出口销售额	7			——	——
	(四)免税销售额	8			——	——
	其中:免税货物销售额	9			——	——
	免税劳务销售额	10			——	——
税款计算	销项税额	11				
	进项税额	12				
	上期留抵税额	13			——	——
	进项税额转出	14				
	免、抵、退应退税额	15			——	——
	按适用税率计算的纳税检查应补缴税额	16				
	应抵扣税额合计	17=12+13-14-15+16				
	实际抵扣税额	18(如17<11,则为17,否则为11)				
	应纳税额	19=11-18				
	期末留抵税额	20=17-18			——	——
	简易计税办法计算的应纳税额	21				
	按简易计税办法计算的纳税检查应补缴税额	22				
	应纳税额减征额	23				
	应纳税额合计	24=19+21-23				
税款缴纳	期初未缴税额(多缴为负数)	25				
	实收出口开具专用缴款书退税额	26			——	——
	本期已缴税额	27=28+29+30+31				
	①分次预缴税额	28			——	——
	②出口开具专用缴款书预缴税额	29			——	——
	③本期缴纳上期应纳税额	30				
	④本期缴纳欠缴税额	31				
	期末未缴税额(多缴为负数)	32=24+25+26-27				
	其中:欠缴税额(≥0)	33=25+26-27				
	本期应补(退)税额	34=24-28-29				
	即征即退实际退税额	35				
	期初未缴查补税额	36				
	本期入库查补税额	37				
	期末未缴查补税额	38=16+22+36-37				

授权声明	如果你已委托代理人申报,请填写下列资料: 为代理一切税务事宜,现授权　　　　　(地址)　　　　　为本纳税人的代理申报人,任何与本申报表有关的往来文件,都可寄予此人。 授权人签字:	申报人声明	本纳税申报表是根据国家税收法律法规及相关规定填报的,我确定它是真实的、可靠的、完整的。 声明人签字:

主管税务机关:　　　　　　　　　接收人:　　　　　　　　　接收日期:

4.《増値税納税申報表附列資料㈠》——当期の売上状況の明細

增值税纳税申报表附列资料(一)
(本期销售情况明细)

税款所属时间： 年 月 日至 年 月 日

纳税人名称：(公章) 　　　　　　　　　　　　　　　　　　　金额单位：元至角分

项目及栏次			开具增值税专用发票		开具其他发票		未开具发票		纳税检查调整		合计		价税合计	服务、不动产和无形资产扣除项目本期实际扣除金额	扣除后	
			销售额	销项(应纳)税额	销售额	销项(应纳)税额	销售额	销项(应纳)税额	销售额	销项(应纳)税额	销售额	销项(应纳)税额			含税(免税)销售额	销项(应纳)税额
			1	2	3	4	5	6	7	8	9=1+3+5+7	10=2+4+6+8	11=9+10	12	13=11-12	14=13÷(100%+税率或征收率)×税率或征收率
一、一般计税方法计税	全部征税项目	17%税率的货物及加工修理修配劳务 1													——	——
		17%税率的服务、不动产和无形资产 2													——	——
		13%税率 3													——	——
		11%税率 4													——	——
		6%税率 5													——	——
	其中：即征即退项目	即征即退货物及加工修理修配劳务 6		——		——		——		——		——		——	——	——
		即征即退服务、不动产和无形资产 7		——		——		——		——		——		——	——	——
二、简易计税方法计税	全部征税项目	6%征收率 8														
		5%征收率的货物及加工修理修配劳务 9a														
		5%征收率的服务、不动产和无形资产 9b														
		4%征收率 10														
		3%征收率的货物及加工修理修配劳务 11														
		3%征收率的服务、不动产和无形资产 12														
		预征率% 13a														
		预征率% 13b														
		预征率% 13c														
	其中：即征即退项目	即征即退货物及加工修理修配劳务 14		——		——		——		——		——		——	——	——
		即征即退服务、不动产和无形资产 15		——		——		——		——		——		——	——	——
三、免抵退税		货物及加工修理修配劳务 16		——												
		服务、不动产和无形资产 17		——												
四、免税		货物及加工修理修配劳务 18		——		——		——		——		——		——	——	——
		服务、不动产和无形资产 19		——		——		——		——		——		——	——	——

5.《増値税納税申報表附列資料(二)》——当期の仕入税額の明細

増値税納税申報表附列資料(二)
(本期進項税額明細)

税款所属時間： 年 月 日至 年 月 日

納税人名称：(公章) 金額単位：元至角分

一 申報抵扣的進項税額				
項目	欄次	份数	金額	税額
(一) 認証相符的増値税専用発票	1=2+3			
其中：本期認証相符且本期申報抵扣	2			
前期認証相符且本期申報抵扣	3			
(二) 其他扣税憑証	4=5+6+7+8			
其中：海関進口増値税専用繳款書	5			
農産品収購発票或者銷售発票	6			
代扣代繳税収繳款憑証	7			
其他	8			
(三) 本期用于購建不動産的扣税憑証	9			
(四) 本期不動産允許抵扣進項税額	10			—
(五) 外貿企業進項税額抵扣証明	11			
当期申報抵扣進項税額合計	12=1+4-9+10+11			
二 進項税額転出額			
---	---	---	---
項目	欄次		税額
本期進項税額転出額	13=14至23之和		
其中：免税項目用	14		
集体福利，個人消費	15		
非正常損失	16		
簡易計税方法征税項目用	17		
免抵退税辦法不得抵扣的進項税額	18		
納税検査調減進項税額	19		
紅字専用発票信息表注明的進項税額	20		
上期留抵税額抵減欠税	21		
上期留抵税額退税	22		
其他応作進項税額転出的情形	23		
三 待抵扣進項税額				
項目	欄次	份数	金額	税額
(一) 認証相符的増値税専用発票	24	—	—	—
期初已認証相符但未申報抵扣	25			
本期認証相符且本期未申報抵扣	26			
期末已認証相符但未申報抵扣	27			
其中：按照税法規定不允許抵扣	28			
(二) 其他扣税憑証	29=30至33之和			
其中：海関進口増値税専用繳款書	30			
農産品収購発票或者銷售発票	31			
代扣代繳税収繳款憑証	32			—
其他	33			
	34			
四 其他				
項目	欄次	份数	金額	税額
本期認証相符的増値税専用発票	35			
代扣代繳税額	36	—	—	

6.《増値税納税申報表附列資料(三)》——サービス，不動産及び無形資産である控除項目の明細

増値税纳税申报表附列资料(三)
(服务，不动产和无形资产扣除项目明细)
税款所属时间：　年　月　日至　年　月　日

纳税人名称：(公章)　　　　　　　　　　　　　　　金额单位：元至角分

项目及栏次		本期服务，不动产和无形资产价税合计额(免税销售额)	服务，不动产和无形资产扣除项目				期末余额
			期初余额	本期发生额	本期应扣除金额	本期实际扣除金额	
		1	2	3	4=2+3	5 (5≤1且5≤4)	6=4-5
17%税率的项目	1						
11%税率的项目	2						
6%税率的项目（不含金融商品转让）	3						
6%税率的金融商品转让项目	4						
5%征收率的项目	5						
3%征收率的项目	6						
免抵退税的项目	7						
免税的项目	8						

7.《増値税納税申報表附列資料(四)》——税額の控除状況の表

増値税纳税申报表附列资料(四)
(税额抵减情况表)
税款所属时间：　年　月　日至　年　月　日

纳税人名称：(公章)　　　　　　　　　　　　　　　金额单位：元至角分

序号	抵减项目	期初余额	本期发生额	本期应抵减税额	本期实际抵减税额	期末余额
		1	2	3=1+2	4≤3	5=3-4
1	增值税税控系统专用设备费及技术维护费					
2	分支机构预征缴纳税款					
3	建筑服务预征缴纳税款					
4	销售不动产预征缴纳税款					
5	出租不动产预征缴纳税款					

8.《増値税納税申報表附列資料(五)》——不動産に係る仕入税額の分割控除計算表

増値税納税申報表附列資料(五)
(不动产分期抵扣计算表)

税款所属时间： 年 月 日至 年 月 日

纳税人名称：(公章) 金额单位：元至角分

期初待抵扣不动产进项税额	本期不动产进项税额增加额	本期可抵扣不动产进项税额	本期转入的待抵扣不动产进项税额	本期转出的待抵扣不动产进项税额	期末待抵扣不动产进项税额
1	2	3≤1+2+4	4	5≤1+4	6=1+2-3+4-5

9.《固定資産(不動産を除く)仕入税額控除状況表》

固定资产(不含不动产)进项税额抵扣情况表

纳税人名称(公章)： 填表日期： 年 月 日 金额单位：元至角分

项目	当期申报抵扣的固定资产进项税额	申报抵扣的固定资产进项税额累计
增值税专用发票		
海关进口增值税专用缴款书		
合 计		

10.《本期抵扣進項税額結構明細表》——当期仕入税額の構成明細表

本期抵扣进项税额结构明细表

税款所属时间： 年 月 日至 年 月 日

纳税人名称：(公章)　　　　　　　　　　　　　　　　　　　　金额单位：元至角分

项目	栏次	金额	税额
合计	1 = 2 + 4 + 5 + 11 + 16 + 18 + 27 + 29 + 30		
一　按税率或征收率归集（不包括购建不动产、通行费）的进项			
17%税率的进项	2		
其中：有形动产租赁的进项	3		
13%税率的进项	4		
11%税率的进项	5		
其中：运输服务的进项	6		
电信服务的进项	7		
建筑安装服务的进项	8		
不动产租赁服务的进项	9		
受让土地使用权的进项	10		
6%税率的进项	11		
其中：电信服务的进项	12		
金融保险服务的进项	13		
生活服务的进项	14		
取得无形资产的进项	15		
5%征收率的进项	16		
其中：不动产租赁服务的进项	17		
3%征收率的进项	18		
其中：货物及加工、修理修配劳务的进项	19		
运输服务的进项	20		
电信服务的进项	21		
建筑安装服务的进项	22		
金融保险服务的进项	23		
有形动产租赁服务的进项	24		
生活服务的进项	25		
取得无形资产的进项	26		
减按1.5%征收率的进项	27		
	28		
二　按抵扣项目归集的进项			
用于购建不动产并一次性抵扣的进项	29		
通行费的进项	30		
	31		
	32		

11.《增值税减免税申报明细表》

增值税减免税申报明细表

税款所属时间：自 年 月 日至 年 月 日

纳税人名称（公章）： 金额单位：元至角分

减税性质代码及名称	栏次	期初余额	本期发生额	本期应抵减税额	本期实际抵减税额	期末余额
		1	2	3=1+2	4≤3	5=3-4
合计	1					
	2					
	3					
	4					
	5					
	6					

二 免税项目

免税性质代码及名称	栏次	免征增值税项目销售额	免税销售额扣除项目本期实际扣除金额	扣除后免税销售额	免税销售额对应的进项税额	免税额
		1	2	3=1-2	4	5
合计	7					
出口免税	8		—	—	—	—
其中：跨境服务	9		—	—	—	—
	10					
	11					
	12					
	13					
	14					
	15					
	16					

（注） 免税点以下（即ち，月の売上額が30,000元以下）の小規模納税人が受ける増値税納税義務の免除については，当該申告明細表の提出は不要である。

国税公【2015】23号

12.《增值税预缴税款表》——不動産建設業に係る予定納税の明細表

增值税预缴税款表

税款所属时间： 年 月 日至 年 月 日

纳税人识别号：☐☐☐☐☐☐☐☐☐☐☐☐☐☐☐☐☐☐☐☐ 是否适用一般计税方法 是 ☐ 否 ☐

纳税人名称：(公章)				金额单位：元（列至角分）	
项目编号			项目名称		
项目地址					
预征项目和栏次		销售额	扣除金额	预征率	预征税额
		1	2	3	4
建筑服务	1				
销售不动产	2				
出租不动产	3				
	4				
	5				
合计	6				
授权声明	如果你已委托代理人填报，请填写下列资料： 为代理一切税务事宜，现授权 （地址） 为本次纳税人的代理填报人，任何与本表有关的往来文件，都可寄予此人。 授权人签字：		填表人申明	以上内容是真实的，可靠的，完整的。纳税人签字：	

13.《跨境応税行為免税備案表》——クロスボーダー課税取引に係る免税届出表

跨境应税行为免税备案表

纳税人名称（公章）			
纳税人识别号／统一社会信用代码			
跨境应税行为名称			
购买服务或无形资产的单位名称			
购买服务或无形资产单位的机构所在地（国家／地区）		服务实际接受方及其机构所在地（国家／地区）	
服务发生地 （国家／地区）		无形资产使用地（国家／地区）	
合同名称及编号			
合同注明的跨境服务／无形资产价款或计价标准			
合同约定付款日期			
本次提交的 备案材料	1		
	2		
	3		
	4		
	5		
	6		
	7		
	8		
	9		
	10		
纳税人声明	我承诺此备案表所填内容及备案材料是真实，可靠，完整的。 　　　　　　　　法定代表人签章： 　　　　　　　　　年　月　日		

14. 《出口退（免）税備案表》——輸出還付（免除）に係る届出表

纳税人名称			
纳税人英文名称			
企业海关代码			
电话		传真	
邮编		电子信箱：	
企业注册地址			
经营场所（中文）			
纳税人识别号		纳税人类型	增值税一般纳税人（ ） 增值税小规模纳税人（ ） 其他（ ）
主管税务机关名称		纳税信用等级	
登记注册类型代码		行业归属代码	
隶属关系代码		经营者类型代码	
对外贸易经营者备案登记表编号			
是否提供零税率应税服务	是（ ）否（ ）	提供零税率应税服务代码	

工商登记	注册号		企业法定代表人(个体工商户负责人)	姓名	
	注册日期			身份证号	
	有效期				
	注册资金			电话	

退税开户银行	
退税开户银行账号	

企业办理退免税人员	姓名		电话	
	身份证号			
	姓名		电话	
	身份证号			

享受增值税优惠政策情况			
先征后退（ ）	即征·即還付（ ）	超税负返还（ ）	其他（ ）

主管外汇管理局	
附送资料	
退税计算办法及申报方式	

退（免）税计算方法	1．免抵退税（ ）
	2．免退税（ ）
	3．免税（ ）
	4．其他（ ）

纸质凭证申报方式	上门申报（ ） 邮寄申报（ ）	数据电文申报	上门申报（ ） 远程申报（ ）
是否分部核算	是（ ）否（ ）	分部核算部门代码	

申请认定者请认真阅读以下条款，并由企业法定代表人或个体工商户负责人签字，盖章以示确认。
一、遵守各项税收法律、法规及规章。
二、在《出口退（免）税备案表》中所填写的信息及提交的材料是完整的，准确的，真实的。
三、《出口退（免）税备案表》上填写的任何事项发生变化，应到原备案机关办理备案变更。
以上如有违反，将承担一切法律责任。
此表一式两份。

法定代表人（申明签章）：
纳税人公章：
年 月 日

■法人紹介

デロイト トーマツ税理士法人

デロイト トーマツ税理士法人は，有限責任監査法人トーマツを中核とするデロイト トーマツ グループの一員として国内外の企業に税務サービスを提供しています。国内16都市に事務所を有する全国規模の税理士法人で，一人ひとりの卓越したプロフェッショナルがその連携により，高品質なサービスを提供する専門家集団を形成しています。また，全世界150を超える国・地域の約245,000名以上の人材から成るグローバルネットワークを有するデロイト トウシュ トーマツ リミテッド（英国の法令に基づく保証有限責任会社）のメンバーファームの一員として，世界水準の高品質なプロフェッショナルサービスを提供しています。

デロイト中国

デロイト中国は，全世界で約24万人の人材を擁し，150ヶ国以上で監査，税務・法務，企業リスクサービス，ファイナンシャルアドバイザリーサービス及びコンサルティングサービスをクライアントに提供する，国際的なプロフェッショナルファームのネットワーク組織であるデロイト トウシュ トーマツ リミテッドの中国メンバーファーム。デロイト中国の日系企業サービスグループ（JSG）は，在中日本人数50名以上，日中バイリンガルスタッフ数300名以上抱える中国国内において No.1 のサービス体制を構築している。

■監修者紹介

板谷　圭一（いたや　けいいち）
中国日系企業税務サービスリーダー
税務パートナー

16年にわたり，中国において日系企業への税務およびビジネスコンサルティングサービスに従事。2010年にデロイト中国税務パートナーに就任。現在，上海事務所をベースに，中国日系税務サービス責任者を務めている。税務コンサルティング，税務コンプライアンスレヴュー，税務プランニングアドバイス，各種税務申告のサポート，税務局や税関の調査対応サポート，企業の設立や再編に関するアドバイス等を行っている。

■著者紹介

片岡　伴維（かたおか　ともい）

2006年明治大学商学部を卒業し，2007年に税理士資格を取得の後，同年にデロイトトーマツ税理士法人東京事務所へ入社し各種法人税務サービスに従事。その後同ファームの上海事務所に駐在員として出向し，中国で事業展開する多くの日系企業に対して，増値税を中心とした中国税務コンサルティングを行う。2017年に東京事務所の法人サービス部門に帰任。

詳解
新・中国増値税の実務

2017年5月25日　第1版第1刷発行

監修者　板　谷　圭　一
著　者　片　岡　伴　維
発行者　山　本　　　継
発行所　㈱中央経済社
発売元　㈱中央経済グループ
　　　　パブリッシング

〒101-0051　東京都千代田区神田神保町1-31-2
電話　03（3293）3371（編集代表）
　　　03（3293）3381（営業代表）
http://www.chuokeizai.co.jp/
印刷／昭和情報プロセス㈱
製本／誠　製　本　㈱

©2017
Printed in Japan

＊頁の「欠落」や「順序違い」などがありましたらお取り替えいたしますので発売元までご送付ください。（送料小社負担）

ISBN978-4-502-22731-8　C3034

JCOPY〈出版者著作権管理機構委託出版物〉本書を無断で複写複製（コピー）することは，著作権法上の例外を除き，禁じられています。本書をコピーされる場合は事前に出版者著作権管理機構（JCOPY）の許諾を受けてください。

JCOPY〈http://www.jcopy.or.jp　eメール：info@jcopy.or.jp　電話：03-3513-6969〉

●実務・受験に愛用されている読みやすく正確な内容のロングセラー！

定評ある税の法規・通達集シリーズ

所得税法規集
日本税理士会連合会 編
中央経済社

❶所得税法 ❷同施行令・同施行規則 ❸関係告示 ❸租税特別措置法（抄）❹同施行令・同施行規則（抄）❺震災特例法・同施行令・同施行規則（抄）❻復興財源確保法（抄）❼復興特別所得税に関する政令・同省令 ❽災害減免法・同施行令（抄）❾国外送金等調書提出法・同施行令・同施行規則・同関係告示

所得税取扱通達集
日本税理士会連合会 編
中央経済社

❶所得税取扱通達（基本通達／個別通達）❷租税特別措置法関係通達 ❸国外送金等調書提出法関係通達 ❹災害減免法関係通達 ❺震災特例法関係通達 ❻索引

法人税法規集
日本税理士会連合会 編
中央経済社

❶法人税法 ❷同施行令・同施行規則・法人税申告書一覧表 ❸減価償却耐用年数省令 ❹法人税法関係告示 ❺地方法人税法・同施行令・同施行規則 ❻租税特別措置法（抄）❼同施行令・同施行規則・同関係告示 ❽震災特例法・同施行令・同施行規則（抄）❾復興財源確保法（抄）❿復興特別法人税に関する政令・同省令 ⓫租特透明化法・同施行令・同施行規則

法人税取扱通達集
日本税理士会連合会 編
中央経済社

❶法人税取扱通達（基本通達／個別通達）❷租税特別措置法関係通達（法人税編）❸連結納税基本通達 ❹租税特別措置法関係通達（連結納税編）❺減価償却耐用年数省令 ❻機械装置の細目と個別年数 ❼耐用年数の適用等に関する取扱通達 ❽震災特例法関係通達 ❾復興特別法人税関係通達 ❿索引

相続税法規通達集
日本税理士会連合会 編
中央経済社

❶相続税法 ❷同施行令・同施行規則・同関係告示 ❸土地評価審議会令・同省令 ❹相続税法基本通達 ❺財産評価基本通達 ❻相続税法個別通達 ❼租税特別措置法（抄）❽同施行令・同施行規則（抄）❾同関係告示 ❿租税特別措置法関係通達（相続税法の特例）関係通達 ⓫震災特例法・同施行令・同施行規則（抄）・同関係告示 ⓬震災特例法関係通達 ⓭災害減免法・同施行令（抄）⓮国外送金等調書提出法・同施行令・同施行規則・同関係通達 ⓯民法（抄）

国税通則・徴収・犯則法規集
日本税理士会連合会 編
中央経済社

❶国税通則法 ❷同施行令・同施行規則・同関係告示 ❸同関係通達 ❹租税特別措置法・同施行令・同施行規則（抄）❺国税徴収法 ❻同施行令・同施行規則 ❼国税犯則取締法・同施行規則 ❽滞調法・同施行令・同施行規則 ❾税理士法・同施行令・同施行規則・同関係告示 ❿電子帳簿保存法・同施行令・同施行規則・同関係告示 ⓫行政手続オンライン化法・同国税関係法令に関する省令・同関係告示 ⓬行政手続法 ⓭行政不服審査法 ⓮行政事件訴訟法（抄）⓯組織的犯罪処罰法（抄）⓰没収保全と滞納処分との調整令 ⓱犯罪収益規則（抄）⓲麻薬特例法（抄）

消費税法規通達集
日本税理士会連合会 編
中央経済社

❶消費税法 ❷同別表第三等に関する法令 ❸同施行令・同施行規則・同関係告示 ❹消費税法基本通達等 ❺消費税申告書様式等 ❻消費税等関係取扱通達等 ❼租税特別措置法・同施行令・同施行規則（抄）・同関係通達 ❽消費税転嫁対策法・同ガイドライン ❾震災特例法・同施行令・同関係通達 ❿税制改革法等 ⓫地方税法（抄）⓬同施行令・同施行規則（抄）⓭所得税・法人税政省令（抄）⓮輸徴法令 ⓯関税法令（抄）⓰関税定率法令（抄）

登録免許税・印紙税法規集
日本税理士会連合会 編
中央経済社

❶登録免許税法 ❷同施行令・同施行規則 ❸租税特別措置法・同施行令・同施行規則（抄）❹印紙税法 ❺同施行令・同施行規則 ❻租税特別措置法・同施行令・同施行規則（抄）❼印紙税法基本通達 ❽印紙税額一覧表 ❾震災特例法・同施行令・同施行規則（抄）❿震災特例法関係通達等

中央経済社